Meditaciones sobre los milagros de Jesús

Roberto Estévez

EDITORIAL MUNDO HISPANO

Editorial Mundo Hispano
Apartado 4256, El Paso, Texas 79914, EE. UU. de A.

www.editorialmh.org

Editores: James Bartley, Vilma M. Fajardo, Hermes Soto
Diseño de la portada: Carlos Aguilar
Diseño de páginas: Néaouguen Nodjimbadem

Primera edición: 2006
Clasificación Decimal Dewey: 232.955
Tema: Jesucristo, milagros

ISBN: 0-311-46177-8
EMH Núm. 46177

3 M 6 06

Impreso en Colombia
Printed in Colombia

A mi querida esposa Elizabeth
y a mis hijos Laura, Leonardo y Ana

CONTENIDO

RECONOCIMIENTO

Agradezco a mi hermano Ricardo Estévez, de Uruguay, por sus comentarios y revisión del manuscrito. Deseo expresar mi gratitud al doctor E. L. Carballosa por sus ideas y correcciones. Quiero manifestar mi reconocimiento al doctor James Bartley por la lectura de todo el manuscrito y sus oportunas sugerencias.

PRÓLOGO

Después de practicar la medicina por 30 años, creo que puedo captar algo más, no solamente de la enfermedad, sino también de los sentimientos y las preocupaciones de los pacientes y de los familiares, que son básicamente los mismos ahora que hace dos mil años atrás. Esto me ha motivado a escribir este libro.

He revisado la literatura pertinente, principalmente en idioma inglés, donde la mayoría de los buenos comentarios son muy antiguos. Esto hace que muy a menudo el tema principal en el caso de la curación no jerarquice la dolencia sino solamente la parte espiritual del milagro. Por ejemplo, el Señor Jesucristo estaba curando leprosos, enfermedad que ninguno de nosotros podemos realmente comprender muy bien. Probablemente, la mayoría de los lectores nunca ha visto a un leproso; pero les puedo asegurar que todos tenemos amigos o familiares con formas severas de artritis, enfermedades del sistema nervioso, enfermedades crónicas ginecológicas; Jesucristo también encontró este tipo de pacientes durante su ministerio.

Creo que los milagros nos muestran un aspecto de la persona del Mesías que solamente se puede percibir en la lectura y meditación de los mismos. Como puede ser el caso con una obra de arte que no es posible apreciar ni comprender con sólo mirarla treinta segundos, creo que mucho perdemos al no meditar en las palabras y situaciones que el evangelio nos muestra. Estoy seguro de que cuando usemos tiempo para reflexionar en las Escrituras vamos a ver que en los milagros Jesucristo aparece en una dimensión real demostrando sus atributos y su carácter de una manera maravillosa.

Un amigo que ha leído algo de este material me decía que ciertos detalles que yo menciono no se incluyen en las Escrituras, a lo que yo le pregunté si la gente que comió durante la multiplicación de los panes y de los peces tenía el estómago o el abdomen lleno después de comer. Él me respondió: "Obvio que lo tenían lleno después de comer; a algunos quizás se les notaría la diferencia. Bueno, la Escritura no nos da ese detalle, solamente nos dice que comieron todos y se hartaron, de lo cual yo puedo concluir que tenían el vientre distinto después de comer que antes de comer".

Como muchos de los que espero que lean estas páginas van a ser maestros de la Escuela Dominical, o de grupos bíblicos o estudiantes en seminarios, he tratado de conectar el milagro en sí con otras situaciones en las que creo que hay una relación. Así por ejemplo, al hablar de "la hija de Jairo" entramos en el subtema de "no molestar al Maestro".

Por último, en muchos capítulos he puesto algunas sugerencias como ideas para los predicadores jóvenes, con otros temas que se pueden tratar durante una predicación al explicar el milagro.

Es mi deseo que la lectura de estas páginas sea para bendición de los que abran este libro y que tenga como resultado una apreciación más profunda de la persona bendita del Señor Jesucristo.

INTRODUCCIÓN

Quizás alguno se podrá preguntar cuál es la razón de escribir un libro más sobre un tema que parece tan obvio.

Primeramente, queremos enfatizar el hecho de que si no creemos que los milagros fueron realmente milagros, estamos negando la autoridad de la Biblia y la divinidad de Jesucristo. El propósito de los evangelistas era narrar esos prodigios que fueron hechos por Jesús de Nazaret.

Las escuelas filosóficas modernistas han tratado de quitar la realidad a estos milagros y decir que no sucedieron. Así, la multiplicación de los panes y de los peces se transforma en una multitud que estaba hambrienta y que se autoconvence de que no tiene hambre. Jesús caminando sobre el mar es una ilusión óptica. El muchacho endemoniado es solamente una crisis histérica recurrente. Cada una de las curaciones podría tener distintas explicaciones. Pero el hecho de que un buen volumen de las páginas del Nuevo Testamento está dedicado a los milagros que el Mesías hizo, es para el creyente una demostración de que el Espíritu Santo tiene interés en que nosotros conozcamos estos episodios.

La crítica moderna se pregunta: Pero ¿cómo es posible que Lázaro fuese resucitado después de tres días en el sepulcro? Podemos hacer esta y otras preguntas, pero la respuesta es terminante: Si Jesús de Nazaret es Dios manifestado en carne, si él es quien dijo ser, el unigénito Hijo de Dios, entonces puede hacer todos los milagros.

La Biblia nos dice en Colosenses 1:16: "...todo fue creado por medio de él y para él", refiriéndose a Jesucristo. Si él es el Creador en el sentido de causa y en el sentido de razón, entonces puedo comprender por fe que aquel que creó el universo infinito pudo resucitar a Lázaro al tercer día. Quien tiene la capacidad, el conocimiento y el poder para crear un universo sin duda que puede resucitar a un muerto.

Al estudiar los milagros con cuidado nos damos cuenta de que no son actos teatrales hechos con el propósito de deslumbrar a las multitudes. Los milagros se suceden en forma espontánea y natural. A veces ocurren frente a una multitud; otras veces suceden donde muy pocas personas están presentes. Aparece en forma sencilla en la jornada de Jesucristo y sus discípulos. Pero esto, sin duda, está hecho por el designio perfecto del

Padre, y el Hijo lo dice así en Juan 8:29: "...porque yo hago siempre lo que le agrada a él".

Pero algo que vemos en los milagros, y que para mí es una demostración de su veracidad, es la sencillez de los mismos. Los diálogos o las palabras se reducen al mínimo, pero, sin embargo, los pocos términos que se utilizan son como los pincelazos de un gran maestro: nos pintan rápidamente la situación.

¿Quién no ha sentido el frío funerario en el lóbrego cuarto en que la hija de Jairo yace en los brazos de la muerte? ¿Quién no ha escuchado la tormenta demoníaca, con el ruido estridente y sin armonía, cuando viene el gadareno? ¿Quién no se ha quedado maravillado de la escena repleta de paz y tranquilidad cuando la Escritura nos dice: "...hallaron al hombre de quien habían salido los demonios, sentado a los pies de Jesús, vestido y en su juicio cabal; y tuvieron miedo"? ¿Quién no se ha imaginado la tormenta en el mar viendo las olas y sintiendo el silbido del viento de la tempestad?

Pero lo que creo que admiramos más en estos milagros, de una manera hermosa y única, es ver como Jesús de Nazaret reacciona frente a la necesidad y al dolor humano. Allí lo vemos no como el Maestro dando el discurso a su clase, sino como aquel que estuvo entre los seres humanos, se compadeció de ellos y los ayudó en su necesidad.

Hay otro factor que para mí es admirable, y es el ver los distintos atributos de Dios mostrándose de una manera natural. Muy a menudo vemos varios atributos de la divinidad en una acción comparable a los tonos de un arco iris cuyos colores se pueden presentar con mayor o menor intensidad. Por ejemplo, en la resurrección de Lázaro, llora como ser humano por la pérdida de su amigo, pero como Hijo de Dios dice: "¡Lázaro, ven fuera!" (Juan 11:43). Vemos su omnisciencia al decir: "nuestro amigo Lázaro duerme más voy a despertarle del sueño". Observamos su omnipotencia al hacer el milagro. Vemos su compasión y ternura al llorar por su amigo, que para mí es tan importante y significativo como el poder que tiene de efectuar la resurrección.

Del mismo modo que en una orquesta sinfónica a veces sólo suenan ciertos instrumentos, podemos ver los distintos atributos de Dios funcionando en una armonía y coordinación maravillosas.

Quizás algunos piensan que los milagros son sencillos: alguien tenía, por ejemplo, una enfermedad y se curó. Sin embargo, al estudiar con cuidado nos damos cuenta de que a veces en un milagro puede haber 2, 3, 4 o más milagros "secundarios" hasta completar el milagro total.

Los milagros de Jesucristo no dependen necesariamente de la fe del individuo. Si bien hay milagros en los que el enfermo tiene fe, en otros es notorio que no existe ni siquiera la petición, y la sanidad se otorga por gracia.

Los milagros de Jesucristo son completos, acabados y totales. No es una mejoría relativa. El paralítico de inmediato camina en forma normal. No solamente camina sin dificultad, sino que si miramos a su pierna luego de la curación, vemos que ha sido sanada en forma tal que no quedan rastros ni secuelas de la parálisis; no hay más atrofias musculares, ni desviaciones de los huesos; la piel ha perdido su aspecto enfermizo y ahora es completamente normal.

Los milagros de Jesucristo son selectivos. Había muchos enfermos en el estanque de Betesda, pero sólo ese hombre que hacía 38 años que estaba enfermo, y que dicho sea de paso no pidió ser sanado, tuvo la curación.

Otra característica muy fácil de olvidar es que los milagros comprenden diferentes aspectos de la vida real con un sentido familiar y social muchas veces muy diverso. Por ejemplo, la muerte de la hija de Jairo, que parecería algo súbito o agudo en comparación y contraste con la mujer que hacía catorce años que no se podía enderezar.

El aspecto social puede ser muy distinto, como en el caso de los leprosos que vivían separados de la sociedad y el muchacho con el espíritu inmundo. Cuando Jesucristo le pregunta al padre de ese muchacho: "¿Cuánto tiempo hace que le sucede esto?", la respuesta es: "Desde niño" (Mar. 9:21). Esto implica que todo el medio familiar ha sido trastornado y actualmente gira y se centra en relación con la enfermedad de ese joven que tiene crisis que lo hacen caer en cualquier momento del día sobre el agua y el fuego.

Son también interesantes las distintas subespecialidades de la medicina que se observan. Sin duda, en los leprosos vemos casos que en el día de hoy serían diagnosticados por un dermatólogo, o serían tratados por un especialista en enfermedades infecciosas. La cantidad de casos de tipo neurológico es interesante. Tenemos así los llamados "paralíticos", término que involucra algo que la persona no puede hacer, pero cuya causa puede ser muy diversa, desde una enfermedad neurológica como la parálisis infantil (o técnicamente parálisis anterior aguda) a otros tipos de estados como los que siguen a traumatismos severos. O como en el caso del siervo del centurión que probablemente tenía una enfermedad neurológica infecciosa aguda. Los casos de ceguera, que hoy consideraríamos propios de oftalmólogos, son abundantes.

Si bien específicamente apenas tenemos un caso de enfermedad ginecológica (Mar. 5:25-34) en la mujer que "...vino por detrás de él entre la multitud y tocó su manto", sin duda en los cientos de casos de enfermos curados que no se detallan en forma individual habría muchas mujeres con ese tipo de patología.

Cuando vemos la historia del hombre con el hijo lunático de Mateo 17:14-18, que es poseído por un demonio, se nos plantea una pregunta. Los síntomas de este joven son los típicos de un tipo de epilepsia que se llama "gran mal". Sin embargo, la Escritura nos dice que tenía un demonio. ¿Cuál es la relación entre enfermedad y posesión demoníaca?

Creo firmemente que cuando las Escrituras dicen que el hombre tenía un demonio, eso es exactamente así como la Biblia lo enseña. Sin duda el demonio puede provocar síntomas y enfermedades que nosotros luego podemos clasificar con su correspondiente designación. A su vez, tratar de decir que esos casos se identifican como enfermedades, creo que no corresponde, antes que nada porque la Escritura dice lo contrario. Para el creyente es inadmisible la posibilidad de que Jesucristo creyera o repitiera los errores comunes de su tiempo. Un punto importante a destacar en este momento es que si nosotros investigamos cómo se diagnosticaban las enfermedades cien años atrás y cómo se trataban, diríamos que en un alto porcentaje el diagnóstico era incorrecto. El tratamiento médico muchas veces era inefectivo aunque nuestro antepasado hubiera tenido la oportunidad de ir a la Clínica Mayo en Minesota, Estados Unidos de América. Ahora nos damos cuenta de que la mayoría de esos tratamientos, con excepción de los procedimientos quirúrgicos, eran absolutamente carentes de eficacia. Dentro de cien años quizás alguien podrá decir que los médicos del siglo XXI hacíamos muchas cosas mal, y que no sabíamos mucho.

Como médico cardiólogo me siento competente en mi área de especialidad en la que fui entrenado por un largo tiempo. Sin embargo, el conocer con cierta profundidad un área limitada de la medicina nos permite conocer nuestras limitaciones cuando tenemos un caso fuera de nuestra zona de especialidad.

Pero el Señor Jesucristo nunca tuvo que decir, como he tenido que decir yo muchas veces, que el problema del paciente estaba fuera de su especialidad y que por lo tanto no lo podía diagnosticar o tratar. El Hijo de Dios caminaba entre los enfermos "...haciendo el bien y sanando a todos los oprimidos por el diablo, porque Dios estaba con él" (Hech. 10:38).

Un aspecto muy importante del carácter del Señor Jesús es que mientras se mueve alrededor de los enfermos, él lo hace de una manera natural, sin apresuramiento. Aunque como en el caso de la hija de Jairo hay un gran atraso en la marcha, sin embargo él llega "al tiempo de Dios"; y en ningún caso llega tarde, con excepción de la muerte de Lázaro, porque tal era el plan perfecto de Dios.

El Señor Jesús nunca dijo que algún caso le fuera demasiado difícil o complicado como para no poder resolverlo. Al leproso que vino a él lo sanó de inmediato. Pero al ciego de Juan 9 le mandó hacer algo antes de obtener la sanidad (v. 7).

Uno de los aspectos del Señor Jesucristo como el Gran Médico y que lo distingue también totalmente de los practicantes de la medicina, es que el Hijo de Dios no hizo los milagros de una manera insensible, fría e indiferente. Las Escrituras nos dicen en Isaías 53:4: "Ciertamente él llevó nuestras enfermedades…". Es decir que, de alguna manera que para nosotros es imposible comprender, él sintió algo del sufrimiento del enfermo; de ese dolor interno que caracteriza a muchas enfermedades. Pero en la mayoría de los casos los enfermos no solamente tienen el dolor físico, sino también el emocional, al saber que ciertas actividades de la vida no se pueden hacer más. También que en ciertos casos la enfermedad va a progresar y hacer daño en distintos órganos y sistemas.

Por ejemplo, esa sensación de desolación y rechazo completo que sintió el leproso, él de alguna manera la siente, la experimenta, y el resultado es que se compadece. Es decir, Jesucristo no actúa como una computadora en la que si ejecutamos un programa va a responder en forma inmediata, de la misma manera y de una forma absolutamente impersonal. Sus sanidades son el resultado de ver la miseria del ser humano y sentir una compasión intensa y genuina.

Es interesante que en los Evangelios la posesión demoníaca se mencione frecuentemente, pero cuando vamos al libro de los Hechos, de los muchos milagros apenas en algunos casos especiales se menciona la posesión demoníaca. Algunos estudiantes de la Biblia consideran que durante el ministerio terrenal del Señor Jesucristo hubo un aumento muy marcado de la "actividad demoníaca". En las cartas de los apóstoles la posesión demoníaca no solamente no es un tema principal, sino que en la mayoría de las epístolas ni se menciona.

Notemos que en ningún momento se conecta la posesión demoníaca con enfermedades como lepra, ceguera o parálisis. Creemos que cuando las Sagradas Escrituras usan el término posesión demoníaca, se refiere a algo real, en que un individuo está controlado por un demonio. No creo que esto se refiera a un elemento cultural de aquel momento. Jesucristo se refiere a los demonios como individuos con voluntad y les da la orden de salir, por ejemplo, del hombre gadareno.

Lo que para nosotros es muy difícil de entender es cuál era la relación entre las enfermedades físicas y psiquiátricas con la posesión demoníaca.

Personalmente creo que un creyente en el Señor Jesucristo, quien está sellado por el Espíritu Santo, no puede estar "poseído" porque "...el que está en vosotros es mayor que el que está en el mundo" (1 Jn. 4:4); y sabemos definitivamente que se refiere a la presencia del Espíritu Santo en nosotros. Sin embargo, es posible que un creyente pueda ser influenciado por fuerzas demoníacas cuando se pone en ciertas circunstancias muy particulares, como el uso de drogas que producen alucinaciones, o por meterse en actividades que la Biblia condena, como el ocultismo.

Lo que es muy importante para nosotros hoy, es pensar que todo el adelanto tecnológico del siglo XXI no puede significar que tengamos la capacidad de entender todos los aspectos de la vida. Del mismo modo que no podemos entender sobre cuestiones atómicas y de computación, sin embargo, nos beneficiamos de sus aplicaciones. Por ejemplo, un médico puede usar un equipo de radiación para curar una enfermedad. Sin embargo, todos los detalles de cómo exactamente actúan esos elementos radiactivos no le son conocidos. Creo que con el tema de la posesión demoníaca tenemos que entender que no es nada fácil, que no tenemos todas las respuestas; pero sí sabemos que en la cruz del Calvario Satanás fue vencido: "el fuerte por el más fuerte", y que el destino del Príncipe de las tinieblas es la condenación eterna como lo enseña Apocalipsis 20:10. Es muy importante destacar que el creyente en el Señor Jesús no tiene que estar viviendo en el temor de si puede ser atacado o poseído por un demonio. Las palabras del apóstol Pablo nos dan confianza: "Porque no nos ha dado Dios un espíritu de cobardía, sino de poder, de amor y de dominio propio" (2 Tim. 1:7).

Nos podemos regocijar en la verdad de que el Señor Jesucristo nunca tuvo un encuentro con un demonio que no se sometiera a su autoridad.

Una vez más nos damos cuenta de que todo lo que tenemos es por gracia, y las palabras de Judas 24, 25 llenan nuestro corazón de gozo: "Y a aquel que es poderoso para guardaros sin caída y para presentaros irreprensibles delante de su gloria con grande alegría; al único Dios, nuestro Salvador por medio de Jesucristo nuestro Señor, sea la gloria, la majestad, el dominio y la autoridad desde antes de todos los siglos, ahora y por todos los siglos. Amén".

Capítulo I

PODER SOBRE LOS DEMONIOS Y ESPÍRITUS MALOS

1. El endemoniado de Gadara

Marcos 5:1-20.

Uno de los discípulos nos podría referir esta historia más o menos de esta manera:

"Aquel día cruzamos el mar de Galilea hacia la región de los gadarenos. El mar estaba sereno. Fue un buen tiempo hablando con el Maestro que nos preparó para una de las experiencias con él que nunca olvidaríamos. Nadie le preguntó al Señor por qué causa íbamos allí, pues sabíamos que él tendría una buena razón.

"Lo que ninguno de nosotros sabía era que aún antes de desembarcar, un hombre a la distancia nos estaba observando. Digo un hombre, por usar un término. En realidad, este individuo era muy extraño. De la manera que actuaba y se comportaba más se asemejaba a una bestia o una fiera. Si yo hubiera sabido qué clase de persona era, seguramente me hubiera quedado en el barco para evitar el encuentro con este ser tan violento y peligroso.

"Cuando nos vio en la distancia vino como un bólido quizás para asustarnos o atacarnos. Todos nos quedamos paralizados al verlo aproximarse a gran velocidad, con excepción del Maestro que con toda calma le dirigió la palabra.

"Parecía una bestia. Solamente tenía unos pocos harapos. Estaba casi desnudo. Su cuerpo y sus cabellos hacía ya mucho tiempo que habían experimentado los efectos de la falta de un baño.

"Sus ojos penetrantes e inquietos parecían los de un tigre enfurecido tratando de elegir su víctima. Todo su cuerpo estaba cubierto de cicatrices y en varios lugares estaba sangrando de heridas recientes. Por el aspecto musculoso no había duda de que tendría una hercúlea fuerza. Su voz era fuerte y el tono expresaba la confusión y maldad de su vida. Delante de nosotros teníamos a ese individuo a quien todo el mundo le temía, pues nos enteramos después que nadie pasaba por aquel camino por el miedo que él infundía".

Volvamos al Evangelio de Marcos para ver versículo por versículo lo que la Palabra nos dice. Observamos que en Marcos 5:1, 2 nos dice que tenía un espíritu inmundo, es decir, que estaba endemoniado, y con reverencia aceptamos este hecho como la causa de la situación.

Notamos que vivía en los sepulcros. Nos acordamos de la locura del rey Nabucodonosor cuando Dios lo hirió por su soberbia y le cambió la mente y lo hizo pensar que era una bestia del campo, y empezó a vivir entre los animales. Sin embargo, aquí tenemos algo muchísimo peor. Aquí está un hombre que vive entre los sepulcros porque su mente está tan perturbada que le indica que ese es un buen lugar para vivir.

Versículo 3. El ser humano quiere ser libre y trata de liberarse de todo lo que se llama ley, norma o religión. Sin embargo, este hombre que vivía en total libertad física tenía una esclavitud del espíritu tremenda.

Versículo 4. Todos los esfuerzos por controlar a este hombre eran inútiles. Los grillos eran entre sus dedos como migas de pan. Sin embargo, ese hombre que quería libertad no tenía paz.

Versículo 5. ¡Qué contraste entre la vida que este hombre llevaba y el plan de Dios para el ser humano; viviendo en familia, con el amor y cuidado de los suyos!

El sufrimiento y la desesperación de este hombre eran continuos. Día y noche andaba emitiendo sus alaridos. Andaba por los montes de la misma manera que un animal salvaje y de ahí a los sepulcros, hiriéndose con piedras y golpeándose contra las rocas. Un siquiatra que lo hubiera visto hoy lo llamaría un estado de delirio, probablemente con alucinaciones y quizás con intento de autoeliminación como lo sugiere el hecho de que se hería a sí mismo con piedras.

Su historia médica en un hospital del presente probablemente diría que este paciente es muy agresivo y de alto riesgo. En un instituto para enfermos mentales se lo pondría en la parte de seguridad máxima para pacientes peligrosos. Su diagnóstico incluiría los términos de psicosis aguda con delirio.

Es muy doloroso pensar que este hombre un día fue un pequeño y frágil bebé. Que cuando nació su madre muy probablemente lo tomó en sus brazos y lo llenó de besos. Que sin duda se lo mostró a las vecinas y cada una de ellas decía: "¡Qué lindos ojos! ¡Qué hermosa nariz! ¡Qué bien formados que están los deditos!". ¿Cómo es posible que aquel niño que jugaba alegre con sus amiguitos se pueda haber transformado en este ser grotesco que infunde terror, rechazo y aun repugnancia?

Versículo 6. Seguimos la imaginada narración de uno de los discípulos: "Todos nosotros nos quedamos como petrificados y atentos a lo que fuera a suceder. Por supuesto que estábamos dispuestos a defender al Maestro si era necesario, aunque el aspecto de este hombre era realmente temible. Pero para nuestro asombro Jesucristo no se asustó. Lo digo de esta manera para destacar el hecho que él hacía cosas y actuaba en situaciones de una manera completamente increíble. Por el contrario, lo miró con compasión y una sonrisa llena de gracia se asomó en sus labios. Jesucristo no se puso nervioso. Su voz, con toda calma y al mismo tiempo con autoridad, era la voz de aquel que controla el universo".

Versículo 7. La escena era tensa y aterradora. El hombre parecía querer intimidar con su vozarrón: "¿Qué tienes conmigo?". El Señor Jesús con su voz pausada pero firme dijo: "Sal de este hombre, espíritu inmundo". Conviene destacar que el Señor atacó el problema de inmediato. Luego le preguntó: "¿Cómo te llamas?". No porque él no lo supiera, dado que aquel que es Dios manifestado en carne todo lo sabe. ¿Cuántas personas hoy en día le dirían al Maestro: "Mi nombre es Alcohol porque no lo puedo dejar"; o "Mi nombre es Vicio porque me domina"; o "Mi nombre es Dolor porque mi vida parece signada por el mismo"?

El endemoniado da su respuesta: "Me llamo Legión; porque somos muchos" (v. 9). ¿Cómo fue posible que este hombre llegara a tal condición? Las Escrituras nos enseñan que los creyentes en el Señor Jesucristo no pueden estar poseídos por demonios. En 1 Juan 4:4 leemos: "Hijitos, vosotros sois de Dios, y los habéis vencido, porque el que está en vosotros es mayor que el que está en el mundo". "El que está en vosotros" se refiere sin duda al Espíritu Santo que posee cada creyente en Jesucristo. Veamos las palabras de este hombre: "Te conjuro por Dios que no me atormentes". Parecería que la sola presencia del Señor Jesús le implicaba un tormento.

Versículos 10-13. El último detalle del versículo 13 es muy importante. Alguien ha dicho que los cerdos prefirieron morir a vivir con los demonios. El hecho de la autodestrucción masiva nos muestra claramente los instintos aniquiladores y perversos de estos espíritus inmundos.

Versículo 14. Por supuesto que en la religión judaica no se puede criar cerdos para comer. Estos hombres perdieron una pertenencia muy grande aunque ilegítima.

Pero hay algo que me llama poderosamente la atención en esta porción, y es que Jesucristo hace este viaje al otro extremo del mar de Galilea con el único propósito de alcanzar a este hombre. Nosotros hubiéramos argumentado de otra manera. Hubiéramos pensado que hubiera sido más conveniente para Jesús quedarse donde estaba y así alcanzar con el mensaje las multitudes. Pero el Mesías va y cruza el mar con la idea de alcanzar a un hombre que era un peligro para la sociedad. Nadie con excepción de Jesucristo se hubiera ocupado de este individuo.

Para mí es admirable que Jesucristo lo hizo todo con la intención de liberar a este hombre que la sociedad ya había marginado. En un sentido, veo este aspecto como el más atrayente de esa historia. Quizás en un sentido más grande y trascendental que la misma curación completa de este individuo, es el hecho de que Jesucristo deja todas sus ocupaciones con el fin de encontrar a este hombre. Notemos los cambios que se observan, es decir que son obvios en este hombre.

Versículo 15. El hecho de estar sentado demuestra que ahora tiene paz en su corazón. Está tranquilo. No está como antes, gritando como una fiera salvaje.

También se nos dice que está vestido. No se nos dice de dónde aparecieron las vestiduras. Sabemos que antes andaba casi desnudo. Pero ahora tiene un sentido de pudor. ¿Cuánto pueden las personas ver de nuestra personalidad por la manera en que nos vestimos? ¡Qué hermoso es poder honrar a nuestro Salvador en la forma decorosa y decente de nuestro atavío!

Pero agrega algo más: nos dice "en su juicio cabal". La misma palabra se traduce en otras partes como sobrio.

Miremos por un momento el rostro transformado de este hombre. Sus ojos muestran ahora paz y amor para su Salvador. Su proceso mental es claro y normal. No está más desesperado y confundido.

Es interesante ver la reacción de las personas en la comunidad. Ellos podían optar por escuchar a Jesús de Nazaret, pero le dijeron que se fuera de sus territorios. Es que ellos estaban demasiado enojados por la pérdida material de los cerdos. Ellos preferían tener esos cerdos que las ordenanzas de Dios que fueron dadas por medio de Moisés. Antes tenían miedo del endemoniado, ahora tienen miedo de este hombre que hizo ese milagro. Pero en vez de escuchar su mensaje prefieren echarlo. No quieren un cambio. El poder de Jesucristo los aterra. Para ellos valen más los cerdos que la sanidad del hombre.

El versículo 18 nos dice que al entrar Jesús en la barca, el que había estado endemoniado le rogaba que le dejase estar con él.

¡Qué escena tan tierna! Mientras la barca se aleja, me imagino que un hombre solo ha quedado en la orilla quizás despidiéndose con sus manos, quizás con sus ojos llenos de lágrimas, pero con una sonrisa en sus labios porque Jesucristo le ha cambiado su vida, lo ha salvado.

Pero mientras tanto esa barca se aleja y sentimos el rítmico ruido de los remos golpeando el agua. La salvación encarnada en aquel que es Dios manifestado en carne también se aleja.

Jesucristo ha cumplido lo que ha venido a hacer y una vez hecho el trabajo ya no hay razón de permanecer allí. Los hombres de la zona le han rogado que se vaya.

Observamos en primer lugar que Jesús le dijo: "Vete a tu casa" (v. 19). Nuestro hogar es el mejor lugar para empezar nuestro testimonio de qué es lo que el Señor ha hecho con nosotros. Muchas veces los jóvenes están esperando el día que puedan salir de su casa y no se dan cuenta de que ese es el lugar que Dios el creador de la familia tiene para cada uno. Hasta el día que encontró a Jesucristo vivía entre los sepulcros; ahora vuelve como el hijo pródigo a la casa, quizás a los padres, esposa e hijos.

Luego le dice: "a los tuyos"; es decir, a sus familiares. En el medio oriente las familias son grandes. Él va y les cuenta lo que Jesucristo ha hecho en su vida. Para este hombre no hay duda de que Jesucristo es el Hijo de Dios, el Mesías, y es por eso que cuenta todo lo que ha hecho Jesús con él.

El cementerio ahora ha quedado tranquilo. El camino peligroso ahora es transitable. Antes nadie podía pasar por el camino por el temor al endemoniado, ahora éste ha encontrado el camino de la paz.

Un hombre va de pueblo en pueblo con un mensaje: "Jesucristo ha tenido misericordia de mí".

No sabemos por qué causa Jesucristo quiso sanar a este hombre. ¡Qué ejemplo de la maravillosa gracia de Dios! Hoy en día Dios sigue haciendo milagros como éste, transformando vidas que han quedado casi destruidas por el pecado.

Pero para mí también es asombroso que un día estaremos por su gracia en su gloria y veremos a este hombre, y el contraste con aquel endemoniado que estaba entre los sepulcros. Porque entonces ya se habrá hecho realidad lo que dice 1 Juan 3:2: "...Pero sabemos que cuando él sea manifestado, seremos semejantes a él, porque le veremos tal como él es".

Me imagino esta historia de las Escrituras como una sinfonía. Comienza la orquesta ejecutando un *fortíssimo.* Todos los instrumentos están resonando con la máxima intensidad en un estruendo de sonidos disonantes que expresan la llegada del endemoniado. Pero cuando Jesús aparece es una flauta dulce tocando una melodía celestial. Termina la música con el endemoniado sentado a los pies de Jesús y aquí son las arpas las que producen una melodía angelical.

Temas para predicadores

- *El hombre endemoniado como símbolo del hombre sin paz, sin gozo y sin Cristo.*
- *El poder de Cristo para cambiar vidas.*
- *La compasión de Jesucristo.*
- *La autoridad de Jesucristo sobre los demonios.*
- *La misión del convertido de testificar de las "grandes cosas que el Señor ha hecho contigo".*

2. El muchacho lunático

Mateo 17:14-21; Marcos 9:14-29; Lucas 9:37-43

Este milagro acontece inmediatamente después de que el Señor Jesús está con sus tres discípulos en el monte de la transfiguración. Allí han visto al Señor Jesús hablando con Moisés y Elías. Han visto sus vestidos blancos y resplandecientes. Han admirado su rostro que resplandece como el sol. Han escuchado la voz de Dios. Pedro ha dicho:

"Señor, bueno es que nosotros estemos aquí" (Mat. 17:4). Quizás a los discípulos les hubiera gustado quedarse allí en el monte alejados de los problemas terrenales; pero Dios tenía otro propósito para ellos.

En Mateo 17:14-16 leemos: "Cuando llegaron a la multitud, vino a él un hombre y se arrodilló delante de él, diciendo: '¡Señor, ten misericordia de mi hijo, que es lunático y padece gravemente! Pues muchas veces cae en el fuego, y muchas veces en el agua. Lo traje a tus discípulos, y no le pudieron sanar'".

En pocas palabras se nos explica la situación. Yo llamo a esta porción de la Biblia "El hombre con un hijo con serios problemas". Por así decirlo, la vida de este hombre estaba signada por la de su hijo, desde que éste enfermó.

Al igual que nosotros, tenía puestas muchas esperanzas en su hijo. Quizás éste podría haber seguido el mismo oficio de su padre y haberlo ayudado en el trabajo. Pero no, la gravedad de su trastorno absorbe la vida del padre.

El padre le dice al Señor Jesús que su hijo es lunático. Esta palabra se utiliza solamente dos veces en el Nuevo Testamento (la otra referencia es Mat. 4:24 donde dice: "...y le trajeron todos los que tenían males: los que padecían diversas enfermedades y dolores, los endemoniados, los lunáticos y los paralíticos. Y él los sanó".

El término "lunáticos" es la traducción del griego *seleeniazomai* que tiene por raíz *seleenee*, es decir, la Luna. La idea es de ser afectado por la Luna. Observemos que esto es lo que el padre creía y no necesariamente el problema del joven. Al parecer en la antigüedad había personas que creían que los síntomas de epilepsia se debían a un insulto o agravio hecho a la Luna.

Lucas nos da más detalles en 9:38-40: "Y he aquí, un hombre de la multitud clamó diciendo: 'Maestro, te ruego que veas a mi hijo, que es el único que tengo. He aquí un espíritu le toma, y de repente grita y le convulsiona con espumarajos; le hace pedazos y difícilmente se aparta de él. Yo rogué a tus discípulos que le echasen fuera, pero no pudieron'". Por supuesto que se refiere a los nueve discípulos que quedaron abajo cuando el Señor Jesús subió al monte de la transfiguración.

Yo me imagino a los nueve cuando el padre les trajo a su hijo para ser sanado. Uno de ellos le pregunta al otro: "¿Te animas a hacer este milagro? Mira que éste es un caso muy difícil". "Yo no me animo", responde; y otro dice: "Lo voy a intentar, pero no tengo mucha confianza". Y él hace lo mejor que puede, utiliza su voz autoritaria pero sin embargo fracasa. Quizás otros trataron con el mismo resultado. Pero el hombre ahora va directamente a aquel que él sabe que tiene reputación de haber hecho cosas maravillosas y dice: "Señor, tus discípulos no pudieron". ¡Cuánta amargura hay en estas palabras! ¡Cuántas veces nosotros no podemos proveer espiritualmente lo que las personas a nuestro alrededor están necesitando! Marcos 9:17, 18 nos da más información: "Le respondió uno de la multitud: 'Maestro, traje a ti mi hijo porque tiene un espíritu mudo, y dondequiera que se apodera de él, lo derriba. Echa espumarajos y cruje los dientes, y se va desgastando. Dije a tus discípulos que lo echasen fuera, pero no pudieron'".

Ahora, cada detalle en el relato bíblico es muy importante. Uno puede suponer que este hombre ha visto a muchos médicos antes y está acostumbrado al tipo de preguntas sobre los síntomas; así que se anticipa y de inmediato declara todo lo que le pasa a su hijo.

Destaquemos lo impredecible de los ataques. No se podían esperar o evitar; aparecían súbitamente con sus muy peligrosas consecuencias.

Analicemos los síntomas (Mar. 9:17): "lo derriba". Seguramente lo maltrataba al punto de tirarlo al suelo. Parecería que le iba a sacar una parte del cuerpo sin anestesia y el dolor era tan intenso como si una bestia salvaje lo estuviera desgarrando. "Echa espumarajos". Sin duda esto de la espuma en la boca representa la dificultad respiratoria de alguien que ha perdido el conocimiento. De esa boca creada para que salgan himnos de alabanza ahora sale espuma expresando la gravedad de la situación. Dice también: "y cruje los dientes". Aquí esto se refiere a algo similar a una convulsión. Queremos destacar que la palabra de Dios dice que este joven tenía un demonio y creemos que lo que la Escritura dice es así. Sin embargo, si un médico hubiera estado allí presente, hubiera hecho el diagnóstico de una convulsión de tipo epiléptico de una variedad de "el gran mal", porque esto es a lo que más se parecería. La idea de crujir los dientes nos presenta el sufrimiento de este joven y también quizás en forma figurada un elemento de rebelión.

Pero observemos otra característica más que nos dice Marcos: "y se va secando" (RVR-1960). Todos hemos visto un árbol que se empieza a secar y finalmente muere. Primero las hojas aparecen de un color enfermizo, luego se secan, caen, se quiebran y se desprenden las ramas, luego queda el tronco solo y se va secando hasta que el mismo viento lo tira al suelo y se pudre.

Es esa idea de progresión inexorable del daño en la persona la que nos evoca esta expresión "se va secando". El padre recordaba cuando su hijo estaba sano y robusto. Ahora por el contrario la enfermedad lo había debilitado, los músculos los había perdido, estaba consumido como alguien que tiene una enfermedad crónica y seria. Notemos la tristeza y desilusión de sus palabras: "Dije a tus discípulos que lo echasen fuera, pero no pudieron". El padre no tenía duda de que la sanidad no se había producido. Se dio cuenta del fracaso de los discípulos que, aunque tenían buenas intenciones, no tenían poder. ¡Cómo esto también nos habla de nuestra situación espiritual! Tenemos las buenas intenciones pero nos falta el poder de lo alto. Estudiemos la inesperada respuesta del Señor Jesús "¡Oh generación incrédula y perversa! ¿Hasta cuándo estaré con vosotros? ¿Hasta cuándo os soportaré? Traédmelo acá" (Mat. 17:17). ¿A quiénes se refiere el Señor Jesús cuando dice: "generación incrédula y perversa"? Sin duda no se refiere a los discípulos. Él se gozaba de estar con ellos, los llamaba amigos, sus ovejas. Yo creo que esta dura expresión se dirige a la multitud de curiosos que están mirando la escena y que son incrédulos y burladores, y que tras el fracaso de los discípulos están ahora expectantes por lo que pase con su Maestro.

Y por supuesto, aquí la generación adúltera y pecadora se refiere a los incrédulos. En los versículos 11, 12 de Marcos 8 leemos: "Salieron los fariseos y comenzaron a discutir con él, pidiéndole una señal del cielo, para probarle. Él suspiró profundamente en su espíritu y dijo: '¿Por qué pide esta generación una señal? De cierto os digo que a esta generación no se le dará ninguna señal'". Es obvio que en este caso se refiere a los fariseos. "¿Hasta cuando os soportaré?" (Mar. 9:19). Por supuesto que el Señor está entristecido también por la falta de fe de sus discípulos a quienes les había dado potestad de sanar enfermos.

El dolor intenso del padre desesperado y la situación del hijo tocan las fibras más íntimas del corazón del Señor. Esto es algo muy importante que debemos remarcar. Cuando el Señor Jesucristo estaba aquí en este mundo, él sufrió nuestras penurias. Lo hizo no desde un punto de vista teórico e imaginario sino real. Él no era un superhombre o un héroe de la mitología nórdica, o un dios griego que andaba por este mundo despreocupado e indiferente a la desgracia y al sufrimiento de los seres humanos. Por eso el profeta Isaías en el capítulo 53:4 nos dice: "Ciertamente él llevó nuestras enfermedades y sufrió nuestros dolores. Nosotros le tuvimos por azotado, como herido por Dios, y afligido". Ahora nos preguntamos de qué manera el Señor Jesús sufrió nuestros dolores. Como médico, al cortar con el bisturí la piel yo le diría al paciente: "Sé que esto le va a doler". Aunque le hubiera aplicado anestesia local, sabría que iba a haber algún grado de sufrimiento. Sin embargo yo no sentiría nada. Tengo el conocimiento de las experiencias previas y de lo que he estudiado en cuanto al dolor que provoca el procedimiento que estoy efectuando, y de cuánta anestesia local la mayoría de las personas van a necesitar. Pero no fue así con el Señor Jesús.

"Ciertamente él llevó nuestras enfermedades y sufrió nuestros dolores...". Esto está muy por encima de nuestra comprensión. Pero aquel que es Dios manifestado en carne, sufrió en su vida mucho más de lo que nosotros entendemos. ¿Cómo creen que él se sintió cada vez que vio un ultraje; al grande golpeando al pequeño, al poderoso ridiculizando y rebajando al indigente, o al percibir el abuso sobre la viuda o el huérfano? ¡Qué maravilloso saber y pensar que él sufrió nuestros dolores!

"¿Hasta cuándo estaré con vosotros?". Es como él dijera: "¿Hasta cuándo tengo que estar en medio de un pueblo que es incrédulo y que tiene un corazón frío para las cosas de Dios?".

Pero gracias a Dios que este no es el fin de la conversación, sino que él dice: "...¡Traédmelo acá!" (Mat. 17:17). Y se lo traen. ¡Qué bueno es cuando traemos a los pies del Señor Jesucristo a una persona que está necesitada! Jesús de Nazaret nunca rechazó a nadie que fuera a él o que le fuera llevado. Algunos fueron al Señor Jesús por sus propios medios, como el leproso. Otros estaban allí, como el paralítico de Betesda. Otro fue bajado por el techo y puesto frente a Jesús. En nuestro presente caso, Marcos nos dice: "Se lo trajeron..." (Mar. 9:20). Parece que aquella persona no fue voluntaria e independientemente sino que lo llevaron a Jesús. Y cuando lo hacen, el versículo 20 nos dice: "...el espíritu le vio, de inmediato sacudió al muchacho, quien cayó en tierra y se revolcaba, echando espumarajos". ¡Qué espectáculo tan horripilante! Allí está el cuerpo de un joven consumido. Quizás se puedan ver los huesos sobresaliendo debajo de esa piel donde los tejidos han desaparecido, como todos ustedes han visto en alguien que padeciera de alguna consunción. Pero este cuerpo enflaquecido, pálido, lleno de cicatrices por múltiples heridas, ahora reacciona con inusitada violencia al tener lo que nosotros llamaríamos una "convulsión". El muchacho comienza con una actividad brutal y desorganizada. El espíritu inmundo reacciona de una manera especial al darse cuenta de la presencia del Señor Jesús. Noten una vez más las cuatro cosas que Marcos nos señala:

1) "El espíritu sacudió al muchacho". Los expertos en el idioma griego nos dicen que este término se usaba del zapateo de los bailarines golpeando el piso o al repiquetear de los tambores. La idea aquí parecería ser de algo que es golpeado a repetición. De algo que se rompe, que es lacerado, que se agita.

2) "Cayó en tierra". Sin duda de forma inesperada y sin tener tiempo para proteger su cuerpo. Un golpe más, más cicatrices en ese cuerpo que ha sido herido decenas y decenas de veces.

3) "Echando espumarajos". La espuma salía por su boca. El espectáculo era sin duda una escena de horror. El padre está desesperado porque otro ataque ha ocurrido. La multitud fue aterrorizada al ver esta escena con el temor que en cualquier momento el joven podía morir. Y en esta situación de emergencia, el Señor Jesús, que siempre está en perfecto control de la situación, actúa en forma calmada y tranquila. Como médico, he aprendido que en las peores emergencias es muy importante conservar la calma.

4) "Le echaba en el fuego o en el agua". Como los ataques eran inesperados, había un peligro muy grande cuando el joven estaba cerca del fuego por las quemaduras que le había provocado, y lo mismo en el agua por el peligro de ahogarse. Sin duda este demonio quería de alguna manera destruir completamente a este joven. Estos episodios no habían pasado unas pocas veces sino que el padre dice: "Muchas veces le echa en el fuego o en el agua para matarlo...". El padre está desesperado. Ve que su hijo se está debilitando, enflaqueciendo y está consumido. El cuerpo cubierto de terribles cicatrices por los golpes y las quemaduras. Sin duda que los episodios eran más frecuentes que en el pasado, porque no podemos imaginar que hubiera sobrevivido tanto tiempo en tal condición.

Yo me imagino el rostro lleno de compasión y amor del Señor Jesús. Mira al hijo y mira luego al padre. Allí está ese joven que en el propósito eterno de Dios fue creado para la gloria de Dios. En vez de estar jugando con sus amigos y demostrando la salud y la energía de alguien propio de su edad, allí está ese espectáculo conmovedor y terrible.

Ahora, Jesús de Nazaret hace la pregunta: "¿Cuánto tiempo hace que le sucede esto?" (v. 21). ¿Sabía el Señor Jesús la respuesta? ¡Por supuesto que él todo lo sabe! Pero lo pregunta por varias razones.

En primer lugar, para enseñarles a los discípulos que eso no era algo que había aparecido el día anterior. Era un problema serio y de mucho tiempo. Para los médicos es muy importante saber cuándo empezaron los síntomas y por cuánto tiempo han estado. De esa manera se pueden sospechar ciertos diagnósticos y excluir otros.

Hay otro aspecto que yo creo que es importantísimo. Cuando el padre dijo que eso le había ocurrido desde niño, estaba diciendo lo que sucede en esos casos desde el punto de vista social. Es decir, toda la vida de la familia había estado centrada y giraba en relación con la condición de este niño. Por supuesto que no lo podían dejar solo porque la crisis podía suceder en cualquier momento con consecuencias muy negativas. El hogar de este hombre había cambiado desde que los síntomas de la enfermedad habían comenzado. La Palabra de Dios nos dice claramente y en forma terminante que este joven tenía un demonio. Nos podemos preguntar muchas cosas cuya respuesta no es fácil. ¿Cómo hizo un demonio para penetrar en la vida de este joven? Nosotros creemos que los demonios no pueden morar en los creyentes en el Señor Jesucristo porque cada persona que le pertenece a él tiene el Espíritu Santo. Queremos remarcar que no todas las enfermedades se deben a la actividad demoníaca. Aun en los tiempos del Señor Jesucristo no fue así. Él curó al leproso y no le dijo que tenía un demonio, lo mismo con el paralítico de Betesda o el ciego de Juan 9. Y cuando Lázaro se enferma y muere como se relata en Juan 11, no hay mención de actividad demoníaca. Cuando Timoteo está enfermo el apóstol Pablo no le dice que tiene un demonio sino que le aconseja un tratamiento médico. Sin embargo, en el Nuevo Testamento hay casos que corresponden a la acción de demonios (ver Hech. 19:13-17).

En esta escena de crisis, de dolor, de violencia, de demostración del poder maligno de las fuerzas satánicas, el Señor Jesús con toda calma domina la situación con su pregunta sencilla y profunda. Me hace pensar cuando en una orquesta todos los instrumentos están sonando al máximo de su intensidad y de pronto todos los instrumentos musicales callan y sólo la música suave y maravillosa de una flauta se escucha. Es que con esta pregunta Jesús de Nazaret se sumerge en el conflicto y la angustia de esa familia.

El padre dice: "...si puedes hacer algo, ¡ten misericordia de nosotros y ayúdanos!". Él quería que se hiciera algo. Aunque fuera una pequeña mejoría. Cualquier cosa que se pudiera hacer para ayudar en esa situación. Pero Jesús de Nazaret estaba dispuesto a hacer mucho más que una pequeña mejoría parcial. ¡Cuántas veces nosotros en nuestras vidas le pedimos a Dios que haga algo! Que haga un poquito cuando lo que necesitamos es realmente una obra completa y esto es lo que Jesús de Nazaret va a hacer. "¡Ten misericordia de nosotros y ayúdanos!". Y por supuesto el Señor Jesús tiene misericordia de nosotros cuando en nuestro dolor, peligro y angustia vamos a él. ¡Qué bueno es saber que nuestro Señor nos quiere ayudar!

Por eso en Hebreos 2:18 leemos: "Porque en cuanto él mismo padeció siendo tentado, es poderoso para socorrer a los que son tentados". Es interesante la respuesta del Señor Jesús. Él podría haberlo sanado y echado al demonio de inmediato pero no fue así. Ahora le responde: "¡Al que cree todo le es posible!" (v. 23). ¡Qué palabras tan preciosas! No hay límite. No hay dificultad que sea demasiado grande. No hay condición de salud que el Señor considere demasiado severa para él.

Miremos una vez más la respuesta del Señor Jesús. *"Si puedes creer, al que cree todo le es posible"* (RVR-1960). ¡Qué palabras profundas y benditas! No hay problema que sea tan grande; no hay montaña que sea tan alta, no hay abismo que sea tan profundo, que sea un obstáculo invencible para nuestro bendito Dios. Por eso el apóstol Pablo puede decir en las palabras de Romanos 8:28: "Y sabemos que Dios hace que todas las cosas ayuden para bien a los que le aman, esto es, a los que son llamados conforme a su propósito". Pero, ¿cómo podemos tener esa fe que mueve montañas cuando sabemos que desde el punto de vista humano es imposible?

Miremos la respuesta del padre en el v. 24. Para mí esto es admirable. El padre sin duda con lágrimas en sus ojos, con ese rostro desesperado por el dolor mira a Jesús de Nazaret y exclama en alta voz: "¡Creo!, ¡ayuda mi incredulidad!". Es decir, él dice algo así como: "Yo quiero creer pero me cuesta. Yo quiero creer pero tengo algo en mí que me hace dudar. Yo creo porque veo que tú eres distinto. Yo percibo que hay algo en tus palabras, en tu presencia, que siente mi corazón de una manera que nunca sintió delante de otro ser humano. Yo creo que tú eres el que dices que eres: el Hijo de Dios, el Mesías". Este hombre era honesto; él no tuvo reparo en declarar su incredulidad y cuánto le costaba creer.

Muchas veces nos hemos encontrado con personas que nos dicen: "A mí me gustaría creer, pero me cuesta tanto creer". En Romanos 10:17 tenemos la respuesta: "...la fe es por el oír, y el oír por la palabra de Cristo". Hay algo maravilloso que nosotros no podemos explicar que sucede cuando leemos las páginas sagradas. La fe empieza a crecer. Y luego entendemos que "sin fe es imposible agradar a Dios..." (Heb. 11:6).

Marcos 9:25 nos dice: "Pero cuando Jesús vio que la multitud se agolpaba, reprendió al espíritu inmundo diciéndole: 'Espíritu mudo y sordo, yo te mando, ¡sal de él y nunca más entres en él!'". Notemos los detalles. Le manda al espíritu al cual se dirige específicamente con el nombre de "mudo y sordo". Creemos que estos también eran síntomas que este joven experimentaba si no todo el tiempo sin ninguna duda durante los episodios de los ataques. Observemos que el Señor Jesús reprendió al espíritu inmundo. No le dio una sugerencia sino que lo reprendió, lo censuró. ¿Con qué autoridad puede Jesús de Nazaret hacer esto? Los discípulos se preguntaron durante la tormenta en el mar: "¿quién es éste, que hasta el viento y el mar le obedecen?" (Mar. 4:41).

¿Con qué autoridad hace esto? El apóstol Pablo nos da la respuesta en Filipenses 2:9-11: "Por lo cual también Dios lo exaltó hasta lo sumo y le otorgó el nombre que es sobre todo nombre; para que en el nombre de Jesús se doble toda rodilla de los que están en los cielos, en la tierra y debajo de la tierra; y toda lengua confiese para gloria de Dios Padre que Jesucristo es Señor".

Las fuerzas satánicas no se quieren dar por vencidas rápidamente. Dado que el demonio ha sido echado, va a cumplir la orden, pero antes va a demostrar una vez más su poder maléfico.

Observemos una vez más las palabras del Señor Jesús: "¡sal de él y nunca más entres en él!". No es una curación transitoria y momentánea, y en pocos días las cosas van a estar de nuevo como antes. Cuando el Señor Jesucristo entra en la vida de una persona, el cambio es profundo, sustancial y permanente. En Juan 3, hablando con Nicodemo, el Señor Jesús compara ese cambio de vida con un nuevo nacimiento. El apóstol Pablo nos dice: "De modo que si alguno está en Cristo, nueva criatura es; las cosas viejas pasaron; he aquí todas son hechas nuevas" (2 Cor. 5:17). Ahora parece que la cámara deja el enfoque del Señor Jesús y del padre y se concentra en el hijo.

"Entonces, clamando y desgarrándole con violencia, el espíritu salió; y el muchacho quedó como muerto, de modo que muchos decían: '¡Está muerto!' (Mar. 9:26)". El espíritu satánico sale de este joven clamando su protesta y sin duda el sonido es aterrador. Creo que esta sería la única evidencia para los que estaban allí de que el espíritu inmundo había salido. Cuando esto sucede otra crisis más se produce y el joven comienza a ser sacudido con una violencia extrema. Cuando el temblor termina, el cuerpo del joven queda en el suelo totalmente inmóvil. No hay ningún movimiento espontáneo, no responde a las palabras de su padre, no abre los ojos, aun parecería que no respira y la gente dice: "¡Está muerto!". Los curiosos que se han acercado para ver todos los detalles de lo que está pasando ahora se dicen en sus corazones: "¡Qué fracaso de milagro! El joven está muerto". Pero gracias a Dios que la historia no termina aquí.

Vienen a nuestro corazón las palabras de los Hechos 10:38: "Me refiero a Jesús de Nazaret, y a cómo Dios le ungió con el Espíritu Santo y con poder. Él anduvo haciendo el bien y sanando a todos los oprimidos por el diablo, porque Dios estaba con él".

Este joven estaba oprimido por el diablo como si estuviera siendo aplastado con una piedra enorme y el Señor Jesús lo libertó. Las palabras de 1 Juan 3:8 se han cumplido: "El que practica el pecado es del diablo, porque el diablo peca desde el principio. Para esto fue manifestado el Hijo de Dios: para deshacer las obras del diablo".

El versículo 27 de Marcos 9 agrega que "...Jesús le tomó de la mano y le enderezó, y él se levantó". En la narración de Lucas 9:42 aparecen las hermosas palabras: "...y se lo entregó a su padre". Lo devolvió al lugar que le pertenecía en la familia. Y este sigue siendo el mensaje del evangelio de Jesucristo en el día de hoy. El Señor Jesús cuando resucitó al hijo de la viuda de Naín se lo dio a su madre (Luc. 7:15). ¡Qué importante es recalcar a los jóvenes en el día de hoy que ellos pertenecen a la familia y no al grupo de amigos de los alrededores!

Observen en el milagro las tres etapas claramente mencionadas. En primer lugar le tomó de la mano. Muchos de los que estaban allí no se atrevían a tocarlo por miedo a desencadenar una crisis violenta. El Señor le enderezó. Lo puso derecho. Y noten las palabras finales: "se levantó" (Mar. 9:27). La Escritura no nos dice qué fue lo que dijo como tampoco nos dice en muchos otros casos porque lo importante es lo que se hizo no lo que se dijo. Tampoco habló la hija de Jairo, ni el hijo de la viuda de Naín.

El versículo 28 sigue: "Cuando él entró en casa, sus discípulos le preguntaron en privado: '¿Por qué no pudimos echarlo fuera nosotros?'". Observemos un detalle importante: reconocían que habían fracasado y ahora querían aprender cuál había sido la razón de la falta de éxito. ¡Qué importante es para nosotros hacer lo mismo! Aprender de nuestras derrotas y fallas. Remarcamos que ellos no le hicieron la pregunta delante de toda la multitud. Esto era muy vergonzoso. Pero ahora a solas se animan: "¿Por qué no pudimos echarlo fuera nosotros?". Bueno, en un sentido, parecería que esta pregunta está fuera de lugar. Por supuesto que aquel que es Dios manifestado en carne puede hacer muchas cosas que nosotros no podemos hacer. Pero él con paciencia les responde: "Este género con nada puede salir, sino con oración". Pero ellos podrían haber dicho: "Es que nosotros oramos antes de tratar de hacer el milagro". ¡Qué benditas las palabras de Juan 15:7!: "Si permanecéis en mí, y mis palabras permanecen en vosotros, pedid lo que queráis, y os será hecho". El mismo pensamiento aparece en el 16:23, 24: "En aquel día no me preguntaréis nada. De cierto, de cierto os digo que todo cuanto pidáis al Padre en mi nombre, él os lo dará. Hasta ahora no habéis pedido nada en mi nombre. Pedid y recibiréis, para que vuestro gozo sea completo". Esto por supuesto nos trae al corazón el tema del fracaso en las cosas espirituales. Trataron de hacer algo y allí delante de toda la gente sintieron la vergüenza del fracaso. Santiago 4:3, 4 nos dice: "Pedís, y no recibís; porque pedís mal, para gastarlo en vuestros placeres. ¡Gente adúltera! ¿No sabéis que la amistad con el mundo es enemistad con Dios? Por tanto, cualquiera que quiere ser amigo del mundo se constituye enemigo de Dios".

Ahora debemos ir a Mateo 17 para tener más información sobre las causas del fracaso. Los versículos 20, 21 nos dicen: "Jesús les dijo: 'Por causa de vuestra poca fe. Porque de cierto os digo que si tenéis fe como un grano de mostaza, diréis a este monte: 'Pásate de aquí, allá'; y se pasará. Nada os será imposible. Pero este género de demonio sale sólo con oración'". Falta de fe, y por consiguiente de oración, se menciona aquí como el elemento que explica la falta de éxito.

Pero en un sentido simbólico, cada uno de nosotros estábamos un día como este joven.

Cada uno de nosotros puede decir: "Yo era como el joven endemoniado. Yo era el que sufría intensamente sin poder evitarlo ni disminuirlo. Yo, como ese joven, me desgarraba de dolor hasta que encontré al Salvador. Yo era el que me caía en el fuego peligroso de la vida y me quemaba. Y todo esto sucedió hasta que Jesús de Nazaret tocó mi vida por su gracia".

No tenemos noticia de que este joven solicitara el milagro. Pero el milagro fue hecho. ¡Qué bueno es para nosotros saber que el Señor Jesús se compadece de aquellos que son traídos a él, a veces por familiares, vecinos o amigos!

Al terminar este milagro nos imaginamos tres grupos de personas: Los curiosos, preguntándose y discutiendo entre ellos quién es este Jesús de Nazaret y con qué poder hace estos milagros. Vemos también el grupo de los discípulos que se preguntan el porqué de su fracaso. Y por último, vemos a un padre que se va caminando abrazando a su querido hijo de quien Jesús de Nazaret echó el demonio.

Apéndice

La pregunta: ¿cuánto tiempo hace que le sucede esto? (Mar. 9:21) origina una respuesta que trae dificultades de interpretación desde el punto de vista teológico y desde el punto de vista médico.

Si esto le sucede desde niño, entonces nos preguntamos si este joven tenía una posesión demoníaca desde entonces, o si sobre un estado de enfermedad orgánica habría pasado a actuar la influencia satánica.

Creemos que sería difícil explicar lo de la posesión demoníaca desde la niñez a causa de normas morales que este niño hubiera infringido. Las palabras de Juan 9:3 en relación con el ciego de nacimiento nos ilustran este pensamiento: "Respondió Jesús: 'No es que éste pecó, ni tampoco sus padres. Al contrario, fue para que las obras de Dios se manifestaran en él'".

En cuanto a la posesión demoníaca tenemos pocas referencias en el Antiguo Testamento: La de Saúl y su alivio con la música del arpa (1 Sam. 16:23) y la pitonisa de Endor (1 Sam. 28:7). Creemos que la posesión demoníaca puede ser el resultado de un acto deliberado del individuo en ese sentido. Por otro lado, los creyentes pueden estar bajo su influencia pero no están habitados por demonios porque tienen el Espíritu Santo en ellos como lo enseña claramente Romanos 8:9: "Sin embargo, vosotros no vivís según la carne, sino según el Espíritu, si es que el Espíritu de Dios mora en vosotros. Si alguno no tiene el Espíritu de Cristo, no es de él".

Desde el punto de vista médico, parecería muy improbable que este joven hubiera tenido estos ataques tan severos y frecuentes por tantos años. Sí tendría sentido que esos ataques que venían ocurriendo desde niño hubieran aumentado en intensidad y frecuencia debido a una acción demoníaca.

Algunos han planteado la posibilidad de que el Señor Jesús haya usado el término "endemoniado" para hablar al nivel cultural de estas personas. Sin embargo, esto está en desacuerdo con el mandato del Señor Jesús a sus discípulos: "echad fuera demonios" (Mat. 10:8).

El hecho de que Jesús le dijo al demonio: "¡sal de él y nunca más entres en él!" (Mar. 9:25), sugeriría por otra parte que cuando el milagro se produjo el demonio estaba de alguna manera en el joven.

Mi impresión actual es que este joven había empezado su vida desarrollando algo muy similar a lo que nosotros llamamos "el gran mal" (epilepsia) y que sobre este substrato el demonio actúa intensificando la frecuencia y la intensidad de las crisis. Si la actuación demoníaca es desde la niñez o después no lo sabemos. Como lo referimos antes, sería improbable que este joven hubiera arrastrado durante toda su vida estos ataques y todavía sobreviviera. En las Escrituras hay información para nosotros, pero Dios en su soberanía no se obliga a satisfacer nuestra curiosidad intelectual.

Las palabras de Mateo 9:29: "Este género con nada puede salir, sino con oración", nos indican que en las fuerzas satánicas hay elementos de distinta agresividad y fuerza.

Temas para predicadores

- *La compasión del Señor Jesús.*
- *El poder y la autoridad de Jesucristo sobre las fuerzas satánicas.*
- *La importancia de la fe.*
- *El fracaso en el ministerio en la vida del creyente.*
- *La impotencia absoluta del joven y su padre ante la situación.*

3. El mudo endemoniado

Mateo 9:32-34

Vivimos en el mundo de las telecomunicaciones. Hablamos con facilidad con nuestros familiares a veces en otros continentes o a cientos de kilómetros de distancia mientras están conduciendo su automóvil en una carretera solitaria. Nos comunicamos por teléfono, radio, fax y por correo electrónico. Aquí vemos producirse otro milagro; se produce inmediatamente después de la sanidad de dos ciegos.

La historia es muy breve. Cuando vamos a un país donde se habla otro idioma es difícil comunicarse. Pero cuando la persona es muda la dificultad es aún mayor.

En el versículo 32 de Mateo 9 leemos que le trajeron un mudo endemoniado. Los expertos nos dicen que la palabra en griego implica sordomudo. La causa de la enfermedad en este caso no era congénita. Está establecido claramente como posesión demoníaca. No hay más detalles y lo aceptamos con reverencia.

Queremos recalcar este hecho que fue traído. Es decir, no sabemos cuánta colaboración o cuánto interés tuvo esta persona. El poder explicarle que Jesucristo estaba en la ciudad en tal casa y cómo llegar a ese lugar habría sido una gran dificultad. Así que suponemos que esos amigos que habían escuchado de Jesucristo hicieron lo mejor que se podía hacer en estas circunstancias y lo llevaron. Ignoramos si el que lo llevaran fue el deseo principal del enfermo o de sus amigos.

Nos hace acordarnos de aquellos hombres que trajeron al paralítico con esfuerzo y no cesaron a pesar de las dificultades que incluyeron subirlo por el tejado para ponerlo finalmente delante de Jesucristo.

Notamos también que en el caso del sordomudo de Marcos 9 no hay mención de posesión demoníaca.

El versículo 33 nos dice sencillamente: "Y tan pronto fue echado fuera el demonio, el mudo habló". No hay referencia de si, como en otros casos, hubo resistencia del demonio.

A pesar de que tenemos tan poca información es importante destacar que el versículo 33 nos dice: "y las multitudes se maravillaban diciendo: '¡Nunca se ha visto semejante cosa en Israel!'. Pero los fariseos decían: 'Por el príncipe de los demonios echa fuera los demonios'" (v. 34).

Vemos aquí algo que nunca entenderemos mientras vivamos en este mundo. ¿Cuál es la razón de una diferencia tan notoria en la respuesta al mismo hecho? Aquí unos se admiran, pero los fariseos hacen una acusación gravísima de ser hecho por el príncipe de los demonios. Qué pertinentes son las palabras de Jesucristo en Juan 15:24: "Si yo no hubiese hecho entre ellos obras como ningún otro ha hecho, no tendrían pecado. Y ahora las han visto, y también han aborrecido tanto a mí como a mi Padre".

Noten las palabras de Mateo 9:33: "Y tan pronto fue echado fuera el demonio, el mudo habló". Las Escrituras no nos dicen exactamente lo que dijo pero no sería de extrañar que un torrente de palabras de gratitud y de alabanzas comenzara a fluir de la boca de este hombre que podía finalmente hacer algo que tanto anhelaba y que antes no lo podía hacer. De ahora en adelante se podía comunicar fácilmente con sus amigos. Podía cantar alabanzas a Dios por su milagro.

Quiero citar a Matthew Henry quien, al comentar sobre esta porción, dice: "era mejor para este hombre que él no podía hablar a que él estuviera forzado a decir como los endemoniados de Mateo 8:29 '¿Qué tienes con nosotros, Hijo de Dios?'. Si hay que elegir entre los dos es preferible un espíritu que no pueda decir nada a uno que diga blasfemias. Cuando el diablo toma posesión de un alma la hace silenciosa a todo lo que es bueno, mudo en oraciones y alabanzas de las cuales el diablo es un enemigo declarado".

Me imagino a este hombre retornando a su casa con sus amigos exclamando con todas las fuerzas de sus pulmones: "¡Estoy curado! ¡Vecino, Jesucristo me sanó!".

Las palabras de Isaías 35:5, 6 se habían cumplido literalmente: "Entonces serán abiertos los ojos de los ciegos, y los oídos de los sordos se destaparán. Entonces el cojo saltará como un venado, y cantará la lengua del mudo; porque aguas irrumpirán en el desierto, y torrentes en el Arabá".

Temas para predicadores

- *Trayendo un amigo a Jesucristo.*
- *El mudo antes y después de su encuentro con el Señor Jesús.*
- *El poder absoluto de Jesucristo sobre los demonios.*

4. Endemoniados en la sinagoga

Marcos 1:21-28; Lucas 4:33

Se han encontrado a veces pirómanos (personas que tienen la tendencia patológica a provocar incendios) entre los mismos bomberos. También durante las guerras se han encontrado soldados del enemigo infiltrados con el uniforme de rigor. Pero la concurrencia de un endemoniado adentro de una sinagoga parecería una contradicción.

Comienza la narración en el Evangelio de Marcos (1:21, 22) diciendo que cuando el Señor Jesús enseñaba lo hacía con poder. Sus argumentos eran basados en la Palabra de Dios. Él no decía frases tales como: "a mí me parece", o "podría ser", o "no estoy seguro". Él no tenía que citar un famoso maestro del pasado para demostrar que su posición era la acertada; él enseñaba con autoridad. El relato bíblico nos sugiere que mientras Jesucristo enseñaba hubo una interrupción violenta.

Los versículos 23, 24 nos describen un día sábado en que sucede algo peculiar; un endemoniado exclamó, diciendo: "¿Qué tienes con nosotros, Jesús de Nazaret? ¿Has venido para destruirnos? Yo sé quién eres: ¡el Santo de Dios!". Observemos el contraste entre el espíritu inmundo y el santo Hijo de Dios. La reacción del demonio nos ejemplifica la verdad de

Santiago 2:19: "También los demonios creen y tiemblan". Notemos que el demonio dice: "eres el Santo de Dios". Quizás haciendo una referencia al Salmo 89:18: "...¡Nuestro Rey es el Santo de Israel!". Remarcamos que el grito del espíritu inmundo no era por gracia y arrepentimiento sino que era como si dijera: "déjame solo, no queremos gracia".

Matthew Henry nos dice que Jesucristo no acepta esta confesión porque procede del demonio: "Algunos confiesan que Jesucristo es el Santo de Dios, para poder llevar a cabo, bajo la capa de esa confesión, hechos maliciosos. Pero este tipo de confesión es sin duda una abominación para el Señor Jesucristo". El mismo autor señala que el hecho de que el demonio lo llama Jesús de Nazaret tiene una semilla de engaño, dado que si bien es cierto que así conocían a Jesucristo, la mayoría de los judíos esperaban al Mesías de Belén y no de Nazaret. En el comentario de Jamieson y colaboradores, encontramos un pensamiento interesante: "Este y aun otros testimonios más gloriosos a nuestro Señor fueron dados no de buena voluntad sino con la esperanza de que, al aceptarlos, él aparecería a la gente como ligado a los espíritus malos; una calumnia que sus enemigos estaban listos para usar en contra suya". En una situación similar el apóstol Pablo es seguido por una pitonisa que daba voces diciendo: "¡Estos hombres son siervos del Dios Altísimo, quienes os anuncian el camino de salvación!". Esto desagrada al siervo de Dios, quien mandó al espíritu salir de la muchacha (Hech. 16:17, 18).

Decimos entonces, que de alguna manera el demonio usa los labios de este hombre y dice: "¿Qué tienes con nosotros, Jesús de Nazaret? [Parece que algo tienes en común con nosotros] ¿Has venido para destruirnos?" Y esto es cierto, que el Señor Jesús vino a este mundo para destruir las obras del maligno. Jesucristo nunca tuvo una posición de tolerancia en relación con las huestes satánicas y los demonios.

En Hechos 10:38 leemos: "Me refiero a Jesús de Nazaret, y a cómo Dios le ungió con el Espíritu Santo y con poder. Él anduvo haciendo el bien y sanando a todos los oprimidos por el diablo, porque Dios estaba con él". En Hebreos 2:14, hablando del Señor Jesucristo, la Escritura dice: "Por tanto, puesto que los hijos han participado de carne y sangre, de igual manera él participó también de lo mismo, para destruir por medio de la muerte al que tenía el dominio sobre la muerte (éste es el diablo)". En 1 Juan 3:8 leemos: "...Para esto fue manifestado el Hijo de Dios: para deshacer las obras del diablo". Observen que según Marcos 1:25 Jesucristo no tenía interés de escuchar lo que el demonio quería decir acerca de él.

Con autoridad lo manda callar y salir. Notemos que no es que le sugiere al demonio que se calle sino que le ordena con voz de autoridad. Esta prohibición se refiere a hablar en cuanto a su persona.

Desde el punto de vista médico no podemos decir más que lo que está escrito; el endemoniado es sacudido con gran violencia cuando el demonio sale (Mar. 1:26), y el espíritu inmundo usa las cuerdas vocales de la persona para gritar con una enorme intensidad en la sinagoga. Sin duda que este grito se parecería al aullido de una bestia furiosa; algo absolutamente inusual, especialmente en un lugar de oración y lectura pública de la Palabra de Dios como era la sinagoga.

Lucas 4:35 nos dice: "Jesús le reprendió, diciendo: '¡Cállate y sal de él!'. Entonces el demonio salió de él, derribándole allí en medio de todos, pero sin hacerle ningún daño".

Reparemos que en otros casos, al salir el demonio, la persona quedó como muerta, tal como el muchacho lunático en Marcos 9:26. Aquí el demonio sale sin hacerle otro daño.

La gente estaba interesada en discutir (Mar. 1:27) y también en tratar de entender algunas enseñanzas. Se dan cuenta de que Jesús de Nazaret actúa con autoridad.

Creo que es importante el comentario de Liefeld: "Este milagro 'no es técnicamente un exorcismo' porque Jesús no usa un encantamiento ni invoca la autoridad de otro. Por el contrario, él habla una sola palabra de mando basada en su propia autoridad. Es interesante que al parecer en esta ocasión no hubo queja por el hecho de que el milagro fue efectuado en el día sábado, posiblemente debido a que los que estaban allí habían quedado atónitos al presenciar lo sucedido".

Queremos destacar que el hombre no pidió ser liberado del demonio. Es decir, este es uno más de esos milagros que no fue solicitado y por supuesto cuya ejecución no fue determinada por la fe del enfermo. Una vez más aquí vemos la gracia de nuestro Señor Jesucristo.

La reunión en la sinagoga llega a su fin y cada uno vuelve a su casa. Pero hay un hombre que sale transformado de ese lugar. Había llegado poseído por un espíritu inmundo y sale poseído con una fe profunda en el Santo Hijo de Dios.

Temas para predicadores

- *La autoridad y el poder del Señor Jesús.*
- *La obediencia y sumisión de las fuerzas demoníacas.*

5. La hija de la mujer sirofenicia

Mateo 15:21-28; Marcos 7:24-30

Hay personas que son conocidas como el hijo o la hija de tal o cual. Hay otros que son conocidos como el padre o la madre de tal o cual. Aquí tenemos el caso de alguien a quien se le conoce como la hija de la mujer sirofenicia. Pero en esta historia, la hija (que es la que tiene la posesión demoníaca) es secundaria en la narración a esa madre que está dispuesta a todo para lograr la sanidad de su hija.

Se mencionan dos ciudades que han sido muy importantes en la historia y están en el Líbano. Mateo nos dice que esta mujer era cananea, lo que indica que el evangelista no puede olvidar sus ascendientes, ella es una descendiente de los antiguos enemigos de Israel. Marcos 7:26 nos dice que era griega y de nacionalidad sirofenicia. Pertenecía a lo que en aquel momento en el imperio romano era la jurisdicción de Siria. El Señor Jesucristo había curado gentiles antes, pero siempre en territorio de Israel.

Nos podemos preguntar: ¿cuál fue la razón por la que Jesucristo salió del territorio de Israel? Después de todo él dijo: "Yo no he sido enviado sino a las ovejas perdidas de la casa de Israel" (Mat. 15:24). Yo creo que Jesucristo fue a esa zona para ser de bendición a esa familia. Esto nos recuerda que en Juan 4, la historia de la mujer samaritana, la Escritura nos dice que a Jesús "le era necesario pasar por Samaria" (v. 4). Pero la gran necesidad no radicaba en que el camino era la única vía para llegar a donde él quería sino que su objetivo era encontrar aquella mujer que estaba buscando del agua para beber pero que necesitaba "agua que salte para vida eterna" (v. 14).

Jesucristo nunca se escondió de los necesitados, pero no se apresuró a presentarse delante de aquellos que lo buscaban por curiosidad, pero sin fe. Aquellos lo estaban buscando nada más que para entretener su pensamiento o para provocarle. Es interesante la frase "no pudo esconderse" (Mar. 7:24). Creo que es especialmente relevante, porque no es que no pudo esconderse, pues si lo hubiera querido no hubiera sido hallado, sino que la frase implica que aunque trató no logró pasar desapercibido. Como Lockyer dice: "Nadie puede esconder la gloria del sol. Como la luz, él no podía esconderse en un mundo de tinieblas. Un médico tan grande no puede dejar de ser notado en un mundo de sufrimiento".

Parecería que alguien informó de Jesucristo a esta mujer que estaba desesperada por la enfermedad de su hija. El famoso predicador Campbell Morgan le llama a esta porción "una de las historias más dulces de todas: la madre que está llevando la necesidad de su hija con una fe tremenda en aquel que ha creado el amor maternal hacia sus hijos".

El Evangelio de Mateo nos da un detalle más. En 15:22 leemos: "Entonces una mujer cananea que había salido de aquellas regiones, clamaba diciendo: "¡Señor, Hijo de David, ten misericordia de mí! Mi hija es gravemente atormentada por un demonio". Su petición es clara: "ten misericordia de mí". Ella no pide algo en especial, sino que el Hijo de David tenga misericordia de ella, y de inmediato le explica el problema en pocas palabras. Ella no pide exponiendo ningún derecho o sus propios méritos. Ella apela a la misericordia del Mesías. Destacamos que ella lo llama con respeto "Hijo de David" que es un título que pocos israelitas le dieron a Jesús. Mateo nos da estas dos palabras tan importantes: "gravemente atormentada".

En griego la expresión "gravemente" es *kakos*, que en general se traduce como enfermedad o incluso como algo malo (Hech. 23:5; Mar. 1:34; 6:55).

La actitud de los discípulos en Mateo 15:23 es como si dijeran: "Señor, esta mujer con sus gritos nos está volviendo locos y se nos acabó la paciencia". Parecería que los discípulos muchas veces querían tomar el camino más corto: "Despídela, pues grita tras nosotros".

Notemos la humildad de esta madre: se postró a los pies del Señor Jesucristo. Alguien ha notado que no hubo ocasión en que alguien se postrara en sincera humildad y reverencia delante del Mesías que no haya recibido la bendición que buscaba.

En Isaías 57:15 se nos habla de la humildad. Allí leemos: "Porque así ha dicho el Alto y Sublime, el que habita la eternidad y cuyo nombre es el Santo: Yo habito en las alturas y en santidad; pero estoy con el de espíritu contrito y humillado, para vivificar el espíritu de los humildes y para vivificar el corazón de los oprimidos". Así se hace presente aquí esta declaración del corazón del Señor.

Ella le ruega al Señor que eche fuera de su hija al demonio. Sospecho que la mujer hablaba el idioma con un acento extranjero. Algunos creen que en esta ocasión el Señor Jesucristo habló en griego y no en arameo. "No hay razón para creer que Jesús que se crió en Galilea no hubiera sabido el idioma griego" (Walter W. Wessel). Aun en el día de hoy en esa parte del mundo es muy común que las personas hablen varios idiomas. Notemos la respuesta del Señor Jesucristo en Marcos 7:27: "Deja primero que se sacien los hijos, porque no es bueno tomar el pan de los hijos y echarlo a los perritos". "Los hijos" aquí se refiere al pueblo de Israel. Los gentiles se comparan a los perrillos dado que eran tratados con esta palabra por los judíos religiosos. Ahora, el Señor Jesús no trata a los gentiles, los no judíos, como perros, sino que va a usar la imagen de una mesa de la cual está cayendo comida. Algunos creen que esta mujer se ha enterado del milagro de la alimentación de los cinco mil hombres y las mujeres y niños a la que se hace referencia en el capítulo anterior. Observen que esta mujer no está reclamando sentarse en la mesa de las bendiciones de Dios para su pueblo Israel. Ella sabe que no tiene las calificaciones para esto.

¿Qué hubiera sucedido si la mujer en este momento se hubiera dado por vencida y vuelto a su casa? Fácil le hubiera sido decir: "Me han dicho cosas tan hermosas de la persona de Jesús de Nazaret, como que es tan bondadoso y compasivo y ¡a mí ni me quiere hablar!". También podría haber dicho: "Nunca he sido tratada con tanta dureza en mi vida". Pero ella, como aquella otra mujer que tocó el manto del Señor Jesucristo, tenía la perseverancia y la fe de que si persistía iba a tener la bendición. ¡Cuánto nos enseña esta mujer a todos acerca de la importancia de perseverar en la oración aun cuando parezca que la respuesta es negativa!

Nos podemos preguntar también: ¿Por qué Jesucristo no le dio desde el principio lo que ella solicitaba? Y la respuesta es sin duda: para probar su fe; y no solamente eso, sino para que nosotros también, dos mil años después, podamos aprender una lección incomparable de esta mujer.

Ella no se ofende por el ejemplo que de alguna manera asocia a los gentiles con los perros, sino que dice: "Sí, Señor; también los perritos debajo de la mesa comen de las migajas de los hijos" (Mar. 7:28).

Es interesante que este milagro traiga el tema de la participación de los gentiles en las bendiciones de Dios. En Romanos 1:16 leemos: "Porque no me avergüenzo del evangelio; pues es poder de Dios para salvación a todo aquel que cree, al judío primero y también al griego".

La mayoría de nosotros, cuando estamos en una situación de discusión y la otra persona "nos gana" en la argumentación, nos enojamos. De allí el famoso dicho que una discusión ganada puede ser una pérdida.

Ella acepta con sencillez la palabra del Maestro y vuelve a su casa. Veamos los vocablos que él emplea: "Por causa de lo que has dicho, ve". Es decir: "Tienes razón, los perrillos comen de lo que cae de la mesa de los hijos". Y algunos hijos por supuesto que hacen mucho desperdicio y cuando comen parece que la mitad de la comida se sale del plato. Esta mujer ha aprendido uno de los principios quizás más difíciles de entender, y es que nosotros no merecemos nada. Dios no vio en nosotros un potencial de belleza, de inteligencia o de santidad. Romanos 5:6 dice: "porque aún siendo nosotros débiles, a su tiempo Cristo murió por los impíos". Esta mujer se dio cuenta de que no tenía ningún derecho a la bendición de Jesucristo, pero la recibió por la gracia de él.

Me imagino a cualquiera de nosotros en una situación similar volviendo a nuestra casa. ¿Qué es lo que vamos a encontrar allí? Probablemente estaríamos en la gran duda de si vamos a encontrar que la Palabra del Señor se ha cumplido o no. Pero esta mujer llega a la casa y encuentra que su hija está acostada en la cama (Mar. 7:30).

No hemos dicho nada sobre la condición de esta muchacha. Sabemos que estaba atormentada por un demonio y Mateo nos dice "gravemente atormentada". Cuando el Señor Jesucristo fue a ver a la suegra de Pedro que estaba en cama con mucha fiebre, después de que ella fue sanada se levantó. A la hija de Jairo que estaba muerta en la cama, el Señor la hizo levantarse y que le dieran de comer. Para mí es interesante que a esta muchacha la encuentran curada pero no caminando sino en la cama descansando. Esto me sugiere que los síntomas que ella tenía debido a su condición de posesión demoníaca tendrían que ver con agitación e inquietud. Al verla en la cama reposando tranquilamente, su madre sabía que el milagro había sido hecho. Creo que esta es una mejor explicación que decir que estaba inconsciente tras el ataque del demonio como en el caso del joven lunático. En su condición anterior estaría como el endemoniado gadareno en un estado de agitación incontrolable (Mar. 5:5). Pero si leemos con cuidado notamos que el versículo 30 de Marcos 7 nos dice: "Y cuando ella se fue a su casa, halló a su hija acostada en la cama y que el demonio había salido". Es importante notar que los demonios obedecen el mandato del Señor Jesucristo no solamente cuando él está delante como en el caso que mencionábamos de Marcos 5 sino también cuando él está lejos. Creo que esto es interesante. Al llegar a la casa, ella se dio cuenta de que el milagro se había producido. No es que el demonio le dejó un aviso en un cartel grande de que se había ido. Es que esa casa que antes dominaba ahora tenía un aspecto totalmente distinto. Hemos visto con nuestros ojos esos hogares que llamamos a veces, con un poco de ironía, que es una casa "convertida". Es decir, cuando el Señor Jesucristo entra en la vida de una persona como su Salvador, la casa se empieza a transformar. Yo he visto creyentes que empiezan a tirar ciertas revistas y libros que no son de edificación pero que podrían ser de tropiezo. He visto cómo el ambiente adentro de la casa se transforma cuando el Señor Jesucristo entra en la vida de esa familia. Es que las palabras de Filipenses 4 cuando se aplican hacen muchos cambios en nuestra vida. En Filipenses 4:8 leemos: "En cuanto a lo demás, hermanos, todo lo que es verdadero, todo lo honorable, todo lo justo, todo lo puro, todo lo amable, todo lo que es de buen nombre, si hay virtud alguna, si hay algo que merece alabanza, en esto pensad".

Nos imaginamos que la madre entra en esa casa que ya luce distinta. No sabemos si la muchacha al ser librada del demonio empieza a ordenar esas cosas que antes dejaba por todos lados. En esta porción tenemos la cama de la tranquilidad donde la joven ahora está recibiendo el descanso que tanto necesitaba.

Nos imaginamos, aunque el texto bíblico no lo menciona, el reencuentro de esta madre de fe persistente que ahora puede contarle a su hija los detalles de su entrevista con Jesús de Nazaret.

Temas para predicadores

- *La persistencia en la oración.*
- *Cuando creemos que la respuesta es no, y Dios busca nuestra perseverancia.*
- *La intercesión por el bien espiritual de otros.*
- *La humildad de la mujer sirofenicia.*

Capítulo II

PODER SOBRE LA MUERTE

1. La resurrección de Lázaro

Juan 11:1-44

Comienza el relato diciéndonos que un hombre está enfermo. Notemos que este hombre se llamaba Lázaro. Parece una historia de todos los días, un hombre llamado Lázaro está enfermo; nada puede ser (para un médico) cosa de mayor rutina; pero cuando nosotros somos los implicados, el asunto cambia mucho.

En el Nuevo Testamento hay dos Lázaros. Hubo el Lázaro de Lucas 16 del que se nos dice que era muy pobre; era un mendigo y comía de las migajas que caían de la mesa del rico. El otro tenía una casa que Jesús de Nazaret frecuentaba.

El Lázaro de Lucas sólo tenía perros como amigos que venían y le lamían las llagas. Sin duda estaba muy enfermo; luego murió y fue al paraíso, al seno de Abraham. El otro Lázaro, del que nos narra Juan, tenía dos hermanas que lo amaban y se preocupaban por él. Uno comía apenas migajas, mientras que el otro podía disfrutar de una cena en su casa sentado nada menos que junto al Señor Jesús.

Juan 11:2 nos dice que esta María fue la que ungió los pies del Señor con sus cabellos. Observemos su acción: ungió al Señor. Esto significa adoración. Ella es conocida por ser una adoradora. A veces nosotros pensamos que somos conocidos y reconocidos por la cantidad de servicio o trabajo espiritual que hacemos, pero María fue reconocida por su adoración. “María era la que ungió al Señor con perfume y secó sus pies con sus cabellos...”.

Versículo 3: “Entonces sus hermanas enviaron para decir a Jesús:

'Señor, he aquí el que amas está enfermo'". Ellas no le dicen que venga. Solamente le hacen saber que el que ama está enfermo. Nosotros podemos identificar o clasificar a las personas de distintas maneras: podemos decir que éste es el mejor jugador de fútbol de su equipo; que aquel es uno de los mejores maestros de la escuela; pero aquí se dice "el que amas".

¡Qué cosa preciosa es la fe sincera en el Señor Jesús! Ellas saben que todo lo que necesitan es hacerle saber a él y él hará lo que mejor le parezca. "Señor, he aquí el que amas está enfermo". El término aquí que se traduce "amar" es *phileo.* Es el mismo término que se usa en Juan 5:20 en relación con el amor del Padre al Hijo: "Porque el Padre ama al Hijo y le muestra todas las cosas que él mismo hace. Y mayores obras que éstas le mostrará, de modo que vosotros os asombréis" (ver también Juan 11:36; 12:25; 16:27; 21:15; 1 Cor. 16:22).

El mensaje de las hermanas de Lázaro decíamos que es corto: "el que amas está enfermo". Estudiemos la respuesta del Señor Jesús: "Al oírlo, Jesús dijo: 'Esta enfermedad no es para muerte, sino para la gloria de Dios; para que el Hijo de Dios sea glorificado por ella'" (v. 4).

Las hermanas de Lázaro habrán pensado: "¿Cómo es posible que Jesús nos haya fallado?". Él dijo que no era para muerte y allí tenían el cuerpo inerte de su amado hermano. ¡Cuántas veces en nuestras vidas pasamos por situaciones similares! Hemos orado al Señor por una causa que creemos que es justa y luego pasa lo que temíamos que sucediera y nos preguntamos cómo es posible que Dios permita que esto acontezca. Creo que todos en la familia se preguntaban por qué Jesús no se había apresurado, por qué no había llegado a tiempo.

Hay algo más que es importante destacar: ¿cómo era posible que lo que sucediera en una pequeña aldea como Betania pudiera ser para la gloria de Dios? Es que la Palabra de Dios nos enseña que nada nos puede pasar a los creyentes en el Señor Jesús que Dios no lo sepa y que él no lo permita.

Versículo 5: "Jesús amaba a Marta, a su hermana y a Lázaro". Él amaba a Marta que siempre estaba en movimiento, que siempre estaba en actividad. Esa Marta que en una ocasión se quejó de su hermana que la dejaba con todo el quehacer, y Jesús la corrige diciéndole: "Marta, Marta, te afanas y te preocupas por muchas cosas. Pero una sola cosa es necesaria. Pues María ha escogido la buena parte, la cual no le será quitada" (Luc. 10:41, 42). El Señor Jesús ama también a María a quien veremos en el capítulo 12 adorando al Señor. Porque María tiene el corazón de una adoradora. Ella es la que trae el perfume de gran precio y lo derrama sobre el Señor Jesús y empieza a enjugar sus pies con sus cabellos. Pero también el Señor Jesús amaba a Lázaro. De este hombre no sabemos mucho; parecería que era una persona de pocas palabras, diríamos, quizás algo taciturno.

Supongamos que un vecino del pueblo de Betania pregunta a Marta o María por el estado de Lázaro. Probablemente ellas le podrían haber dicho algo así: "Él está muy enfermo, tan grave que parece que va a morir; pero Jesús de Nazaret, quien nosotras creemos que es el Cristo, el hijo de Dios, nos ha dicho que esta enfermedad no es para muerte".

El versículo 6 nos dice: "Cuando oyó, pues, que estaba enfermo, se quedó aún dos días más en el lugar donde estaba". El Señor Jesús en su soberanía hace algo que a nosotros nos cuesta mucho entender. Se quedó allí dos días. Muchas veces me he preguntado por qué en esta situación de emergencia permanece demorado allí en vez de ir a toda prisa a Betania. Y la respuesta es que Dios no se apura como nosotros. Dios no tiene necesidad de apresurarse para llegar a un lugar porque siempre él va a llegar a tiempo, es decir al momento que él así lo ha determinado. Por eso uno de los grandes temas del libro de los Salmos es el de esperar en el Señor. ¿Qué significa esto? Pues significa confiar en que él, a su debido tiempo,0 va a hacer lo que ha prometido. En el Salmo 27:13, 14 leemos: "¡Oh, si yo no creyese que he de ver la bondad de Jehovah en la tierra de los vivientes! Espera en Jehovah. Esfuérzate, y aliéntese tu corazón. ¡Sí, espera en Jehovah!". En el Salmo 42:11 leemos: "¿Por qué te abates, oh alma mía, y por qué te turbas dentro de mí? Espera a Dios, porque aún le he de alabar. ¡Él es la salvación de mi ser, y mi Dios!".

Llegado el momento el Señor Jesús va a Betania. Él fue a una velocidad normal. No como una ambulancia haciendo sonar las sirenas sino con toda calma. En el versículo 11 dice a sus discípulos: "Nuestro amigo Lázaro duerme, pero voy para despertarlo". ¡Qué hermoso! El santo Hijo de Dios llama a un hombre "nuestro amigo" y agrega: "duerme". Todos sabemos que Lázaro estaba bien muerto; pero él no lo tuvo por "muerto" sino sólo por dormido. Los creyentes en el Señor Jesús cuando cierran sus ojos en este mundo los abren en la presencia de Dios. Por eso Pablo en Filipenses 1:21 puede decir: "Porque para mí el vivir es Cristo, y el morir es ganancia". También en 2 Corintios 5:1, 6-9 leemos: "Porque sabemos que si nuestra casa terrenal, esta tienda temporal, se deshace, tenemos un edificio de parte de Dios, una casa no hecha de manos, eterna en los cielos. Así vivimos, confiando siempre y comprendiendo que durante nuestra estancia en el cuerpo peregrinamos ausentes del Señor. Porque andamos por fe, no por vista. Pues confiamos y consideramos mejor estar ausentes del cuerpo, y estar presentes delante del Señor. Por lo tanto, estemos presentes o ausentes, nuestro anhelo es serle agradables". El apóstol Pablo escribe que los creyentes pueden estar ausentes de la presencia del Señor, y esto somos nosotros los que vivimos, o pueden estar presentes con él; eso para el apóstol era muchísimo mejor. Juan 11:12-15: "Entonces dijeron sus discípulos: 'Señor, si duerme, se sanará'. Sin embargo, Jesús había dicho esto de la muerte de Lázaro, pero ellos pensaron que hablaba del reposo del sueño. Así que, luego Jesús les dijo claramente: 'Lázaro ha muerto; y a causa de vosotros me alegro de que yo no haya estado allá, para que creáis. Pero vayamos a él'".

Algunos piensan que si Jesucristo hubiera estado allí Lázaro no hubiera muerto, no sólo por la insistente intercesión de las hermanas, sino porque él no hubiera permitido que su amigo fuera tocado por la muerte (Luthardt). Es interesante notar que las Escrituras no cuentan de nadie que muriera en presencia del Príncipe de la Vida (Bengel).

Versículo 17: "Cuando llegó Jesús, halló que hacía ya cuatro días que Lázaro estaba en el sepulcro". Las células del cerebro cuando quedan sin oxígeno por cuatro minutos, mueren. Hacía cuatro días que Lázaro había sido sepultado. Sin ninguna duda todos sus órganos vitales como el cerebro, los riñones, el hígado, el aparato digestivo, etc., habían experimentado lo que se llama la "muerte celular". En el versículo 19 leemos: "y muchos de los judíos habían venido a Marta y a María para consolarlas por su hermano". ¡Qué difícil es consolar a alguien en tal trance! En el día de hoy hay muchos que están interesados en ser consoladores profesionales. Pero cuán arduo es hacer esto adecuadamente.

Muchas veces en estas situaciones es mejor dar un buen abrazo o un apretón de manos y guardar silencio respetuosamente, que improvisar un largo discurso que no va a entrar en los corazones de los que están sufriendo. ¡Pero qué buenas son unas pocas y oportunas palabras de la Biblia que pueden hacer tanto bien cuando el Espíritu Santo nos ha guiado específicamente a ello! En 2 Corintios 1:3-5 leemos: "Bendito sea el Dios y Padre de nuestro Señor Jesucristo, Padre de misericordias y Dios de toda consolación, quien nos consuela en todas nuestras tribulaciones. De esta manera, con la consolación con que nosotros mismos somos consolados por Dios, también nosotros podemos consolar a los que están en cualquier tribulación. Porque de la manera que abundan a favor nuestro las aflicciones de Cristo, así abunda también nuestra consolación por el mismo Cristo". Aquí vemos que Dios tiene un propósito en nuestro sufrimiento y dolor.

Qué mejor consolación en los casos de muerte que el saber que dejamos este mundo para estar con el Señor Jesús en los cielos y que habrá un día en que los muertos oirán su voz y seremos resucitados.

Juan 11:20: "Entonces cuando oyó que Jesús venía, Marta salió a encontrarle, pero María se quedó sentada en casa". Aquí vemos de nuevo el contraste entre María y Marta. Una siempre pronta a la acción; la otra sumergida en el dolor, no se quiere mover. Sí, su corazón está lleno de dolor. El dormitorio de Lázaro está vacío; la voz del hermano ya no se escucha. La silla de Lázaro no está ocupada. Leamos las palabras de Marta en los versículos 21, 22: "Marta dijo a Jesús: 'Señor, si hubieses estado aquí, mi hermano no habría muerto. Pero ahora también sé que todo lo que pidas a Dios, Dios te lo dará'". Ella no le reprocha la tardanza sino la estancia. No el por qué no llegó antes, sino el no haber estado.

¡Cuántas veces en nuestras vidas creemos como que el Señor nos ha fallado y todo porque miramos las cosas desde nuestra perspectiva en tiempo y espacio! Yo creo que la iglesia (es decir, todos los redimidos en todas partes del mundo) se siente igual que estas dos mujeres. Nosotros conocemos las promesas de poder y victoria en el Señor Jesús. Pero miramos alrededor y vemos decaimiento espiritual, los niveles de moralidad han bajado, en las reuniones de adoración hay frialdad y nos preguntamos dónde está la promesa de la vida de gozo y victoria sobre las fuerzas satánicas.

En mi imaginación puedo ver la escena; con lágrimas en sus ojos le dicen: "Señor, si hubieses estado aquí, mi hermano no habría muerto".

En el día de hoy no tenemos el problema de la distancia que Marta tenía, porque por medio de la oración el Señor siempre está muy cerca de nosotros. Al dejar este mundo, él dijo: "...he aquí, yo estoy con vosotros todos los días, hasta el fin del mundo" (Mat. 28:20). Cada creyente en el Señor Jesús en cualquier país del mundo, desde las selvas del África o las islas del Pacífico sur, puede decir con confianza: "El Señor Jesús está conmigo de acuerdo con su promesa".

A pesar de lo que parecería una falla de Jesús, dado que Lázaro había muerto y el maestro había dicho que esa enfermedad no era de muerte,

Marta no perdió su fe y creyó que si solamente Jesús hubiera estado allí el resultado hubiera sido distinto: "...mi hermano no habría muerto". Yo creo que ella tenía razón porque el Señor Jesús siempre actuó y siempre reaccionó ante el dolor humano. Sería inconcebible para nosotros que el Hijo de Dios hubiera quedado impasible frente a los acontecimientos que tocaron tan duramente a esa familia amada.

Cuando la mujer con el flujo de sangre llegó y lo tocó, él la curó; aunque pudo haber argumentado que ella no tenía derecho a tocarlo, dado que desde el punto de vista legal estaba "impura". Al paralítico de Betesda lo sanó. De los leprosos tuvo compasión y les dio una limpieza maravillosa.

Marta, a pesar del dolor en su corazón, creyó profundamente que Jesucristo tenía poder para impedir la muerte por grave que fuera la enfermedad.

Agrega algo que se me hace muy interesante: Versículo 22: "Pero ahora también sé que todo lo que pidas a Dios, Dios te lo dará". A mí me llama la atención la expresión "ahora también sé". Así, a través de esta experiencia tan dolorosa como la enfermedad y muerte de su hermano, Marta ha aprendido algo que no sabía. Le preguntamos: "¿Marta, podrías tú realmente creer en este momento, con todo el dolor de tu corazón, que esta enfermedad es para la gloria de Dios?". ¡Qué tremenda pregunta! ¿Podrá un creyente con una enfermedad terminal como cáncer creer todavía que ello sea para la gloria de Dios? ¡Sí, puede!

Marta ha aprendido algo, y es que cuando el Señor Jesús está presente las cosas cambian. Las posibilidades aumentan al infinito. Es como cuando pasamos una noche con un enfermo y a las 6 de la mañana empieza a amanecer. El sol nos trae vida, alegría y esperanza.

Dios no nos promete una vida sin dificultades pero sí su presencia en medio de ellas. Por eso leemos en Hebreos 13:5, 6: "Sean vuestras costumbres sin amor al dinero, contentos con lo que tenéis ahora; porque él mismo ha dicho: Nunca te abandonaré ni jamás te desampararé. De manera que podemos decir confiadamente: El Señor es mi socorro, y no temeré. ¿Qué me podrá hacer el hombre?".

Jesús le dice a Marta: "Tu hermano resucitará". ¡Qué palabras tan preciosas! Y hoy día el Señor Jesús puede repetir estas palabras a todo familiar de un creyente en él. El Mesías la mira y le dice: "'Tu hermano resucitará'. Marta le dijo: 'Yo sé que resucitará en la resurrección en el día final'" (vv. 23, 24). Y ahora es el Señor quien responde con una frase inmortal: "Yo soy la resurrección y la vida. El que cree en mí, aunque muera, vivirá. Y todo aquel que vive y cree en mí no morirá para siempre. ¿Crees esto?" (vv. 25, 26).

Versículo 27: "Le dijo: 'Sí, Señor; yo he creído que tú eres el Cristo, el Hijo de Dios, el que había de venir al mundo". Marta en su frase confiesa tres verdades muy importantes:

Primera, que Jesús es el Cristo, o sea, el Mesías. Segunda, que es el Hijo de Dios; ella no dijo "un hijo de Dios", sino "el Hijo de Dios". Tercera, que ha venido al mundo. Él es preexistente y fue enviado por el Padre.

Muchas veces leemos en los Evangelios que Cristo fue enviado. Él habla una y otra vez del que lo envió.

Versículo 28: "Y cuando hubo dicho esto, fue y llamó en secreto a su hermana María, diciendo: 'El Maestro está aquí y te llama'". Nos hacemos la pregunta de si el Maestro realmente llamó a María, o si esa fue una artimaña de Marta para animar a su hermana paralizada por el dolor para que saliera de la casa al encuentro del Salvador.

Versículos 29, 31: "Ella, cuando lo oyó, se levantó de prisa y fue a donde él estaba... Entonces, los judíos que estaban en la casa con ella y la consolaban, cuando vieron que María se levantó de prisa y salió, la siguieron, porque pensaban que iba al sepulcro a llorar allí".

¡Qué precioso es el pensamiento que nosotros que vivimos no tenemos necesariamente que pasar por la experiencia de la muerte! En 1 Tesalonicenses 4:15-17 leemos: "Pues os decimos esto por palabra del Señor: Nosotros que vivimos, que habremos quedado hasta la venida del Señor, de ninguna manera precederemos a los que ya durmieron. Porque el Señor mismo descenderá del cielo con aclamación, con voz de arcángel y con trompeta de Dios; y los muertos en Cristo resucitarán primero. Luego nosotros, los que vivimos y habremos quedado, seremos arrebatados juntamente con ellos en las nubes, para el encuentro con el Señor en el aire; y así estaremos siempre con el Señor".

Juan 11:32-34: "Luego, cuando María llegó al lugar donde estaba Jesús y le vio, se postró a sus pies diciéndole: 'Señor, si hubieras estado aquí, no habría muerto mi hermano'. Entonces Jesús, al verla llorando y al ver a los judíos que habían venido junto con ella también llorando, se conmovió en espíritu y se turbó. Y dijo: '¿Dónde le habéis puesto?'. Le dijeron: 'Señor, ven y ve'".

El Señor Jesús se conmovió en espíritu. Su corazón lleno de amor fue completamente afectado. Él actuó de una manera real.

Para mí estas palabras son importantes y vale la pena que meditemos en ellas. El término turbar o estremecer se usa muchas veces en el Nuevo Testamento y da la idea no solamente de turbación sino también de agitación o estremecimiento (ver Mat. 14:25-27; Juan 5:3, 4, 7; 12:27; 13:21; 14:1, 27; Luc. 24:38). Y creo que en este día el Señor a ti y a mí nos hace la misma pregunta: "¿Por qué están turbados? ¡Yo estoy con ustedes! Yo no te dejaré ni te desampararé". ¡Alabado sea su santo nombre!

Juan 11:35: "Jesús lloró". ¡Esto es tremendo! El Creador de los cielos y de la tierra estaba llorando y lloró de una manera tan honda y real que los judíos dijeron: "Mirad cómo le amaba". Jesucristo en su vida en la Tierra no era como un superhombre que podía hacer cosas maravillosas sin que nada le afectara su corazón. Él lloró. Él sintió el dolor de Marta, de María y de los judíos amigos.

Aquel Lázaro que antes tenía una espaciosa casa ahora ocupa un lugar muy pequeño. Y la Escritura dice: "Jesús lloró". Este es un espectáculo que solamente podemos contemplar con asombro y reverencia. El creador del universo está llorando por la muerte de una de sus criaturas.

Hay otras dos circunstancias en las que creemos que el mismo sentir de dolor profundo está presente en la vida de Jesús. En Lucas 13:34, él está mirando a esa ciudad que ama con todo su corazón pero que ha rechazado a Dios una y otra vez, y entonces prorrumpe en un lamento tan cargado de intenso dolor que aunque el texto bíblico no lo diga, creemos que era acompañado de copiosas lágrimas: "¡Jerusalén, Jerusalén, que matas a los profetas y apedreas a los que te son enviados! ¡Cuántas veces quise juntar a tus hijos, así como la gallina junta sus pollitos debajo de sus alas, y no quisiste!" (ver también Heb. 5:7).

Volvamos a nuestro capítulo. El versículo 38 nos dice: "Jesús, conmovido otra vez dentro de sí, fue al sepulcro. Era una cueva y tenía puesta una piedra contra la entrada". Allí, en esa cueva habían puesto el cuerpo de su amigo. Algunos ya estaban murmurando: "¿No podía éste, que abrió los ojos al ciego, hacer también que Lázaro no muriese?" (v. 37). El ser humano siempre está pronto para dudar, desconfiar y criticar.

Versículo 39: "Jesús dijo: 'Quitad la piedra'. Marta, la hermana del que había muerto, le dijo: 'Señor, hiede ya, porque tiene cuatro días'". El curso de la naturaleza es inexorable. Su cuerpo ha entrado en descomposición. Y Jesús añade: "¿No te dije que si crees verás la gloria de Dios?". De una manera tierna el Señor corrige a Marta. Matthew Henry dice que Marta tenía temor de que el nauseabundo olor de la muerte afectara a Jesús. Pero él no era una de esas personas hipersensibles que no pueden soportar los olores fuertes y desagradables. Si así fuera, nunca hubiera venido desde la magnífica gloria a este mundo de vicios y pecados horrendos, que son como un gran basurero moral exhalando un olor nauseabundo delante de un Dios que es tres veces santo.

La acción ahora parece que se retarda para permitirnos conocer cada detalle.

Versículos 41, 42: "Entonces quitaron la piedra...". Me imagino, por razones obvias, la conmoción general de los que estaban más próximos. "...y Jesús alzó los ojos arriba y dijo: 'Padre, te doy gracias porque me oíste. Yo sabía que siempre me oyes; pero lo dije por causa de la gente que está alrededor, para que crean que tú me has enviado'". El milagro todavía no se producía pero el Señor Jesucristo ya estaba alabando a su Padre por lo que iba a suceder.

Versículos 43, 44: "Habiendo dicho esto, llamó a gran voz: '¡Lázaro, ven fuera!'. Y el que había estado muerto salió, atados los pies y las manos con vendas y su cara envuelta en un sudario. Jesús les dijo: 'Desatadle y dejadle ir'". El increíble milagro se produjo. Algunos me dirán que esto es muy difícil de creer. Y mi respuesta es, que si Jesús es en verdad la persona que dice ser, el Hijo de Dios, ¡claro que lo puede hacer! Por supuesto que si no lo fuera ¡pues ni modo que pudiera!

Cinco hechos se producen con relación a este milagro. El orden que mencionamos es solamente a los efectos del estudio, pero no de sucesión.

1) El alma vuelve al cuerpo. Por definición, la muerte se produce cuando el alma deja el cuerpo. Así que el retorno del alma al cuerpo es imprescindible para la resurrección.

2) El milagro celular. El cuerpo de Lázaro está en descomposición. Cambios químicos profundos se han sucedido. Los sistemas enzimáticos del complicado mecanismo de los distintos órganos han dejado de funcionar y están destruidos. Es importante destacar que Lázaro no es un caso de resurrección como puede suceder en un hospital si en la unidad de cuidado coronario alguien tiene un paro cardíaco y de inmediato, con los equipos electrónicos, se logra poner el ritmo del corazón de vuelta a lo normal. En estos casos, aunque se utiliza el término resurrección, la persona no está realmente muerta. Es decir, puede estar inconsciente, sin respirar, sin latido cardíaco y, sin duda, si algo no se hace de inmediato va a morir en los próximos minutos; pero creemos que esa separación del alma del cuerpo todavía no se produce. Yo personalmente como car-

diólogo he intervenido en muchísimas resucitaciones cardiológicas. A veces se puede lograr restaurar el ritmo y la función del corazón y aun de la respiración, pero el daño a las estructuras tan delicadas del cerebro es tan masivo que la persona permanece en un coma severo y desgraciadamente en muchos casos ese es el resultado final. Como hemos dicho, las células de los órganos vitales como el cerebro, el hígado, los riñones, el páncreas están destruidas.

3) La curación de la causa, es decir, el proceso o condición médica que determinó la muerte de Lázaro. Suponemos que la enfermedad era una infección muy grave, como una septicemia o un proceso tumoral maligno. Ahora, la resurrección de Lázaro implica que esta enfermedad ha sido curada. Las bacterias, virus o células cancerosas fueron destruidas, porque de lo contrario unas pocas semanas o meses después se iba a morir de nuevo y eso no sucedió. El proceso que provocó la muerte fue erradicado y curado para siempre.

4) Lázaro salió atado y no podía caminar ni moverse. Salió como un bloque, no podía hacer movimientos.

Los judíos tenían la costumbre de amortajar el cuerpo del muerto envolviéndolo con múltiples telas. Esto hacía que el muerto quedara como una especie de momia. Lázaro no sale del sepulcro por sus propios medios porque le es absolutamente imposible hacer ningún movimiento. Creemos que Lázaro aparece afuera de la tumba. Jesús lo mandó salir fuera y Lázaro sale. Esto se hace difícil de entender para nuestras mentes finitas. Pero un milagro es imposible de explicar en todos sus detalles. ¿Se acuerdan de las palabras del Señor Jesús en Juan 5:28?: "No os asombréis de esto, porque vendrá la hora cuando todos los que están en los sepulcros oirán su voz y saldrán, los que hicieron el bien para la resurrección de vida, pero los que practicaron el mal para la resurrección de condenación". Estos versículos se refieren al día de la resurrección general cuando todos los que están en los sepulcros serán resucitados. Sin embargo, con un individuo Jesús demuestra lo que ha de hacer en aquel glorioso día.

Volvamos al relato de Juan 11. Jesús dijo: "¡Lázaro, ven fuera! Y el que había estado muerto salió..." (vv. 43, 44). Sin ninguna duda alguien se preguntaría cómo fue posible que si estaba muerto pudiera haber oído. Pero aquí está otra vez la obra de Dios. El mandato del Rey de reyes tiene un poder tal que ni aun la muerte puede impedir que su orden sea escuchada y cumplida. Es aquel que dijo: "Sea la luz, y fue la luz" (Gén. 1:3).

5) El quinto milagro en relación con la resurrección de Lázaro es también importante. Se acuerdan que Marta dijo: "Señor, hiede ya, porque tiene cuatro días". Yo creo que cuando lo sacaron, la roca que cubría la entrada del sepulcro emanó el olor a muerte por la descomposición de la materia orgánica. Pero cuando Lázaro salió, el olor, por así decirlo, desapareció y el aire en ese lugar se tornó puro y diáfano como el de las montañas. Y la razón por la que decimos que el olor desapareció es porque ningún judío hubiera tocado las ropas mortuorias de Lázaro si hubieran estado impregnadas de un olor repugnante.

Cuando los tres jóvenes hebreos que menciona el libro de Daniel fueron puestos en el horno de fuego, el rey Nabucodonosor se espantó al ver que había una cuarta persona con ellos que parecía un hijo de los dioses, y juntándose los grandes, los gobernadores, los capitanes y los del consejo del rey para mirar a estos varones, cómo el fuego no se enseñoreó de sus cuerpos ni el cabello de sus cabezas fue quemado ni el olor del fuego había quedado en ellos (Dan. 3:27). Dios hizo un milagro para que los cuerpos de estos tres jóvenes creyentes ni siquiera tuvieran olor a humo (ver también 2 Cor. 2:14-16; 1 Cor. 15:50-52, 57; 1 Jn. 3:1).

Para mí es maravilloso pensar en el consuelo que esta porción de la Biblia nos da. Hay un principio que se cumple: Tu hermano volverá a vivir.

Aquí vemos también al Señor Jesús con majestad y con poder que al mismo tiempo muestra su humanidad y su amor profundo por su amigo; y el Salvador llora. ¿Cómo es posible que el Rey de gloria, el Creador, el Omnipotente, esté llorando? Yo veo un aspecto de la gloria del Señor Jesús en el llorar que no se puede captar de una manera tan clara en otras porciones de la Escritura. Es la gloria de aquel que se humilló y vino a este mundo de sufrimiento, es la gloria de un amor profundo por un amigo que no es un santo sino sencillamente un miembro de una familia amada. Por eso Juan escribe: "Y el Verbo se hizo carne y habitó entre nosotros, y contemplamos su gloria, como la gloria del unigénito del Padre, lleno de gracia y de verdad" (Juan 1:14).

Al poderse efectuar la resurrección de Lázaro hemos visto la divinidad de nuestro Señor; en su llanto ante la tumba de su amigo hemos visto su perfecta humanidad. Al esperar él dos días en el lugar en que estaba, vemos que Dios nos permite que pasemos por pruebas que tienen una finalidad, un objetivo que muchas veces sólo él conoce y que nosotros no entendemos hasta mucho después.

Terminamos nuestra meditación con el versículo 25: "Jesús le dijo: 'Yo soy la resurrección y la vida. El que cree en mí, aunque muera, vivirá'". En esta declaración no dice: "yo era" o "yo seré" o "me gustaría ser"; él dice: "Yo soy".

"El que cree en mí, aunque muera, vivirá"; una frase maravillosa y plena de seguridad. Es una frase que no se aplica a Lázaro solamente, sino a cada individuo en el planeta Tierra que ponga su fe en el Señor Jesucristo.

"Y todo aquel que vive y cree en mí no morirá para siempre" (v. 26). Esta es nuestra situación hoy. Vivimos y creemos en él. El carpintero de Nazaret es nuestro Señor, es nuestro guía, es nuestro maestro, es nuestro capitán, es nuestro todo.

Y por último, una pregunta personal: ¿Crees esto? Quiera el Señor que cada persona que lea estas líneas con sinceridad pueda decir: "Yo creo que Jesucristo es el Hijo de Dios, es el Salvador del mundo y mío también".

Temas para predicadores

- *La divinidad de Jesucristo manifestada en la resurrección de Lázaro.*
- *La humanidad de Jesucristo: Se conmovió y lloró.*
- *Las distintas características de las tres personas en la familia; pero todas amando al Señor Jesús.*
- *Cuando parece que Dios no responde o que su promesa no se cumple.*
- *La resurrección de los muertos y la esperanza de los creyentes.*

2. La hija de Jairo

Mateo 9:18-26; Marcos 5:22-43; Lucas 8:40-55

Aquella familia parecía una familia ideal. El esposo era un hombre de prestigio en la comunidad; las Escrituras lo llaman un príncipe de la sinagoga. Sin duda que era una persona respetada por sus funciones en la sinagoga. Tenía esposa y una hija de doce años. Todo parecía andar bien hasta que esta niña se enfermó. No sabemos si en cuestión de horas o de unos pocos días la situación en forma progresiva empeoró y se dieron cuenta de que la niña estaba en peligro de morir.

El padre desesperado sale en busca del único que puede hacer lo que sólo un milagro podría resolver. Sale a buscar a Jesús de Nazaret, y de alguna manera obtiene la información para encontrarlo.

El episodio está descrito con detalles en los Evangelios sinópticos. Marcos nos cuenta en la primera mitad del capítulo 5 la historia del endemoniado gadareno. En la segunda mitad, vemos que Jesús de Nazaret, en vez de quedarse en aquella región toma el barco y se va a la otra orilla. Es que en esa otra orilla hay una emergencia de la que ninguno de los discípulos tiene conocimiento. Una niña muy amada sin duda de sus padres, de doce años de edad, está muriendo.

No sabemos qué clase de enfermedad tenía. Probablemente sería una enfermedad infecciosa lo suficientemente grave como para ponerla al borde de la muerte. No era un resfriado ni una gripe, quizás una meningitis por meningococo, una neumonía severa o una poliomielitis, para mencionar algunas de las enfermedades que son frecuentes y que pueden causar la muerte a esa edad. Los datos médicos que tenemos son pocos: conocemos su edad, sabemos que estaba en cama y sabemos que probablemente hacía varios días que no comía.

Por supuesto que si el Señor Jesús se hubiera quedado unos días más del otro lado del lago el resultado hubiera sido muy distinto. Pero hay un Dios en el cielo y todo lo controla, y el Señor Jesucristo siempre estaba en el lugar que su Padre quería que estuviera. No estaba ni cien metros ni un kilómetro más cerca o más lejos del lugar exacto que su Padre tenía para él. Por eso él puede decir en las palabras de Juan 5:17: "Mi Padre hasta ahora trabaja; también yo trabajo". Luego el versículo 19 dice: "Por esto, respondió Jesús y les decía: 'De cierto, de cierto os digo que el Hijo no puede hacer nada de sí mismo, sino lo que ve hacer al Padre. Porque todo lo que él hace, esto también lo hace el Hijo de igual manera'". "¡Qué suerte que lo encontré!", diría Jairo al llegar todo apurado donde está Jesucristo. Le expone la situación al Maestro y con gran alivio en su corazón encuentra que Jesús de Nazaret está dispuesto a ir con él. Observen que no hace una curación a distancia como en el caso del siervo del centurión.

En Marcos 5:22, 23 leemos: "Y vino uno de los principales de la sinagoga, llamado Jairo. Cuando le vio, se postró a sus pies y le imploró mucho diciendo: 'Mi hijita está agonizando. ¡Ven! Pon las manos sobre ella para que sea salva, y viva'". Aunque en aquel tiempo no tenían los conceptos que tenemos nosotros en cuanto a transmisión de enfermedades infecciosas, sin embargo algo se sabía. Este hombre tiene persistencia; la Escritura nos dice que "le imploró mucho". No fue una petición de cinco segundos y nada más. El hombre sabía que la situación de su hija era desesperada. ¡Qué bueno es cuando nosotros hacemos lo mismo con nuestro Padre celestial! Lucas 18:7 dice: "¿Y Dios no hará justicia a sus escogidos que claman a él de día y de noche? ¿Les hará esperar?". Como médico he visto muchas veces esa insistencia de la familia que quiere que en esa situación desesperada se haga un milagro; pero los seres humanos no podemos hacer lo imposible por nosotros mismos.

El padre se da cuenta de la condición muy seria de su hija: está agonizando.

Los detalles son pocos pero nos dan una buena idea de la situación. El padre no tiene ninguna ilusión falsa del estado de su hija. Él sabe que está agonizando. Muchos hemos estado cerca de un ser querido cuando esto ha sucedido y no se necesita ser un profesional médico para darse cuenta cuando esto pasa. La piel muchas veces se pone fría y sudorosa, la voz se torna cada vez más débil y entrecortada, las fuerzas casi desaparecen, la respiración se hace cada vez más leve, al principio muy rápida y luego siguen períodos de falta de respiración, hasta que al final el enfermo da su último suspiro. De todo esto eran testigos los que se habían quedado en la casa con la niña.

El Evangelio de Mateo nos da la idea de que el desenlace final acaba de ocurrir: "Mi hija acaba de morir. Pero ven y pon tu mano sobre ella, y vivirá" (9:18). No creo que esto sea una contradicción, pero es muy probable que cuando el padre salió de la casa ella todavía estuviera viva y en el camino es alcanzado por alguien que corre de la casa con la noticia de que acababa de morir. Esto es lo que se infiere del relato de Lucas 8:49. Es sugestivo que no escuchamos ningunas palabras del Señor Jesús; pero Mateo nos da un detalle interesante: "Jesús se levantó y le siguió con sus discípulos" (v. 19). Interesa contrastar esto con lo que sucede cuando en Juan 11 le avisan al Señor que Lázaro está muy enfermo y él se quedó dos días más en el lugar donde estaba. Pero no aquí; en este caso el Señor acompaña a Jairo de inmediato.

Me imagino a los discípulos hablando entre ellos. Tienen fresco en su memoria lo que el Mesías había hecho con el hijo de la viuda de Naín (Luc. 7). Pero, ¿podrá el Maestro hacer este milagro?

Yo puedo visualizar la prisa de Jairo. Seguramente que él aligera el paso tratando de imprimirle el mismo ritmo a Jesús de Nazaret y a los discípulos. ¡Pero qué difícil lograrlo con una multitud que lo apretuja! Es que Jairo sabe que cada minuto cuenta y que no tienen tiempo que perder.

Lucas nos aporta dos datos: nos dice que era la única hija y que Jairo le imploró al Señor Jesús que fuera a su casa (Luc. 8:41, 42). La viuda de Naín también tenía un único hijo. El padre del muchacho lunático también dice que ese era su hijo único. ¡Cómo ama un padre o una madre a su hijo único! Por supuesto que los padres aman a todos sus hijos con todo el corazón, pero cuando es el único, todo su amor, todas sus esperanzas, todas sus ilusiones para el futuro están concentradas en ese hijo. Cuando yo sea un anciano, me alegraré jugando con mis nietos y nietas. Quizás podré darles todo el tiempo que por distintas razones no les di a mis hijos. Pero si se va el hijo o la hija única todo se acaba.

¡Pero qué admirable! La Biblia nos dice en Juan 3:16 que "Porque de tal manera amó Dios al mundo, que ha dado a su Hijo unigénito, para que todo aquel que en él cree no se pierda, mas tenga vida eterna".

Pero observemos la fe de Jairo como aparece en Marcos 5:23: "Mi hijita está agonizando. ¡Ven! Pon las manos sobre ella para que sea salva, y viva". De alguna manera este hombre tiene la certeza, la seguridad, la confianza, que todo lo que tiene que hacer Jesucristo es poner sus manos sobre la niña y todo va a estar bien. Y este hombre tenía razón: cuando Jesucristo pone las manos sobre nosotros todo está bien. No hay ninguna situación en el Nuevo Testamento en que Jesucristo haya tratado de hacer un milagro y hubiera fracasado. Pero nos preguntamos: ¿de dónde sacó este hombre tal fe? Las Escrituras nos dicen: "Por esto, la fe es por el oír, y el oír por la palabra de Cristo" (Rom. 10:17).

Seguramente que el padre de la niña enferma está dispuesto a dar todos los detalles de la enfermedad. Los familiares, con su buena voluntad, siempre nos dan muchos detalles que a veces son importantes y otras veces no. Estoy seguro, aunque el texto no lo diga, que aquí pasa lo mismo. Es natural inquirir del enfermo sobre sus dolencias o síntomas. Si como dijimos antes, la niña hubiera tenido un proceso infeccioso, el padre hubiera hablado de la fiebre que la consumía. Si hubiera sido una neumonía (llamada comúnmente pulmonía), nos hubiera dicho de la tos y la fiebre. Si hubiera sido una meningitis, nos habría contado del fuerte dolor de cabeza, los vómitos y la fiebre.

Comienzan la marcha y sucede lo que parecería que siempre pasa cuando estamos muy apurados: ¡una interrupción! El Señor Jesús se para y pregunta: "¿Quién me ha tocado?". Yo me pongo en el lugar de Jairo y hubiera dicho: "Pero Señor, ¡apúrate, no te detengas! Ya podrás averiguar después quién te ha tocado. Vamos pronto antes de que sea demasiado tarde".

Cuántas veces en nuestra vida el Señor permite que sucedan cosas que, como en este caso, parecería que debido a la demora que provocan van a causar un daño irreparable.

Y allí está Jairo impaciente, quizás golpeando el suelo con su pie para tratar de apurar la situación, pero el Señor Jesucristo no tiene prisa. Él ha preguntado: "¿Quién me ha tocado?", y está esperando pacientemente la respuesta. Una mujer emerge de la multitud y cuenta delante de todos lo que ella ha hecho y lo que le ha sucedido. Para mí son muy interesantes los versículos 34-36, pues después de que el Señor Jesucristo dijo a la mujer: "Hija, tu fe te ha salvado. Vete en paz y queda sanada de tu azote", mientras él todavía estaba hablando llegan con las malas noticias de la casa de Jairo. Es decir, el grupo no se había puesto en movimiento todavía, cuando llega la infausta noticia. ¡Y justo cuando ya están más cerca de la casa! "Tu hija ha muerto. ¿Para qué molestas más al Maestro?". Yo me imagino la escena: "¡Oh, no, no puede ser!", grita uno de los discípulos. El hombre empalidece y una mueca de dolor se ve en su cara. Es que todos sabemos que no hay médico que pueda hacer una curación después de que el paciente haya muerto. "Tu hija ha muerto", cuatro palabras que traspasan el corazón de un padre, hoy día, de la misma manera que hace dos mil años.

Es interesante notar cuán cruel puede ser el ser humano aun en situaciones de gran dolor. Si es verdad que la hija está muerta y todo se acabó, la familia ahora necesita consuelo ¡y quien mejor que el Señor Jesucristo! Nadie mejor que aquel del que nos dice Pablo en 2 Corintios 1:3-5: "Bendito sea el Dios y Padre de nuestro Señor Jesucristo, Padre de misericordias y Dios de toda consolación, quien nos consuela en todas nuestras tribulaciones. De esta manera, con la consolación con que nosotros mismos somos consolados por Dios, también nosotros podemos consolar a los que están en cualquier tribulación. Porque de la manera que abundan a favor nuestro las aflicciones de Cristo, así abunda también nuestra consolación por el mismo Cristo".

Los que trajeron la mala noticia le habrán dicho al padre algo como: "No molestes más al Maestro; no seas inoportuno, no lo canses inútilmente". Y lo interesante es que lo que estas personas sugieren de no molestar al Maestro se sigue haciendo en el día de hoy. Se hace en circunstancias cuando no hay nada mejor que se puede hacer que pedir la ayuda de aquel que nunca rechazó a un necesitado. Él mismo dijo: "Venid a mí, todos los que estáis fatigados y cargados, y yo os haré descansar" (Mat. 11:28).

Como médico, muchas veces tenía que ir al hospital a las dos, tres o cuatro de la mañana, y algunos pacientes se me disculpaban por hacerme salir de la cama al frío de la noche y de la nieve en el invierno. Pero yo sabía que mi presencia era absolutamente necesaria, que el paciente lo necesitaba y era mi obligación moral ir a ayudarlo. A veces podía suceder que el paciente tuviera un problema emocional de pánico, y sus síntomas apenas fueran imaginarios. Es decir, no estaba tan enfermo o grave como creía. Si hubieran esperado dos horas más para llamarme a las 6 de la mañana, nada adverso hubiera pasado y yo hubiera obtenido el descanso reparador que mi cuerpo tanto necesitaba. Pero aquí tenemos al Gran Médico que nunca se queja, nunca murmura, nunca dice que no era necesario que lo llamáramos (ver Mar. 14:6; Luc. 7:6; 11:7-9).

En el versículo 36 de Marcos 5 leemos: "Pero Jesús, sin hacer caso a esta palabra que se decía, dijo al principal de la sinagoga: 'No temas; sólo cree'". En primer lugar, se le dice "no temas" porque él sabe muy bien lo propensos que somos a temer. Le tenemos miedo al dolor, le tenemos pavor a la enfermedad, le tenemos terror a la muerte, le tenemos miedo a quedarnos solos en la vejez, y así podríamos seguir la lista. Pero Jesucristo le dice: "No temas"; y agrega: "sólo cree". Sólo creer; parece tan fácil pero al mismo tiempo es tan difícil. La realidad en la vida de este hombre es la pérdida de su única hija, y ahora Jesús de Nazaret le está diciendo: "No temas". En Lucas 8:50 leemos: "...cree, y ella será salva". Marcos 5:37 nos dice: "Y no permitió que nadie le acompañara, sino Pedro, Jacobo y Juan, el hermano de Jacobo". Cualquiera de nosotros en una situación similar hubiéramos tratado de tener el mayor número posible de personas en el lugar para poder vanagloriarnos de lo que vamos a hacer. No es así con el Señor Jesús. Él no está interesado para nada en montar una representación teatral. Pero nos volvemos a preguntar: ¿Por qué causa elige a estos tres discípulos y no a todos? Son los mismos tres discípulos que van a estar en el monte de la transfiguración y van a ver al Señor Jesús con gloria. Es el mismo trío que va a estar en el Jardín de Getsemaní y va ver a su Maestro agonizar en oración. Son esos tres discípulos los que van a presenciar aquí un milagro de resurrección.

¿Sería posible que de alguna manera los otros ocho discípulos no estuvieran espiritualmente capacitados para presenciar ese milagro? (Y por supuesto que a Judas Iscariote ni lo contamos). ¿Sería posible que hubiera algo en la vida espiritual de estos ocho que no les permitiera presenciar lo que los otros tres podían ver? Por supuesto que estos tres no eran personas perfectas. De Pedro no tenemos necesidad de decir nada, porque todos lo conocemos muy bien, su tendencia al apresuramiento y su negación del Señor. Y sabemos que Juan y Jacobo (Mar. 10:37) se le acercaron al Señor y le dijeron "Concédenos que en tu gloria nos sentemos el uno a tu derecha y el otro a tu izquierda", con lo que provocaron el enojo de los demás discípulos. ¿Será posible que a pesar de sus imperfecciones, de lo impulsivo de Pedro y el deseo de preeminencia de Juan y Jacobo, que estos discípulos tuvieran algo que los otros todavía no hubieran alcanzado? Quizás ellos tenían la confianza y la fe que Jesucristo podía hacer el milagro.

Trench, en su libro sobre los milagros, nos dice: "El trabajo en el cual Cristo ahora estaba entrando era tan extraño y misterioso, que ninguno sino estos tres discípulos, la flor y la corona del grupo apostólico estaban capacitados para ser testigos".

Al llegar a la casa hay un gran alboroto por los que lloraban y lamentaban mucho. Con dificultad nos podemos imaginar la escena, dado que en el medio oriente en estos casos se expresa el dolor en forma espontánea demostrando con tremendos gritos el dolor intenso. En el versículo 39 de Marcos 5 leemos: "Y al entrar, les dijo: '¿Por qué hacéis alboroto y lloráis? La niña no ha muerto, sino que duerme'". ¡Qué palabras de consuelo hoy en día, cuando los padres ven el cuerpo sin vida de un hijo! Las palabras de Jesucristo siguen vigentes: "no ha muerto, sino que duerme". O en las palabras de Juan 11:25: "Yo soy la resurrección y la vida. El que cree en mí, aunque muera, vivirá". Marcos 5:41, 42 nos dice: "Tomó la mano de la niña y le dijo: 'Talita, cumi' —que traducido es: Niña, a ti te digo, levántate—. Y en seguida la niña se levantó y andaba, pues tenía doce años. Y quedaron atónitos".

Aquí vemos al gran médico tomando de la mano a la niña muerta y llamándola a la vida. Con cariño le dice: "Niña, levántate". Luego se preocupa de que le den de comer. No sólo ella ha resucitado, sino que la enfermedad que la llevó a la muerte ha sido completamente erradicada y ella se siente bien como para alimentarse, lo que indica que su enfermedad ha desaparecido.

¡Qué escena tan conmovedora! Padre y madre ven cómo la hija que estaba muerta se levanta. La Escritura nos dice que estaban maravillados, atónitos; y no era para menos.

Las cortinas que oscurecían el cuarto mortuorio son corridas y la luz del sol llena la habitación. Los padres abrazan y besan a su hija y se arrodillan para adorar a aquel que hizo el milagro. La multitud que había venido para consolar a los padres se va pasmada porque nunca vieron algo así.

Temas para predicadores

- *Los incrédulos curiosos excluidos del lugar del milagro.*
- *Los tres discípulos que Jesucristo quiso que estén al momento de la transfiguración, en la casa de Jairo y en el Getsemaní.*
- *Cuando parece que el Señor Jesús se demora.*
- *Los que no le quieren "dar trabajo al Maestro".*

3. El hijo de la viuda de Naín

Lucas 7:11-17

Este milagro acontece, de acuerdo con el evangelista Lucas, inmediatamente después de la curación del siervo del centurión; aquel que le dijo a Jesús de Nazaret: "Senor, no te molestes, porque no soy digno de que entres bajo mi techo. Por eso, no me tuve por digno de ir a ti. Más bien, di la palabra, y mi criado será sanado" (7:6, 7). Ese milagro se produjo a cierta distancia; el que vamos a considerar ahora sucede con una aproximación indudable. En aquel la relación es de superior a empleado, en este, de madre a hijo. En los dos el milagro es hecho en forma natural y simple, sin hacer nada de teatro.

Este día dos comitivas distintas iban moviéndose por dos caminos diferentes. En una procesión había vida; el porte de los que la formaban mostraba la vitalidad y la alegría de vivir; seguían a Jesús de Nazaret. El Maestro a veces se paraba y contestaba una pregunta o les hablaba de las verdades eternas. Ese día parecía como cualquier otro día. Quizás algunos todavía estaban pensando en la frase del Señor en relación con el centurión: "¡Os digo que ni aun en Israel he hallado tanta fe!" (v. 9). La santa Escritura nos dice que él iba a la ciudad llamada Naín. Esta es la única vez que esta ciudad se menciona. Está situada, según los expertos, a unos 12 kilómetros de Capernaúm. Naín no era una ciudad importante, y no sabemos de ningún discípulo que viviera allí. ¿Por qué Jesús se dirige a Naín? Y la respuesta es la misma que cuando él se dirigió al país de los gadarenos y cruzó el lago para encontrarse con un hombre que necesitaba ser libre de su condición de endemoniado. Es la misma razón por la que Juan 4:4 nos dice que al Señor Jesús "Le era necesario pasar por Samaria".

Pero por el otro camino venía otro numeroso séquito. Si en el grupo anterior había voces de gozo y alegría, en este había voces de dolor. Aquí y allí se oía el llanto desgarrador de aquellos que han perdido un ser muy próximo y muy querido. Los rudimentarios instrumentos musicales intensificaban la tristeza del afligido canto de los que acompañaban a una mujer. Ella, toda vestida de luto, por el duelo que una vez más desolaba su corazón. Antes había perdido a su esposo. Algo se consoló, porque tenía a lo menos un hijo, ese hijo único que ahora la vida se lo quitaba. No sabemos cuál fue la enfermedad que le ocasionó la muerte. Probablemente no fue un traumatismo, porque en esos casos suele mencionarse. Quizás fue una enfermedad infecciosa. Desde el principio de la historia del hombre la tuberculosis ha sido un enemigo que ha matado a través de los siglos una cuarta parte de la humanidad. Podría haber sido la misma enfermedad que su padre había padecido. Pero esto no es lo importante, porque Jesús de Nazaret puede hacer el milagro independientemente de la enfermedad que sea. Para el gran Médico divino no hay casos fáciles y casos difíciles. Él es el Todopoderoso; el eterno Hijo de Dios que como dice la Palabra: "Todo fue creado por medio de él y para él" (Col. 1:16). Decíamos que las dos procesiones iban por distintos caminos y comienza nuestra lectura en Lucas 7:11: "Aconteció que poco después él fue a la ciudad que se llama Naín. Sus discípulos y una gran multitud le acompañaban". Las multitudes siguieron al Señor Jesús. Observemos con cuidado que el texto sagrado nos dice que iban con él muchos de sus discípulos. No nos dice que iban todos; y quizás esto explica el hecho de que este mensaje no esté específicamente narrado en ningún otro Evangelio. Se podría argumentar que Juan sólo toma milagros muy especiales para su consideración.

Pero volviendo a nuestra historia nos preguntamos: ¿Cómo es posible que Dios permita que a ciertas personas les pasen tantas cosas? La multitud que acompañaba a esta mujer sin duda lo sentía así. Nos imaginamos que ella andaría en los treinta y tantos años. No sabemos cuánto tiempo llevaba desde la penosa pérdida de su marido. Quizás alguien habrá dicho: "Al menos tiene este hijo como consuelo; muchos de los rasgos del padre se ven en él".

Sin embargo, ahora ha pasado lo que esta mujer como cualquier madre en su inconsciente temía: ha perdido a su único hijo. ¿Por qué Dios permite que estas cosas sucedan? ¿Por qué Dios permite que algunas personas sufran tanto? En Romanos 8:18 el apóstol Pablo nos dice: "Porque considero que los padecimientos del tiempo presente no son dignos de comparar con la gloria que pronto nos ha de ser revelada". Nosotros no sabemos nada del estado espiritual de esta mujer. No sabemos si estaba como Pedro, próxima a desmayar, o si como Job en medio de sus tribulaciones, todavía podía confiar en Dios y decir: "Pero yo sé que mi Redentor vive, y que al final se levantará sobre el polvo. Y después que hayan deshecho esta mi piel, ¡en mi carne he de ver a Dios, a quien yo mismo he de ver! Lo verán mis ojos, y no los de otro. Mi corazón se consume dentro de mí" (Job 19:25-27). Esta es quizás una de las expresiones más claras de la fe en la resurrección de los muertos que se halla en el Antiguo Testamento.

Volviendo a nuestra historia, si la procesión funeraria hubiera salido treinta minutos antes, la viuda de Naín habría quedado desolada por el resto de su vida. Si hubiera salido treinta minutos después, el milagro no se hubiera producido. Si la procesión de Jesús de Nazaret hubiera salido treinta minutos antes o después, tampoco el milagro hubiese acaecido. Para mí es maravilloso cómo Dios obra de una manera increíble, y que está absolutamente por encima de nuestra capacidad de entenderlo. Esto es lo que llamamos divina providencia. El apóstol Pablo en Romanos 11:33 exclama: "¡Oh profundidad de las riquezas, de la sabiduría y del conocimiento de Dios! ¡Cuán incomprensibles son sus juicios e inescrutables sus caminos!". La Palabra del Señor no nos dice que nos cuesta entender; no nos dice que es difícil de comprender. Nos dice que sus caminos son inescrutables. Supongamos que yo me subiera sobre una silla en mi jardín para ver las cumbres de las montañas del Himalaya. Sería ridículo, ¿no es así? Mi posición un poco más elevada es absolutamente insignificante para poder divisar aquellas lejanas cumbres. Aunque ellas son muy altas, yo no podría jamás distinguirlas pues se hacen visibles mucho más allá de mi propio horizonte. Y así es con los caminos de Dios. Por eso, prosigue Pablo: "Porque: ¿Quién entendió la mente del Señor? ¿O quién llegó a ser su consejero? ¿O quién le ha dado a él primero para que sea recompensado por él?" (vv. 34, 35; ver también Isa. 55:8, 9). Volvamos al capítulo 7 de Lucas, versículo 12: "Cuando llegó cerca de la puerta de la ciudad, he aquí que llevaban a enterrar un muerto, el único hijo de su madre, la cual era viuda. Bastante gente de la ciudad la acompañaba". ¡Qué oportunidad nos permite el Señor de acompañar a los que sufren una pérdida como esta mujer! Después de todo, solamente aquellos que conocen al Señor Jesús como su Salvador pueden dar una palabra de consolación efectiva cuando lo hacen guiados y bajo la dependencia absoluta del Espíritu Santo. Cuántos se habrán acercado a esta mujer y le dijeron: "Mi sentido pésame, lo siento mucho"; pero en realidad, no suele ser así, apenas es un sentimiento superficial.

Prosiguiendo con el v. 12, recordemos que de acuerdo con la tradición local se enterraba al muerto el mismo día en que había fallecido. No sabemos si la muerte fue inesperada; suponemos que el joven estaba enfermo y día a día su condición empeoraba hasta el momento en que expiró. Un gran número de personas seguía al Señor y aquí otra multitud acompañaba a la viuda al cementerio mostrándole solidaridad. De pronto acontece algo inesperado nunca antes ocurrido en esa ciudad. Alguien se acerca; y el evangelista nos dice: "Y cuando el Señor la vio, se compadeció de ella y le dijo: 'No llores'" (v. 13). ¡Estas palabras son maravillosas!

El Señor la vio y se compadeció de ella. ¿Qué vio? A una mujer que iba a enterrar a su único hijo. Vio a una mujer seguramente con ropas de luto que denotaban el duelo de su corazón. El rostro de esta mujer mostraba la aflicción, la congoja y el desconsuelo de la madre que ha perdido a su único hijo. Cada uno de la multitud que la acompaña podría decirle: "Lo siento mucho". Pero aquí aparece aquel que tiene la autoridad divina de decir: "No llores" (ver también Sal. 116:15; Cant. 6:2; Juan 11:11; 1 Cor. 15:51-53; Fil. 1:23; 1 Tes. 4:14, 15).

Cuando el Señor Jesús vio a esta mujer se compadeció de ella. Notemos que no hay mención de que ella pidiera que el milagro se produjera. Parecería que el dolor es tan profundo que sus labios no emiten ninguna palabra. El Señor Jesús, en su ministerio en la tierra, a veces hizo milagros en respuesta al pedido de la propia persona. Por ejemplo, el ciego Bartimeo que clamaba e insistía: "¡Jesús, hijo de David, ten misericordia de mí!" (Mar. 10:47). Él hizo milagros respondiendo al ruego de otras personas. Por ejemplo, hemos mencionado al siervo del centurión; al paralítico que fue llevado por cuatro hombres delante del Señor y la Escritura nos dice que el Señor Jesús vio la fe de ellos. Pero aquí hay uno de los tantos casos en que el milagro de misericordia se hizo sin que la persona o el familiar lo solicitara. El centurión tenía mucha fe, tanto que el Señor Jesús la ponderó diciendo: "¡Os digo que ni aun en Israel he hallado tanta fe!" (Luc. 7:9). De esta mujer no sabemos nada; pero el Señor Jesús es muy misericordioso. Es Dios quien toma la iniciativa, quien primero se dirige hacia nosotros. Dios quien obra en la conversión del incrédulo. El Espíritu Santo trabaja y hace su obra de convencer de pecado, de justicia y de juicio. Yo me pregunto: ¿Qué es lo que Jesús de Nazaret vio en esta mujer? Sus ojos hinchados de tanto llorar apenas se podrían ver. Su rostro cubierto con el velo del luto apenas se vería. Yo les sugiero que el Señor Jesús vio más que el rostro lleno de dolor de una mujer que había perdido a su único hijo. Sin duda el Señor había visto la muerte en la ciudad en que se crió. Muchos creen que José, el esposo de María, había fallecido y esta sería la razón por la cual Jesús la encomienda a Juan desde su cruz. Ahora, yo me pregunto si Jesús al ver a esta mujer que ha perdido a su unigénito no piensa también en esa madre, Raquel, simbolizando al pueblo de Israel que va a perder al Hijo unigénito (ver Mat. 2:18).

En Lucas 7:13 leemos: "Y cuando el Señor la vio, se compadeció de ella y le dijo: 'No llores'". ¡Cuánto consuelo hay en esas palabras! Aquí podemos distinguir tres frases conectadas en forma armoniosa: Observamos, en primer lugar, que el Señor Jesús la vio. No la ignoró. ¡Qué fácil nos es ignorar lo que pasa a nuestro alrededor, sobre todo cuando es desagradable o nos cuesta emotivamente! Pero el Señor Jesús mientras anduvo en este mundo siempre fue sensible a la necesidad. Él vio al ciego de nacimiento que se había pasado toda su vida pidiendo limosna y que algunos quizás pensarían que era parte del paisaje; algo así como parte de la estructura arquitectónica del templo. Los discípulos en Juan 9:2 vinieron con la pregunta teológica: "¿quién pecó, este o sus padres, para que naciera ciego?". Pero el Señor Jesús reparó en el individuo. ¡Qué precioso es cuando el Señor en su gracia nos mira!

Pero notamos, en segundo lugar, que él se compadeció de ella. Sin duda había una distancia entre él y el cortejo fúnebre. Pero aquel para quien las distancias no existen sabe todo lo que sucede. ¿Creen ustedes que el Señor Jesucristo sabía que esta viuda había perdido a su único hijo, que no tenía tres o cuatro hijos más para que la consolaran? Yo creo que aquel que es Dios manifestado en carne y todo lo conoce, lo sabía perfectamente. Ahora la Palabra dice que se conmovió. El dolor de esta mujer lo tocó. Lo hizo reaccionar. Jesús de Nazaret no era inmutable ante el dolor humano.

¡Qué precioso es a nuestros corazones reconocer que el Señor Jesucristo que hoy está en la gloria del Padre tiene compasión de nosotros! A veces, caminando por la ciudad vemos un mendigo, cuyo aspecto parece bastante saludable y no mueve a la gente que pasa por allí a mucha compasión. Un poco más adelante vemos a otro que sí nos conmueve. Quizás no es que esté pidiendo limosna con más intensidad pero lo cierto es que sabe cuáles son las notas que debe tocar.

Al Señor Jesús, una y otra vez lo vemos en los Evangelios siendo movido a la compasión. La palabra en griego es *splanknizomai* y tiene la idea de enternecimiento en las entrañas (ver Mat. 9:36; 14:14; 15:32; 18:27; 20:34; Luc. 15:20). En todos estos casos hay algo en común: hay alguien que tiene una necesidad y la persona actúa en respuesta a esa situación.

Nosotros los creyentes en el Señor Jesucristo también sentimos; nuestro corazón reacciona a las cosas espirituales. El apóstol Pablo nos dice en 2 Corintios 5:14, 15: "Porque el amor de Cristo nos impulsa, considerando esto: que uno murió por todos; por consiguiente, todos murieron. Y él murió por todos para que los que viven ya no vivan más para sí, sino para aquel que murió y resucitó por ellos".

En tercer lugar, Lucas 7:14 nos dice: "Luego se acercó y tocó el féretro...". Notemos los detalles: Se acercó. El Hijo de Dios se acercó. Dios se acerca a nosotros una y otra vez (ver 1 Tim. 3:16). Notemos también que se acercó al féretro. Él hizo algo que el judío religioso tradicionalista nunca hubiera hecho: tocar algo que de alguna manera estaba contaminado por un muerto. Sin embargo, Jesús de Nazaret no tiene miedo a ser contaminado porque él es tres veces santo. Él se acercó al ciego, hizo lodo con sus dedos y lo tocó. Él tocó al leproso y le dijo: "Quiero, sé limpio"; y no se contaminó. Noten que el hecho de tocar el féretro era algo tan inusual que los que lo llevaban pararon. La caravana de la muerte se ha detenido y aquel que es la resurrección y la vida va a obrar un milagro. No hay preparación teatral. Todo sucede de una manera muy sencilla. Me imagino el momento en que los que lo llevaban se detienen.

¿Para qué se detienen? ¿Podrá Jesús de Nazaret hacer algo en esta situación sin esperanza? El Maestro con voz firme expresa: "'Joven, a ti te digo: ¡Levántate!'. Entonces el que había muerto se sentó y comenzó a hablar. Y Jesús lo entregó a su madre". Al parecer los judíos no usaban ataúdes como nosotros. Las Escrituras no nos dicen qué dijo el joven, ni lo que vio en esas horas que estuvo bajo el poder de la muerte. Comentando sobre este pasaje yo he dicho que lo primero que supongo que el joven dijo fue lo que dice la mayoría de las personas cuando se despiertan de un desmayo o de un estado de inconsciencia; las personas preguntan: "¿Dónde estoy?". Y me imagino cuál habrá sido su reacción cuando le dijeron que estaba en camino al cementerio para ser enterrado. Notemos que la Escritura dice: "...lo entregó a su madre". La Palabra de Dios guarda silencio ante una escena sin duda tremendamente conmovedora. Los ojos de todos los que están presentes no lo pueden creer. El joven está vivo. El Maestro se lo entrega a su madre. Ella lo toma, lo abraza, lo besa y dice: "¡Mi hijo está vivo!". Creo que de corazón alaba a Dios por esta misericordia. No sabemos cómo actúa la multitud. Quizás exclaman: "¡Viva el Maestro Jesús de Nazaret!". Pero ¡qué precioso es para nuestros corazones el saber que un día los féretros de los creyentes quedarán vacíos! La Escritura nos dice en 1 Tesalonicenses 4:14: "Porque si creemos que Jesús murió y resucitó, de la misma manera Dios traerá por medio de Jesús, y con él, a los que han dormido. Pues os decimos esto por palabra del Señor: Nosotros que vivimos, que habremos quedado hasta la venida del Señor, de ninguna manera precederemos a los que ya durmieron".

Temas para predicadores

- *Dos caravanas que se encuentran y el plan perfecto de Dios.*
- *La situación sin esperanza de la viuda.*
- *La incapacidad total del joven muerto (ver Ef. 2:1).*
- *La compasión del Señor Jesús.*
- *El poder del Señor Jesucristo.*
- *La resurrección de los muertos.*

Capítulo III

PODER SOBRE LA NATURALEZA

1. Las bodas de Caná

Juan 2:1-12

La vida está llena de contrastes. Hay ricos y pobres. Hay amor y odio. A los jóvenes les gustaría tener más años y los ancianos quisieran ser jóvenes. Hay vida y hay muerte. Hay salud y enfermedad.

En Juan 2 tenemos un casamiento en Caná de Galilea. En Juan 11 tenemos la muerte de un hombre llamado Lázaro. Es que en aquellos días como ahora hay períodos de alegría y tiempos de pesar.

En los Evangelios vemos al Señor Jesús sanando a los enfermos y en forma continua recibiendo el ataque de los fariseos. Pero en este capítulo lo contemplamos en un aspecto bien distinto. Lo observamos en una celebración a la cual él y sus discípulos fueron invitados. No vemos al "varón de dolores experimentado en quebranto" participar de muchas celebraciones de gozo, pero esta es una de ellas. Pensamos que las visitas a la casa de Lázaro, Marta y María eran verdaderos momentos de descanso y comunión en las verdades espirituales. Esta es la única ocasión en que la Biblia nos dice que el Señor Jesús está en una celebración de bodas. Sí, estuvo en otras cenas, como la descrita en Juan 12.

El capítulo 2 comienza diciendo: "Al tercer día se celebró una boda en Caná de Galilea, y estaba allí la madre de Jesús". El hecho de que José no se mencione nos hace pensar que probablemente ya había fallecido.

Versículo 2: "Fue invitado también Jesús con sus discípulos a la boda". No sabemos si esta invitación fue por una amistad directa, o como diríamos, de compromiso. Pero de todas maneras, quienquiera que haya decidido invitar a Jesús de Nazaret hizo bien. ¡Qué bueno es cuando invitamos al Señor Jesús a participar en las actividades de nuestra vida! ¡Qué triste es cuando no hacemos participar al Señor Jesucristo en las cosas más importantes de nuestra existencia! Pero, ¡qué bendición hay cuando el Señor Jesús es invitado a la fiesta familiar! Quizás a la pequeña reunión en relación con la graduación del hijo, o sea cual sea la razón.

Versículo 3: "Y como faltó el vino, la madre de Jesús le dijo: No tienen vino'". Hasta aquí Jesucristo y sus discípulos habían estado en la fiesta probablemente hablando en forma espontánea con personas que quizás eran conocidos o familiares distantes. María de alguna manera se enteró de que había un problema. No sabemos si erraron el cálculo pensando que llegarían menos personas o qué fue lo que pasó, pero la realidad es que en medio de la fiesta faltó el vino. ¿Qué se puede hacer en esa circunstancia? Parecería que a nosotros los seres humanos siempre nos falta algo. A algunos les falta la salud, y qué privilegio es el estar sano; no nos damos cuenta hasta que la salud se pierde. A otros les falta dinero, a otros trabajo, a otros disciplina, a otros tiempo y a otros les falta energía, y la lista podría seguir.

Miremos la respuesta de Jesucristo: "¿Qué tiene que ver eso conmigo y contigo, mujer? Todavía no ha llegado mi hora". El término "mujer" aquí no significa falta de respecto. Todo lo contrario. Sería el equivalente al término "señora" que nosotros usaríamos. Nos preguntamos: ¿Qué es lo que tiene de especial la solicitud de María que evoca esta respuesta del Mesías? Diríamos que nos damos cuenta de que esto afecta de una manera especial el corazón de Jesús de Nazaret.

Pero notemos esta pequeña pero muy importante frase de Juan 2:4: "todavía no ha llegado mi hora". El santo Hijo de Dios siempre estaba conciente de "su hora". Una y otra vez leemos en el Evangelio de Juan estas palabras, y la importancia de esto es que cada momento de la vida terrenal del Señor Jesucristo estaba absolutamente planeado por Dios, y el Señor Jesús cumplió en cada minuto y segundo lo que debía cumplir. Nosotros vivimos nuestra vida en general en relación con los acontecimientos. Puede que haya algunos planes pero en general reaccionamos a las circunstancias. Si nuestro automóvil se descompone lo llevamos al taller mecánico, y eso nos va a quitar una parte del día. Pero el Hijo de Dios nunca se llevó la sorpresa de que le pasara algo inesperado. Nunca hizo al día siguiente lo que su Padre le determinó que hiciera en ese mismo día. Él fue obediente hasta la muerte y muerte de cruz (ver también Juan 7:30; 8:20; 12:23, 27; 13:1; 17:1).

Versículo 5 de Juan 2 dice: "Su madre dijo a los que servían: 'Haced todo lo que él os diga'". Y este consejo de María sigue teniendo toda su actualidad: 'Haced todo lo que él os diga. Quizás de ningún ser humano se podría decir que podemos hacer todo lo que nos diga sin temor a equivocarnos o fracasar. Pero es muy distinto en cuanto a la persona del Señor Jesús, cuando hacemos lo que él nos dice (ver también Juan 14:21; 15:10, 14).

Juan 2:6: "Había allí seis tinajas de piedra para agua, de acuerdo con los ritos de los judíos para la purificación. En cada una de ellas cabían dos o tres medidas". De acuerdo con los expertos estas tinajas tendrían una capacidad de unos 60 a 100 litros.

Versículo 7: "Jesús les dijo: 'Llenad de agua las tinajas'. Y las llenaron hasta el borde".

Las tinajas vacías son inservibles. Las tinajas con agua sirven para algo. Las tinajas con el agua convertida en vino por el Señor es algo que nos habla de las bendiciones sobreabundantes.

Versículo 8: "Luego les dijo: 'Sacad ahora y llevadlo al encargado del banquete'. Se lo llevaron". Observemos como el Señor Jesús cumple con las reglas de orden y disciplina. Dado que había alguien encargado de las provisiones para la fiesta, lo correcto era que esta misma persona determinara si el vino nuevo se podía tomar. Cuál sería la sorpresa del maestresala al probar ese vino.

Versículo 9: "Cuando el encargado del banquete probó el agua ya hecha vino, y no sabía de dónde venía (aunque los sirvientes que habían sacado el agua, sí lo sabían), llamó al novio". Es que el encargado del banquete nunca en su vida había probado un vino de tanta calidad. Sin duda que en su experiencia en las fiestas de la zona había probado una gran variedad; unos mejores que otros; pero éste era insuperable. Creo que esta es la lección espiritual para nosotros, que el Señor Jesús quiere darnos lo mejor. Él quiere cambiar nuestra vida, que empezando como tinajas vacías, han de contenerlo expresando su gloria.

Quizás el lector de estas páginas ha probado de los, por llamarlos de alguna manera simbólica, "buenos vinos de la vida". Pero no hay comparación con el conocimiento de la persona del Señor Jesucristo. Por eso el apóstol Pablo dice en Filipenses 3:7, 8: "Pero las cosas que para mí eran ganancia, las he considerado pérdida a causa de Cristo. Y aún más: Considero como pérdida todas las cosas, en comparación con lo incomparable que es conocer a Cristo Jesús mi Señor. Por su causa lo he perdido todo y lo tengo por basura, a fin de ganar a Cristo".

A mí me llama la atención el hecho de que hay varias clases de personas en la fiesta. Primero, estaban los que sabían que había un problema que era la falta de vino. Y por supuesto María, Jesús de Nazaret y los sirvientes lo sabían. Segundo, estaban los que tendrían que saber que había un problema y no lo sabían. Y aquí ponemos al esposo y al maestresala o mayordomo de la fiesta. Tercero, estaban los sirvientes que sabían algo de lo que estaba pasando. Tenían un conocimiento parcial, incompleto. Sabían que Jesús de Nazaret les había dicho que echaran agua en las tinajas y ellos lo habían hecho. A veces pienso que en la iglesia del Señor en la Tierra en el día de hoy pasa algo así. Estamos todos aquellos que no sabemos lo que está pasando a nuestro alrededor, quizás por falta de interés. Después de todo, estamos tan ocupados con tantas cosas importantes que apenas reparamos en las cosas de Dios. En cuarto lugar tenemos a los discípulos. Ellos lo sabían todo desde el principio. Ellos habían oído la conversación de Jesucristo con su madre. Desde que habían estado con el Mesías lo habían escuchado hablar y él enseñaba como ninguno antes lo había hecho. Pero nunca lo habían visto hacer un milagro.

Miremos ahora nuevamente a María. Ella era la persona que sabía que cuando había un problema se lo debían llevar a Jesucristo. En las palabras del apóstol Pedro en su primera epístola (5:7): "Echad sobre él toda vuestra ansiedad, porque él tiene cuidado de vosotros".

Juan 2:10: "Todo hombre sirve primero el buen vino; y cuando ya han tomado bastante, entonces saca el inferior. Pero tú has guardado el buen vino hasta ahora". Yo considero que los invitados tomaron tres clases de vino: En primer lugar el buen vino, después el vino inferior, y luego el vino absolutamente superior. Para mí estas palabras son muy preciosas: Pero tú has guardado el buen vino hasta ahora.

El mundo tiene la tendencia a dar primero a los jóvenes las cosas que parecen buenas y al pasar de los años las cosas que no son tan buenas. El Señor Jesús opera de una manera absolutamente distinta. Cada vez da las mejores cosas. En las palabras de la reina de Saba en 1 Reyes 10:6: "Entonces dijo al rey: '¡Era verdad lo que había oído en mi tierra de tus cosas y de tu sabiduría! Yo no creía las palabras hasta que vine, y mis ojos lo han visto. Y he aquí que no se me había contado ni la mitad. En sabiduría y en bienes tú superas la fama que yo había oído'".

Estudiemos el milagro en relación con las bodas.

1) La transformación de agua en vino.

2) Observemos la calidad del producto. No es un vino barato o regular sino de excelente calidad, lo cual significa un vino con tiempo de preparación. ¿Cómo es posible hacer en pocos minutos un vino que hasta parece añejo? Aquel para quien mil años es como un día, no tiene problema alguno.

3) La creación química de átomos de carbono empezando sólo con hidrógeno y oxígeno. Sabemos que una molécula de agua tiene dos átomos de hidrógeno y uno de oxígeno. En el vino se tiene dos átomos de carbón, uno de oxígeno y seis de hidrógeno. Hasta ahora (2006) no hay una manera sencilla de transformar hidrógeno en carbono.

Nos preguntamos: "¿qué hubiera pasado si el Señor Jesús no hubiera hecho el milagro?".

Creo que en primer lugar, lo obvio es que los visitantes a las bodas no hubieran podido beber el líquido que les era necesario. Quizás muchos habrían vuelto a sus casas, algunos a largas distancias, acordándose por el resto de sus vidas del fracaso de la fiesta. El tomar agua que muchas veces podía estar contaminada era un peligro para la salud. En segundo lugar, si la gente que concurrió a la fiesta se hubiera quedado sin nada para beber, creo que habría representado un juicio sobre la falta de responsabilidad del desposado y su obligación de proveer lo suficiente para la fiesta. En tercer lugar, el encargado del banquete habría quedado en evidencia pues no había previsto la cantidad de invitados y sus necesidades.

Pero el énfasis de este milagro lo notamos en las palabras del versículo 11: "Este principio de señales hizo Jesús en Caná de Galilea, y manifestó su gloria; y sus discípulos creyeron en él".

Cuando la fiesta ha concluido y el Señor con los discípulos vuelve a Capernaúm, un cambio se ha operado en ellos. El Señor manifestó su gloria y los discípulos tienen una fe más profunda en su Maestro.

Es que ellos que seguían a Jesús de Nazaret lo hacían por fe, pues todavía no le habían visto hacer un milagro. Sin duda que se han de haber sorprendido cuando el famoso predicador Juan el Bautista pasó cerca y dijo: "¡He aquí el Cordero de Dios que quita el pecado del mundo!" (Juan 1:29).

Nos volvemos a preguntar: ¿Cuáles son las enseñanzas de este milagro?

En primer lugar, vemos a Jesús de Nazaret como el Creador, al hacer un compuesto orgánico partiendo de elementos inorgánicos. Él convierte o transforma algo de relativamente poco valor en algo de mucho valor: el "buen vino". Espiritualmente hablando, él quiere hacer el milagro de transformar a un pecador en camino a la condenación eterna en un heredero de las glorias del cielo.

En varios milagros que Jesús de Nazaret hizo hubo creación de materia. Por ejemplo, en los milagros de sanidad como en el caso del paralítico hubo creación de músculos, huesos y tendones.

En la multiplicación de los panes y los peces creó materia, pero que a diferencia del milagro en Caná de Galilea, era del mismo tipo, con diferencia en cuanto a la cantidad.

Aquí vemos al Hijo de Dios como el solucionador de todos los problemas. Soluciona el problema en las bodas de Caná; resuelve la dificultad en la casa de Pedro con su suegra que estaba enferma, y anula la tragedia en la casa de María y Marta con la resurrección de Lázaro.

Pero volvamos al milagro. El contenido total de los cántaros sería de unos 500 litros de agua, es decir una media tonelada que hay que llevar de un lado al otro. No sabemos cuántos sirvientes había. Si eran cuatro, cada uno tendría que trasportar unos 125 kilogramos. Queremos enfatizar que todo trabajo en la obra del Señor es de importancia y que no hay trabajos menores. Por eso la Escritura nos dice en 1 Corintios 15:58: "...vuestro arduo trabajo en el Señor no es en vano" (comp. Mat. 10:41, 42).

Termina la historia diciendo en el versículo 12: "Después de esto, él descendió a Capernaúm con su madre, sus hermanos y sus discípulos; y se quedaron allí no muchos días". Muy pronto iban a regresar a la actividad pública, pero ese pequeño descanso les permite a los discípulos meditar en lo que vieron. "Este principio de señales hizo Jesús en Caná de Galilea, y manifestó su gloria; y sus discípulos creyeron en él" (v. 11).

Temas para predicadores

- *El Señor Jesús como el proveedor de todas nuestras necesidades.*
- *La divinidad de Jesucristo demostrada en la transformación de materia.*
- *Los que no saben lo que está pasando. Jesucristo manifestando su gloria.*

2. Multiplicación de los panes y los peces

Mateo 14:13-21; Marcos 6:32-44; Lucas 9:10-17; Juan 6:1-14

El sol estaba saliendo sobre los montes que rodean al mar de Galilea y este niño empezó su día que iba a ser bastante distinto. Alguien en la familia le preparó una merienda con unos pocos panes y unos pececillos. También se ha sugerido que quizás las provisiones eran para venderlas. Pero lo que este niño ni su familia se imaginaban era que algo espectacular iba a pasar con esa pequeña merienda y que Jesús de Nazaret iba a realizar un milagro extraordinario.

Sabemos que hay dos milagros similares pero con algunas diferencias: El primero está en Mateo 14:13-21; el segundo en Mateo 15:32-38. En el primero se alimentan cinco mil hombres, en el segundo cuatro mil.

En el primer milagro hay cinco panes y dos pescados; en el segundo hay siete panes y unos pocos pescaditos. Por último, en el primer milagro sobran doce canastas, y en el segundo siete cestas.

El Evangelio de Juan capítulo 6, que es el que vamos a seguir para nuestra meditación, nos dice en los versículos 2-4: "y le seguía una gran multitud, porque veían las señales que hacía en los enfermos. Jesús subió a un monte y se sentó allí con sus discípulos. Estaba cerca la Pascua, la fiesta de los judíos". Por ahora todo parece rutina. Yo he estado en el monte que la tradición dice que fue el lugar del milagro, y si no fue ese, el paisaje alrededor del mar de Galilea es muy similar. El lugar es ideal con una ladera delicada que sin duda puede tener una multitud de muchos miles de personas sin dificultad. Allí abajo estaban las aguas, a veces tranquilas, a veces agitadas, del mar de Galilea.

El Evangelio de Marcos nos da algunos detalles importantes. En el capítulo 6, empezando los versículos 31, 32 leemos: "Él les dijo: 'Venid vosotros aparte a un lugar desierto, y descansad un poco'. Porque eran muchos los que iban y venían, y ni siquiera tenían oportunidad para comer. Y se fueron solos en la barca a un lugar desierto". Pero la tranquilidad no duró mucho, pues el versículo 33 nos dice: "Pero muchos les vieron ir y les reconocieron. Y corrieron allá a pie de todas las ciudades y llegaron antes que ellos". Observemos que muchos por lo visto caminaron una gran distancia para llegar al lugar a donde vieron que la embarcación se dirigía.

En el Evangelio de Mateo 14:14, 15 leemos: "Cuando Jesús salió, vio la gran multitud y tuvo compasión de ellos, y sanó a los que entre ellos estaban enfermos. Al atardecer, sus discípulos se acercaron a él y le dijeron: 'El lugar es desierto, y la hora ya avanzada. Despide a la gente para que vayan a las aldeas y compren para sí algo de comer'". Notemos las admirables palabras: "vio la gran multitud y tuvo compasión de ellos".

Cada vez que el Señor Jesús hizo un milagro lo hizo sintiendo en su corazón el dolor, la angustia o la necesidad de la persona. Nunca lo hizo para demostrar en forma espectacular sus habilidades extraordinarias. Creo que Jesús de Nazaret veía a las multitudes con compasión por algunas razones que seguidamente enumero, no en orden de importancia, ni pretendiendo que sean las únicas que se pueden mencionar:

1) Tenía compasión por su situación espiritual. Habían dejado al Dios de Israel y lo habían cambiado por un sistema religioso legalista.

2) Tenía compasión por su situación política nacional. Aquellos que eran el pueblo de Dios ahora tenían el emperador romano que era un pagano inicuo.

3) Los veía en su situación económica y social. Muchos de ellos no tendrían el dinero para salir y comprar lo que fuera necesario; a esa hora del día probablemente a un precio mucho más alto.

4) La condición física. Muchos de ellos estaban enfermos y padecían de diversas dolencias. Mateo 14:14 dice: "...y sanó a los que entre ellos estaban enfermos". Marcos 6:34 nos da un detalle importante: "Cuando Jesús salió, vio una gran multitud y tuvo compasión de ellos, porque eran como ovejas que no tenían pastor. Entonces comenzó a enseñarles muchas cosas".

¿Qué se le puede enseñar a una multitud que es como un rebaño sin pastor? Yo supongo que les habló palabras similares a las del Salmo 23:1: "Jehovah es mi pastor; nada me faltará"; o a las palabras de Juan 10:11: "Yo soy el buen pastor; el buen pastor pone su vida por las ovejas". Probablemente les dijo que no era necesario que fueran como ovejas sin pastor pues en las palabras de los versículos 27, 28 del mismo capítulo de Juan leemos: "Mis ovejas oyen mi voz, y yo las conozco, y me siguen. Yo les doy vida eterna, y no perecerán jamás, y nadie las arrebatará de mi mano".

En un sentido, los discípulos le están diciendo al Maestro: "Diles que se vayan y se las arreglen como puedan". Ellos usan las palabras "para que vayan a las aldeas y compren para sí algo de comer" (Mat. 14:15). Sin duda que no había en aquellos tiempos la cantidad de lugares para comer fuera de casa como tenemos en el día de hoy, con la proliferación de lugares de comidas rápidas. La respuesta de Jesucristo es llamativa: "No tienen necesidad de irse. Dadles vosotros de comer".

Juan 6:5 nos dice: "Cuando Jesús alzó los ojos y vio que se le acercaba una gran multitud, dijo a Felipe: '¿De dónde compraremos pan para que coman éstos?'". Felipe tiene la oportunidad de su vida de demostrar su confianza y dependencia del Maestro. Es notable que Jesús no le hiciera la pregunta a Pedro ni a Juan sino a Felipe. Juan 6:6 nos dice: "Pero decía esto para probarle, porque Jesús sabía lo que iba a hacer". ¡Qué enseñanza para nosotros que el Señor a veces nos prueba! Gracias a Dios él siempre sabe lo que tiene que hacer, pero nos da la oportunidad de mostrar la profundidad de nuestra fe.

Notemos que en la pregunta del Señor Jesús ya se ve un plan. Tenemos que alimentar con pan a toda esta gente. El término "probarle" es el mismo que se utiliza en 1 Corintios 10:9: "Ni tentemos a Cristo, como algunos de ellos le tentaron y perecieron por las serpientes" (ver 1 Cor. 10:13; 2 Cor. 13:5; Heb. 2:17, 18).

Felipe es como muchos de nosotros; él es la persona que ve la dificultad y responde: "Doscientos denarios de pan no bastarían para que cada uno de ellos tomase un poco". Es decir, todo el sueldo de un jornalero durante siete meses no alcanzaba para que cada uno de ellos comiera un poquito. Felipe estaba pensando en lo que costaría, y aunque el texto no nos dice, muy probablemente no tendrían ese dinero disponible. Pero Felipe no había calculado lo que costaba alimentarlos en forma tal que quedaran todos completamente satisfechos. Felipe, como nosotros hoy, poco entendía la Escritura que dice: "porque míos son todos los animales del bosque, los millares del ganado en mis montes. Conozco todas las aves de las alturas, y las criaturas del campo son mías" (Sal. 50:10, 11). Así, Felipe en su respuesta actúa como uno de nosotros. Está pensando en darles un poco de comida. ¡Pero qué misericordioso es el Señor! Él quiere alimentar a la multitud no con un poco, sino hasta que todos estén completamente satisfechos. Como decíamos, Felipe piensa en "darles un poco". ¡Cuántas veces en las cosas espirituales nosotros hacemos lo mismo! Servimos un poquito en la predicación, un poquito en algún ministerio; damos un poquito de ofrenda y un poquito de nuestra vida para el servicio del Señor.

Pero veamos la segunda objeción que se utiliza en otro milagro similar que está en Mateo 15:33, o sea, en el segundo milagro similar: "Entonces sus discípulos le dijeron: '¿De dónde conseguiremos nosotros tantos panes en un lugar desierto, como para saciar a una multitud tan grande?'". O sea, estaban diciendo algo así como: "¡Pero Señor, usted no se da cuenta de que en el desierto no hay panaderías para alimentar a más de diez mil personas!". En esta objeción los discípulos estaban diciendo: "No podemos hacer esto porque no es posible".

Pero en Marcos 6:37 tenemos otra objeción. Esta es también sutil. La Escritura nos dice: "Él les respondió y dijo: 'Dadles vosotros de comer'. Le dijeron: '¿Que vayamos y compremos pan por doscientos denarios, y les demos de comer?'". Es como si dijeren: "¿Señor, quieres que nos molestemos en ir a buscar pan?". Al mencionar los doscientos denarios, creo que estaban diciendo: "No tenemos esa cantidad de dinero para poder hacer este trabajo".

Ahora aparece Andrés, quien dice: "Aquí hay un muchacho que tiene cinco panes de cebada y dos pescaditos. Pero, ¿qué es esto para tantos?" (Juan 6:9). Andrés considera la realidad de lo que tiene y la dificultad del proyecto. Con esto puedo alimentar a una persona, quizás como máximo a dos, pero hay cinco mil hombres, quizás otro tanto de mujeres y probablemente diez mil niños. Estamos hablando de alimentar entre diez a veinte mil personas. Si a cada uno le damos medio kilo de comida estamos hablando de cinco a diez toneladas de comida. ¿Verdad que Andrés tenía razón? ¿Qué se puede hacer con tan poco cuando la necesidad es tan grande? Me imagino la reacción del muchacho cuando los discípulos se le acercaron y le pidieron "prestado" el pan y los pescaditos. Quizás él pensó que lo iba a perder todo y se iba a tener que ir a dormir de noche con el estómago vacío. Pero ¡qué lección, que sin duda aún siendo anciano iba a recordar! El Señor Jesús puede usar lo poco que tenemos para su gloria cuando lo ponemos todo en sus manos.

Miremos una vez más la escena donde el milagro se va a producir; está anocheciendo. Durante el día, el Señor Jesús ha curado sin duda innumerables enfermos. Les ha hablado la Palabra de Dios. Ahora se van a cumplir las palabras de Isaías 55:1: "Oh, todos los sedientos, ¡venid a las aguas! Y los que no tienen dinero, ¡venid, comprad y comed! Venid, comprad sin dinero y sin precio, vino y leche".

El versículo 10 de la narración de Juan 6 nos dice: "Entonces Jesús dijo: 'Haced recostar a la gente'. Había mucha hierba en aquel lugar. Se recostaron, pues, como cinco mil hombres". En Marcos 6:39 se nos da otro detalle: "Él les mandó que hiciesen recostar a todos por grupos sobre la hierba verde". Se nos está dando un detalle de colorido que nos permite sospechar que es la primavera o el comienzo del verano. Nos damos cuenta de la hermosura del lugar. Así que se recuestan en partidas de ciento en ciento y de cincuenta en cincuenta. Queremos destacar que el Señor Jesús hizo las cosas con orden. El cielo es un lugar con orden. Las estrellas y los planetas andan por sus órbitas establecidas en perfecto orden. La Escritura nos dice cómo deben hacerse las cosas en la iglesia local: "...hágase todo decentemente y con orden" (1 Cor. 14:40). Los grupos dispuestos de esa manera permitirían que todos pudieran ver con detalle lo que iba a pasar. Otra razón importante para tal orden era que así se evitaría el alboroto y el peligro de atropello que puede suceder cuando de entre una multitud hambrienta algunos quieren ser los primeros. El Señor quiso evitar que los grandes y fuertes atropellaran y lastimaran a los ancianos y a los niños. Cuando todos se agruparon como había sido ordenado, el Señor Jesús se dispuso a hacer el milagro. Los panes de cebada representan un producto de la tierra. Los pescaditos por su parte representan un producto del mar. Aquí vemos la autoridad del Señor sobre la tierra y el mar.

Mateo nos da un detalle importante. En Mateo 14:19 leemos: "Luego mandó que la gente se recostara sobre la hierba. Tomó los cinco panes y los dos pescados, y alzando los ojos al cielo, los bendijo. Después de partirlos, dio los panes a sus discípulos, y ellos a la gente". Observemos que el Señor ordena que la gente se recueste en la pradera. No les dice que se arrodillen porque sería muy fácil pararse y salir corriendo. Por la misma razón no les dice que se sienten sino que se recuesten. ¡Qué retrato tan perfecto del "buen pastor"!, como lo vemos en las palabras del Salmo 23:2: "En prados de tiernos pastos me hace descansar...". Vemos la multitud ahora descansando con sus cuerpos sobre la hierba verde de la ladera de la montana y sus ojos concentrados en Jesús de Nazaret. Ahora toma los panes y los peces y levanta los ojos al cielo demostrando su dependencia y comunión perfecta con su Padre.

Es de bendición a nuestros corazones considerar las veces que las Escrituras nos dicen que el Señor levantó sus ojos al cielo. Lo hizo en relación con la sanidad del sordomudo. En Marcos 7:34 leemos: "Luego mirando al cielo, suspiró y le dijo: '¡Efata!', que quiere decir: Sé abierto" (ver también Mat. 17:5; Juan 11:41; 17:1).

Ahora, proseguimos con nuestro texto de Juan 6:11: "...habiendo dado gracias, los repartió entre los que estaban recostados. De igual manera repartió de los pescados, cuanto querían". Nos preguntamos: "¿Por qué le dio gracias?". ¡Qué maravilloso habría sido poder escuchar sus palabras de gracias a su Padre! Le dio gracias a su Padre por cinco panes y por dos pescaditos. Aquel que es el creador de los cielos y la tierra y en las palabras de Colosenses 1:16: "...Todo fue creado por medio de él y para él"; el creador de los millones de peces de los ríos y de los mares le está dando gracias a su Padre por estos dos pescaditos. Creo también que le dio gracias a su Padre porque él nos colma de bendiciones y hace que su sol salga sobre malos y buenos y que llueva sobre justos e injustos. Pensemos en las palabras del Salmo 68:19: "¡Bendito sea el Señor! Día tras día lleva nuestras cargas el Dios de nuestra salvación". De igual manera que cuando el Señor frente a la tumba de Lázaro oró y dijo: "...Padre, te doy gracias porque me oíste. Yo sabía que siempre me oyes" (Juan 11:41, 42).

Jesús de Nazaret va a probar en este milagro que él puede alimentar las multitudes no solamente espiritualmente sino también físicamente. En Juan 6:35 él dice: "Yo soy el pan de vida. El que a mí viene nunca tendrá hambre, y el que en mí cree no tendrá sed jamás". Alguien podría decir: "Es muy fácil decir esto en un sentido espiritual, ¿pero cómo puede demostrar que lo puede hacer?". En un sentido el milagro que estamos considerando muestra que Jesús de Nazaret puede hacer lo imposible. En el Antiguo Testamento el profeta Elías (1 Rey. 17) alimenta en forma milagrosa a una viuda y a su hijo con la provisión de aceite y harina. El Mesías va a alimentar más de diez mil personas con pan y peces. En un sentido la promesa del Salmo 72:16 se va a cumplir delante de los ojos de esta multitud: "Haya abundancia de grano en la tierra; sea copioso en las cumbres de los montes. Su fruto brotará como el Líbano, y surgirá como la hierba de la tierra". Observen que el Señor Jesús alimentó a la multitud no con chocolates, caramelos, hamburguesas y papas fritas. Él les dio algo que era nutritivo y saludable.

Volviendo a nuestra lectura, Juan 6:11 nos dice: "...y habiendo dado gracias, los repartió entre los que estaban recostados. De igual manera repartió de los pescados, cuanto querían". ¿Cómo es que el milagro se produce?, no lo sabemos exactamente. Lo increíble es que se está creando materia orgánica que no existía antes. Aquí vemos a aquel que es el Creador haciendo, de algo que ya existe, muchísimo más en cantidad. Quizás para entenderlo mejor nos sirva un ejemplo matemático que es pobre, pero es como si un pan se rompiera y luego tuviéramos dos que han vuelto al tamaño original. Si rompiéramos esos dos tendríamos cuatro y si lo hiciéramos otra vez y otra vez tendríamos 8, después 16, inmediatamente 32, luego 64, seguidamente 128, 256, 512 y enseguida

1.024. Unas pocas veces después tendríamos las miles y miles de piezas de pan. Sabemos que el milagro fue real. No fue una ilusión colectiva. El hecho de que al final haya doce canastas llenas de pedazos muestra que la multiplicación fue real.

Me imagino que el muchacho que al principio quizás temía quedarse sin nada, no solamente comió como nunca había comido, sino que también, probablemente, guardó, en la misma bolsita que había llevado, provisión suficiente para después. Y si alguien le hubiera dicho cómo era que estaba guardando pan para llevárselo, él les hubiera podido decir con autoridad: "Después de todo yo soy el socio fundador; el que puso el capital inicial que luego creció tanto".

Observemos que los discípulos lo repartían a los que estaban recostados. El que se mantenía de pie no recibía nada. Al estar la gente recostada en grupos, el trabajo se podía hacer más rápido y eficientemente. Cada discípulo podía tener un contacto individual con los grupos de personas. Cada discípulo tenía que servirles a unos cuatrocientos ochenta hombres y además a las mujeres y a los niños. Sin duda que al final del reparto todos estarían muy cansados.

En Juan 6:12 leemos: "Cuando fueron saciados, dijo a sus discípulos: 'Recoged los pedazos que han quedado, para que no se pierda nada'". Estas gentes no estaban acostumbradas a comer gratis; estaban habituados a trabajar por la comida. Y ¡qué comida! ¡Sin duda el pan estaba delicioso y los peces eran exquisitos! Era una nutrición sana. Ahora que estaban bien alimentados podían tomar el camino de regreso a sus casas, aunque a muchos les llevaría varias horas.

¡Qué precioso es cuando un niño o un joven está dispuesto a poner su vida, sus talentos, su tiempo en las manos del Señor como lo hizo este muchacho! Pienso que con el pasar de los años este joven habría madurado; y como hombre adulto se habría dado cuenta de que él había tenido la oportunidad de ser usado por el Señor para la bendición de miles y miles. Este principio sigue siendo válido el día de hoy para aquellos que entregan lo que son y reciben a Jesucristo. Saulo de Tarso era un hombre muy instruido, de un ambiente socioeconómico de clase alta, lo que podemos determinar por su elevada educación. Pero cuando compara cómo era su vida antes de ser un creyente en el Señor Jesús nos dice en Filipenses 3:7, 8: "Pero las cosas que para mí eran ganancia, las he considerado pérdida a causa de Cristo. Y aun más: Considero como pérdida todas las cosas, en comparación con lo incomparable que es conocer a

Cristo Jesús mi Señor. Por su causa lo he perdido todo y lo tengo por basura, a fin de ganar a Cristo".

Juan 6:13 nos dice: "Recogieron, pues, y llenaron doce canastas de pedazos de los cinco panes de cebada que sobraron a los que habían comido". Creo que este es el versículo bíblico favorito de los ecologistas, muy cuidadosos en cuanto a la contaminación ambiental. Veamos Marcos 6:43: "y recogieron doce canastas llenas de los pedazos de pan y de los pescados". Algunos comentaristas sugieren que los peces habrían sido tratados con sal para conservarlos. Esto para mí es importante porque nos muestra que el Señor Jesús era muy cuidadoso y nunca perdió o descuidó nada. Nunca leemos en el Nuevo Testamento que él se hubiera olvidado de algo. Cuando es resucitado, aun en la tumba se encuentra todo en perfecto orden (Juan 20:7; ver también 10:27; 17:12).

Es muy probable que algunos niños al ver tanta abundancia dejaran caídos buenos pedazos de pan aquí y allá. Creo que el Señor Jesús les está diciendo algo así como: "Esto no es más que pan pero ha sido provisto de una manera maravillosa y abundante". Demostramos en esto de no desperdiciar nada que aceptamos las dádivas de Dios con gratitud y responsabilidad. Y si esto es verdad en relación con el pan que perece, cuanto más será verdad en las distintas cosas materiales y los ministerios que Dios en su misericordia nos proporciona.

Juan 6:14, 15: "Entonces, cuando los hombres vieron la señal que Jesús había hecho, decían: '¡Verdaderamente, éste es el profeta que ha de venir al mundo!'. Como Jesús entendió que iban a venir para tomarle por la fuerza y hacerle rey, se retiró de nuevo al monte, él solo". La gente se dio cuenta de que había algo extraordinario en Jesús de Nazaret y la idea que tenían era la de hacerlo rey. Pero Jesús se retiró al monte.

Los hombres han constituido como reyes a seres humanos; la historia nos ha enseñado cuán grandes fueron sus debilidades, y cuán distorsionadas sus vidas impuras. Pero Jesús no vino a este mundo para llegar a ser importante, influyente y poderoso. No vino para ser un rey sino para ser el Salvador. Para ser un rey tenía que sentarse en un trono y derramar la sangre de muchos en una revolución contra el imperio romano. Para ser el Salvador se humilló hasta la muerte, fue clavado en una cruz y dio su sangre en precio de rescate por nosotros.

La multitud sin duda no entendió que él era mucho más que un profeta, y que era infinitamente superior y estaba absolutamente por encima de nosotros al ser el eterno Hijo de Dios.

Muchos años pasaron y seguramente el muchacho de la historia llegó a ser un anciano. Si alguien le hubiera preguntado si se arrepintió de haberle dado el pan al Maestro, creo que su respuesta hubiera sido algo así como: "¡Claro que no! Él me ha alimentado en forma fiel desde aquel día hasta hoy, y ahora comprendo el significado de las palabras del Salmo 37:25: 'Yo he sido joven y he envejecido; pero no he visto a un justo desamparado, ni a sus descendientes mendigando pan'".

La famosa frase del químico francés Lavoisier: "Nada se crea, nada se destruye, todo se transforma", no se aplica a aquel que es el Creador del universo. El que hizo la multiplicación de los panes y de los peces es el mismo que dijo en Mateo 4:4: "No sólo de pan vivirá el hombre, sino de toda palabra que sale de la boca de Dios".

Temas para predicadores

- *El Señor Jesús puede hacer mucho con lo poco que tenemos.*
- *La responsabilidad de cada creyente de alimentar la multitud a nuestro alrededor.*
- *El carácter del Señor Jesús. Su compasión al ver la multitud necesitada, y su divinidad al hacer el milagro de la multiplicación.*

3. Cuatro mil alimentados

Mateo 15:32-39; Marcos 8:1-10

Si bien algunos críticos han tratado de decir que el milagro de los cinco mil y de los cuatro mil hombres es el mismo milagro, el Señor Jesucristo tan claramente los señala y los evangelistas los distinguen, que no puede quedar duda alguna de que ocurrieron en dos diferentes ocasiones, por más similares que parezcan.

En Mateo 16:8-10 él les recuerda a sus discípulos: "Pero como Jesús lo entendió, les dijo: '¿Por qué discutís entre vosotros que no tenéis pan, hombres de poca fe? ¿Todavía no entendéis, ni os acordáis de los cinco panes para los cinco mil hombres, y cuántas canastas recogisteis? ¿Ni tampoco de los siete panes para los cuatro mil y cuántas cestas recogisteis?'". Muchos de los comentarios que hicimos al estudiar la ocasión de los cinco mil, no necesitan ser reiterados nuevamente aquí.

Si empezamos nuestra lectura en Mateo 15:29, 30 leemos: "Cuando Jesús partió de allí, fue junto al mar de Galilea, y subiendo al monte se sentó allí. Entonces se acercaron a él grandes multitudes que tenían consigo cojos, ciegos, mancos, mudos y muchos otros enfermos. Los pusieron a los pies de Jesús, y él los sanó".

Si bien en los Evangelios leemos de muchas curaciones individuales, aquí tenemos una "gran sanación masiva" de toda clase de enfermos con excepción de leprosos que no se mencionan. El resultado lo leemos en el versículo 31: "de manera que la gente se maravillaba al ver a los mudos hablar, a los mancos sanos, a los cojos andar y a los ciegos ver. Y glorificaban al Dios de Israel". Lo que al principio comenzó como una reunión de todo tipo de enfermos, que daba un espectáculo tan triste como deprimente, concluyó como una de alabanzas al Dios de Israel.

Versículo 32: "Jesús llamó a sus discípulos y dijo: 'Tengo compasión de la multitud, porque ya hace tres días que permanecen conmigo y no tienen qué comer. No quiero despedirlos en ayunas, no sea que se desmayen en el camino'".

Una vez más, no podemos menos que contemplar la compasión y el amor del Señor Jesucristo. ¡Qué hermoso es pensar en las palabras "tengo compasión de la multitud"! Fácilmente con el paso de los años pareciera como que nos volvemos insensibles. Nos acostumbramos a las injusticias de la vida. Nos habituamos al sufrimiento de los seres humanos, y muy a menudo pareciera como que nuestra compasión se va agotando. No así en el caso del Señor Jesucristo. Su compasión nunca disminuyó. En las palabras de Lamentaciones 3:22: "...nunca decaen sus misericordias. Nuevas son cada mañana; grande es tu fidelidad".

La compasión es definida por la Real Academia como: "Sentimiento de conmiseración y lástima que se tiene hacia quienes sufren penalidades o desgracias". Implica el sufrir o soportar juntamente.

Una y otra vez los Evangelios nos muestran a Jesús de Nazaret lleno de compasión, a diferencia de los muchos héroes o ídolos de la juventud de hoy, que son seres sin compasión. El significado de esta palabra les es desconocido o lo desechan por considerarlo una debilidad.

En Mateo 9:36 vemos su compasión en conexión a la multitud sin dirección espiritual: "Y cuando vio las multitudes, tuvo compasión de ellas; porque estaban acosadas y desamparadas como ovejas que no tienen pastor" (ver también Mat. 14:14; 20:34; Luc. 7:13; 10:33).

Volviendo a nuestro relato, el Señor Jesucristo sabe que han estado con él por tres días. Sin duda muchos han ido a poblaciones cercanas para proveerse de algunos alimentos. En el milagro de los cinco mil hombres son los discípulos los que se acercan al Señor y le dicen que hay que despedir a la gente. Aquí la iniciativa la toma el mismo Señor. Los discípulos le responden: "¿De dónde conseguiremos nosotros tantos panes en un lugar desierto, como para saciar a una multitud tan grande?" (Mat. 15:33).

Observamos que aquí hay por lo menos tres problemas: Primero, estamos en el desierto y no hay dónde comprar comida. Segundo, tampoco tenemos suficiente dinero como para comprar tanta comida. Tercero, en aquella época no había vehículos en los cuales transportar toneladas de comida.

Versículo 34: "Jesús les dijo: '¿Cuántos panes tenéis?'. Ellos dijeron: 'Siete, y unos pocos pescaditos'". Es interesante que Marcos tiene exactamente la misma pregunta en cuanto a la cantidad de panes, sin preguntar por los peces.

Versículo 35: "Entonces él mandó a la multitud que se recostase sobre la tierra". Una vez más recalcamos que el Señor hace las cosas con orden y de esta manera se impide que se produzca una avalancha con los consiguientes lastimados, como a veces sucede.

Miremos ahora los acontecimientos según el relato en Marcos 8:6, 7: "Entonces él mandó a la multitud recostarse en tierra. Tomó los siete panes, y habiendo dado gracias, los partió y daba a sus discípulos para que ellos los sirviesen. Y ellos los sirvieron a la multitud". No sabemos cómo se produjo el milagro. Creo que es posible que cuando el Señor Jesucristo parte los panes, los trozos o mitades de inmediato vuelven a tener el mismo tamaño que antes, y los discípulos al seguir partiendo esos pedazos, el proceso se vuelve a repetir. Observen que no se nos dice que partió los pececillos (en el relato más breve de Marcos; en la secuencia de Mateo 15:36 los peces siguen el mismo curso que los panes).

Para mí es precioso meditar en esta escena. Allí está Jesús de Nazaret. En sus manos toma los siete panes y le da gracias a Dios por ellos. Ahora, supongamos que un hombre multimillonario recoge del piso una moneda de menor valor y acude al banco emisor para agradecerle por el bien recibido. ¡No tendría sentido! Nada representa esa moneda ante la inmensa fortuna que el hombre posee. ¡Y todavía resulta inadecuada la comparación con respecto a nuestro Señor Jesucristo! Allí está él tomando con sus manos el producto de su creación y le da gracias a Dios por ello.

El Creador del universo, de los sistemas planetarios, de las estrellas gigantes y de las galaxias distantes, da gracias al Padre por esos siete panes.

Marcos 8:8: "Comieron y se saciaron, y recogieron siete cestas de los pedazos que habían sobrado". Vinieron a Jesucristo para escuchar sus enseñanzas, trayendo familiares y amigos con diversas enfermedades. El Mesías primero los sanó y luego les dio amplia provisión para todas sus necesidades.

El hecho de que sobraron siete canastas nos demuestra que no era una ilusión psicológica colectiva, sino un milagro real.

Terminamos nuestra meditación con una cita de Lockyer: "No debemos olvidar la lección de la gratitud. Jesús dio gracias y bendijo la comida, cambiando la pobreza en una fiesta real. El dar gracias es una bendición sobre nuestra comida diaria. Un corazón agradecido va a bendecir, y en un sentido, nuestro pan va a ser multiplicado. Jesús no se avergonzaba de dar gracias por las misericordias temporales".

Temas para predicadores

- *La compasión del Señor Jesús.*
- *El poder del Señor Jesús (creando materia).*
- *Usando los recursos disponibles.*
- *Dios multiplicando nuestros pocos recursos.*

4. La primera pesca milagrosa

Lucas 5:1-11

Algunas cosas que pasan en ciertos momentos, de alguna manera nos afectan más que otras. Cuando se revela, por ejemplo, por primera vez un gran talento artístico como puede ser en un joven músico, todo el mundo se maravilla, pero después de un tiempo parece que uno se acostumbra a que esa habilidad tan inusual es como si fuera lo más natural.

Aquí estamos frente a un milagro que sucede al principio del ministerio del Señor Jesús.

El capítulo 4 de Lucas termina diciendo: "Siendo ya de día, salió y se fue a un lugar desierto, y las multitudes le buscaban. Acudieron a él y le detenían para que no se apartara de ellos. Pero él les dijo: 'Me es necesario anunciar el evangelio del reino de Dios a otras ciudades también, porque para esto he sido enviado'. E iba predicando por las sinagogas de Galilea" (vv. 42-44).

Comienza el capítulo 5 diciéndonos: "Aconteció que, mientras las multitudes se agolpaban sobre él y escuchaban la palabra de Dios, Jesús estaba de pie junto al lago de Genesaret". ¡Qué hermosa habrá sido esa ocasión! Allí, Jesús de Nazaret hablaba la palabra de Dios. Nadie más que él podría anunciarla con perfecta veracidad y claridad. Él es el eterno Hijo de Dios. El versículo 2 nos dice que "...vio dos barcas que estaban a la orilla del lago. Los pescadores habían salido de ellas y estaban lavando sus redes". Hasta aquí todo parece plena rutina. ¿Qué cosa más común a la orilla del mar de Galilea, que ver pescadores lavando sus redes? Sin duda que como siempre pasa en estas circunstancias, toda clase de aves del cielo estarían revoloteando alrededor para tratar de comer de los desperdicios de la pesca. El versículo 3 nos dice: "Al entrar él en una de las barcas, la cual pertenecía a Simón...". Yo me pregunto: "¿qué fue lo que hizo a Jesús de Nazaret elegir una de las barcas?". Era la barca de Pedro. Notemos las palabras con cuidado: "pidió a éste que la apartase de tierra un poco. Luego se sentó y enseñaba a las multitudes desde la barca".

La sencillez y hermosura que nos evoca el relato es increíble. Allí, la multitud a la orilla del mar, más allá los montes de Galilea, y sobre una barca cerca de la ribera el Mesías ha hecho su púlpito, mientras la embarcación es mecida suavemente por las olas.

El versículo 4 nos dice: "Cuando acabó de hablarles, dijo a Simón: 'Boga mar adentro, y echad vuestras redes para pescar'".

"Boga mar adentro". Hay que dejar la superficialidad. Hay que ir hacia la profundidad.

Creo que el Señor nos está diciendo que mar adentro hay más profundidad.

Versículo 5: "Simón le respondió y dijo: 'Maestro, toda la noche hemos trabajado duro y no hemos pescado nada. Pero por tu palabra echaré la red'".

Vemos aquí la sinceridad de Pedro al decir: "Maestro, toda la noche hemos trabajado", es como si dijera: "Pero Señor, tú no sabes que ha sido una noche de fracaso". Y por supuesto que Jesús de Nazaret lo sabía muy bien. Él lo sabe todo, lo conoce todo. Notamos que ellos no dicen que la pesca fue pobre, sino que fue uno de esos días que no se pescó nada. Yo creo que Dios permitió el fracaso de esa noche para poder contrastarlo con la bendición que iba a efectuar. Es como cuando el joyero coloca una de sus perlas o diamantes sobre un terciopelo oscuro. Allí resaltan las características de la joya que está enseñando.

Sin embargo, Pedro no se quedó allí. Muchas veces nosotros nos quedamos con la última frase: "No hemos pescado nada y por lo tanto no voy a pescar más". Pero Pedro tiene uno de esos momentos brillantes y exclama: "Pero por tu palabra echaré la red". ¡Qué demostración de fe! Es el principio del ministerio, pero lo que él ha visto ya le alcanza para saber que cuando todo lo humano falla, Jesús de Nazaret puede actuar.

Versículos 6 y 7: "Cuando lo hicieron, atraparon una gran cantidad de peces, y sus redes se rompían. Hicieron señas a sus compañeros que estaban en la otra barca, para que viniesen a ayudarles. Ellos vinieron y llenaron ambas barcas, de manera que se hundían". Pedro con su gran experiencia de pescador profesional había visto en su oficio días buenos y días malos. Pero nunca había visto algo así. La red estaba por romperse y reventar debido a tantos peces.

¿Por qué Jesús hace este milagro con una pesca tan abundante? En el versículo siguiente nos dice que los barcos se hundían, es decir que estaban cargados rebasando su capacidad. Ahora, creo que aquí hay un detalle importante y precioso: los barcos estaban que se hundían, pero no se hundieron. Si todo lo que hubieran obtenido fuera una muy buena pesca, quizás el doble de lo que hubiera sido su mejor pesca en sus vidas, entonces podrían haber pensado que había sido la casualidad o que habían tenido la fortuna de dar con el cardume ¡todos los peces juntos! Pero creo que el hecho de que las barcas estaban como que se hundían nos muestra el principio de que el Señor puede llenarnos de bendiciones. El apóstol Pablo lo dice en Filipenses 4:18: "Sin embargo, todo lo he recibido y tengo abundancia". Y agrega después: "Mi Dios, pues, suplirá toda necesidad vuestra, conforme a sus riquezas en gloria en Cristo Jesús" (v. 19).

Él sabe cuánto podemos tolerar, de la misma manera que sabía cuánto peso las barcas que estaban tan cargadas podían soportar. Esto me trae al corazón las palabras del Apóstol en 1 Corintios 10:13: "No os ha sobrevenido ninguna tentación que no sea humana; pero fiel es Dios, quien no os dejará ser tentados más de lo que podéis soportar, sino que juntamente con la tentación dará la salida, para que la podáis resistir". ¡Qué consuelo y alivio es para nuestras almas el saber que Dios sabe lo que cada uno de nosotros puede resistir!

Versículo 8: "Y Simón Pedro, al verlo, cayó de rodillas ante Jesús exclamando: '¡Apártate de mí, Señor, porque soy hombre pecador!'".

Es la primera vez que leemos en este Evangelio que Pedro se arrodilló delante de Jesucristo. El que no lo haya corregido por haber caído de rodillas ante él implica que Jesucristo aceptó su reverencia y honor, pues así le corresponde como Hijo de Dios que es. De alguna manera Pedro es el primero que reconoce lo increíble de este milagro. Muy a menudo tenemos la costumbre de criticar algunas de las actitudes de Pedro, pero en esta porción tenemos su obediencia a la palabra del Señor tanto como su reconocimiento de la santidad del Mesías. Cuando Pedro dice: "Apártate de mí, Señor, porque soy hombre pecador", no es que Pedro fuera un hombre que viviera en inmoralidad o que practicara vicios escondidos. ¡Nada de esto! Su vida sin duda era la de un honesto israelita que seguía fielmente la ley de Dios. Pero aquel día Pedro se dio cuenta de que lo que hizo Jesucristo era absolutamente maravilloso. Toda su vida él la había pasado junto al mar de Galilea. Había tenido oportunidad de compartir con sus amigos una buena pesca.

Esta pesca de ese día era absolutamente sin comparación. Cualquier pescador de red sabe que a veces se pesca muchos peces que no se usan, o son muy pequeños. Pero no así cuando el Señor Jesucristo actúa. Aquel día, esos peces eran de primera clase.

Versículos 9, 10: "Por la pesca que habían logrado, el temor se apoderó de Pedro y de todos los que estaban con él, y de igual manera de Jacobo y Juan, hijos de Zebedeo, que eran socios de Simón. Entonces Jesús dijo a Simón: 'No temas; de aquí en adelante estarás pescando hombres'". De alguna manera los otros reaccionan a los mismos hechos de una manera algo distinta. Ellos están atemorizados, mientras que Pedro tiene una vislumbre de la gloria de la persona de Jesucristo.

Sigamos escuchando al Señor: "No temas; de aquí en adelante estarás pescando hombres". Pedro había pasado toda la noche sin pescar nada. Quizás habrá pensado: "¡Qué difícil es la vida de un pescador!". Ahora el Señor Jesús le dice: "No temas". Miremos el milagro en sí, donde creo que podemos encontrar por lo menos tres puntos a considerar.

1) Dios tiene un lugar especial donde se produce la pesca milagrosa y siempre es "más adentro". A la orilla del mar se puede pescar algo pero la pesca sobreabundante está "mar adentro". Vivimos en tiempos de superficialidad espiritual. ¿Cuántos de nosotros practicamos el sentido de ese antiguo y hermoso himno medio olvidado por muchos: "Toma un tiempo aparte para ser santo"?

2) En este milagro no se crean peces como en el caso de los milagros de la multiplicación, sino que Dios de alguna manera acumula una gran cantidad de peces en un lugar determinado desde donde son luego tomados por la red. Nos acordamos de que toda la creación obedece a Dios. Cuando Dios dio la orden, el gran pez que había tragado a Jonás lo regurgitó a la orilla del mar. ¡Qué reconfortante es para nuestros corazones cuando consideramos que toda la creación le alaba y es obediente a él con la única excepción de la raza humana!

3) Ya hemos notado el hecho de que las redes al estar tan llenas estaban a punto de romperse pero no se rompieron, y los barcos que se hundían no se hundieron.

Aunque no lo consideremos como un milagro más, el hecho de que el corazón de Pedro haya cambiado al reconocer la santidad de la persona de Jesucristo es algo también a remarcar.

Versículo 11: "Después de sacar las barcas a tierra, lo dejaron todo y le siguieron". Lo que estos hombres, experimentados pescadores, habían visto, los había convencido de que Jesús de Nazaret era digno de ser seguido dejando todo lo demás atrás.

Temas para predicadores.

- *"Boga mar adentro" en las profundidades de las cosas espirituales y deja la superficialidad.*
- *Las bendiciones de Dios son sobreabundantes (Ef. 3:20).*
- *El otro barco, es decir, el barco que participa en la bendición pero que no tiene la presencia de Jesucristo.*
- *El Señor Jesús en relación con su omnisciencia y su poder sobre la creación.*

5. Jesús camina sobre el agua

Mateo 14:22-34; Marcos 6:45-52; Juan 6:16-20

Cuando estudiamos un milagro, muchas veces nos damos cuenta de que aunque hay un elemento sin duda extraordinario, muy a menudo hay varios elementos que también son inexplicables desde el punto de vista humano. En este caso los fenómenos milagrosos son:

1) Un viento muy fuerte e inesperado que sin duda es parte del plan perfecto de Dios.

2) El hecho de que Jesucristo los puede ver a una gran distancia en medio de la noche.

3) El hecho de que Jesucristo camina sobre el mar.

4) El hecho de que Pedro camina sobre el mar.

5) El hecho de que Jesucristo parado sobre el mar puede sostener el peso de Pedro.

6) La inmediata calma del viento.

7) La barca llegando inmediatamente a su destino.

Habiendo acabado con el milagro de la multiplicación de los panes y los peces, el Evangelio de Mateo nos dice que enseguida Jesús hizo a sus discípulos entrar en la barca e ir delante de él a la otra ribera, entre tanto que él despedía a la multitud.

Sin duda que luego de un mensaje extenso muchas veces el predicador está cansado, y al final, cuando despide a la congregación, no le es fácil debido a la fatiga mental después de un largo día de trabajo. Pero no era así para el Señor Jesús. Él personalmente va a despedir a la multitud. Él no deja esta función para un asistente. Seguramente que, al despedirlos, se le acercan de nuevo gran cantidad de personas que le ruegan que ore por ellos y que los aconseja sobre qué hacer con ciertas dificultades de la vida. En Mateo 14:23 leemos: "Una vez despedida la gente, subió al monte para orar a solas; y cuando llegó la noche, estaba allí solo". Después de un día de mucho trajinar en que sin duda muchos llegaron para presentarle sus dificultades y problemas, él va al monte a orar a su Padre. No va a descansar sino que va a orar. Observen las palabras: "subió al monte para orar a solas, y cuando llegó la noche, estaba allí solo". ¿Será posible que esté orando por esos discípulos que están navegando y que pronto van a tener una prueba grande?

Mateo 14:24 nos dice: "La barca ya quedaba a gran distancia de la tierra, azotada por las olas, porque el viento era contrario". Marcos 6:48 dice: "Viendo que ellos se fatigaban remando, porque el viento les era contrario, a eso de la cuarta vigilia de la noche, él fue a ellos caminando sobre el mar, y quería pasarlos de largo".

¿Cómo es posible que él los pueda ver en medio del lago que está a varios kilómetros de la ribera en la oscuridad de la medianoche? El mar de Galilea mide en ciertas partes más de 13 kilómetros de ancho. Sin duda que aquí hay un elemento sobrenatural. No solamente por verlos en la oscuridad y a la distancia, sino al observar que están remando con gran fatiga, es decir, que no solamente no habían progresado sino que se estaban cansando y las olas arremetían con furia sobre la embarcación.

Quizás un joven en el día de hoy nos diría que esto es muy sencillo. Jesucristo está usando un telescopio con lentes de visión nocturna. Pero nosotros creemos que aquel que está de rodillas en la cumbre del monte, no ve solamente las siluetas de los hombres sino que claramente ve la fatiga en sus rostros y que van cediendo en sus esfuerzos. ¡Qué consuelo es para nuestro corazón el saber que cuando nosotros andamos en medio de las dificultades, él lo sabe, lo conoce todo, y podemos reconfortarnos en las palabras de 1 Pedro 5:7: "Echad sobre él toda vuestra ansiedad, porque él tiene cuidado de vosotros".

Mateo 14:24 nos dice: "La barca ya quedaba a gran distancia de la tierra, azotada por las olas, porque el viento era contrario". Aquí vemos tres detalles importantes: La barca estaba a gran distancia de la tierra; ahora ya no había posibilidad de volver fácilmente a la ribera; estaban en una situación en que realmente no tenían más posibilidades que soportar la situación. ¡Cuántas veces en nuestra vida nos encontramos en la misma situación! No podemos ir "ni para atrás ni para adelante". Recordemos que era una barca; no era un gran barco ni un transatlántico. Era una pequeña nave de pescadores. Pero esto no era todo, estaba azotada por las olas; es decir, las olas arremetían contra la barca. Cualquiera que haya navegado sabe que cuando esto sucede, el peligro de que una ola voltee la embarcación es una realidad. Las olas no la acariciaban sino que la azotaban. Es de interés que el término que se usa aquí es *basanizo*, un término que cada vez que se emplea en el Nuevo Testamento da la sensación de un tormento. Por ejemplo, en Marcos 5:7 el endemoniado gadareno dice: "¿Qué tienes conmigo, Jesús, Hijo del Dios Altísimo? Te conjuro por Dios que no me atormentes".

En Mateo 14:25 leemos: "Y a la cuarta vigilia de la noche, Jesús fue a ellos caminando sobre el mar". Los judíos dividían la noche en tres vigilias. Los romanos la dividían en cuatro vigilias. La cuarta vigilia sería entre las tres y las seis de la mañana. Es de notar que esta es una hora muy especial desde el punto de vista médico, dado que es en este tiempo que tenemos el mínimo de las hormonas suprarrenales. Es a esa hora cuando se produce la mayoría de fallecimientos debido a enfermedades crónicas, y cualquiera que haya tenido que ir a trabajar de improviso en tal horario nos dirá que es una de las partes más difíciles del día.

Observen que dice: “Jesús fue a ellos caminando sobre el mar”. Él pudo haberse quedado en el monte orando por los discípulos para que no les pasara nada y llegaran bien a la orilla, pero en su infinita gracia y misericordia decide ir donde están los suyos.

Notemos también que Jesucristo no camina sobre las aguas para exhibirse como en un espectáculo teatral o de circo. Si fuera así lo hubiera hecho durante el día en presencia de la multitud.

Me parece que hay varias razones para esto: la primera razón es que él los vio en una situación de gran necesidad. Ellos estaban en medio de la tormenta, estaban muy cansados de remar contra la corriente dado que el viento les era contrario. Recordemos que no todos los discípulos eran pescadores, y los que eran hombres de “tierra adentro” hacía rato que deseaban poder volver a la orilla y estar sobre tierra firme. De igual modo sabemos que en las tormentas y dificultades de nuestra vida el Señor Jesús está dispuesto a venir a socorrernos. Muchas veces los salmos de David expresan esta verdad. Por ejemplo, el Salmo 34:15 dice. “Los ojos de Jehovah están sobre los justos; sus oídos están atentos a su clamor”. En el versículo 19 dice: “Muchos son los males del justo, pero de todos ellos lo librará Jehovah”. En segundo lugar, caminar sobre el mar era el camino más corto para llegar a donde estaban sus discípulos. El mismo Salmo nos dice en los versículos 17, 18: “Clamaron los justos, y Jehovah los oyó; los libró de todas sus angustias. Cercano está Jehovah a los quebrantados de corazón; él salvará a los contritos de espíritu”.

En tercer lugar, nos dice el Evangelio que quería precederlos o adelantárseles, o sea ir delante de ellos. No solamente el Señor quería llegar adonde estaban sus discípulos sino quería ir delante de la embarcación para guiarlos y “abrir camino” en medio de las olas.

Pero una de las cosas en las que tenemos que insistir es que la razón por la cual Jesús camina sobre el mar es para poder estar físicamente presente con los discípulos. Es decir, él pudo haber utilizado algo sobrenatural como enviarles un ángel para decirles que no se preocuparan, que todo iba a estar bien, pero no lo hace así sino que quiere estar con ellos, precederlos y guiarlos.

Alguien se preguntará: “¿cómo es posible que un hombre pueda caminar sobre las olas del mar sin hundirse?”. Y la respuesta la tenemos en el libro de Job 9:8-10 donde leemos: “Por sí solo extiende los cielos y camina sobre las ondas del mar. Él hizo la Osa Mayor, el Orión, las Pléyades y las constelaciones del sur. Él hace cosas tan grandes que son inescrutables, y maravillas que no se pueden enumerar". El andar sobre las olas muestra una vez más que Jesucristo es Dios y que por lo tanto él no está sujeto a las leyes de la naturaleza. Como Creador, él mismo da esas leyes. Marcos 6:49 nos dice: "Pero cuando ellos vieron que él caminaba sobre el mar, pensaron que era un fantasma y clamaron a gritos". Me pregunto: "¿Cómo es posible que todos estuvieran de acuerdo en que era un fantasma si ninguno de ellos había visto jamás un fantasma?". Supongo que alguno empezó a ver algo sobre las olas: "¿Qué es eso?". Y otro respondió: "¡Parece que es un fantasma!". "¡Sí, es un fantasma!", confirmó otro; y así uno por uno se convencieron de que eso que veían era algo que nunca antes habían visto. ¡Qué triste cuando en nuestra vida muy a menudo no reconocemos la persona del Señor Jesús! Los discípulos pensaron que era algo sobrenatural, algo mágico, algo que no era real. Y muchos en el día de hoy piensan que Jesucristo es "un fantasma"; que él es el que no es. La Biblia nos enseña que él es el eterno Hijo de Dios. No es otro filósofo más de los muchos que caminaron sobre la tierra. Aunque enseñó como ningún otro antes ni después de él, es más que un maestro. Jesucristo no es un ser como nosotros que fuimos creados en el momento en que fuimos engendrados. Él estaba con su Padre Dios todopoderoso desde la eternidad infinita antes de venir a nacer en este mundo.

El problema originado, cuando interpretamos erróneamente la persona del Señor Jesús, es que se producen ciertas reacciones naturales. Un fantasma es algo que engendra miedo al ser humano. Jesucristo nunca quiso asustarnos. Por el contrario él dijo: "La paz os dejo, mi paz os doy. No como el mundo la da, yo os la doy. No se turbe vuestro corazón, ni tenga miedo" (Juan 14:27). El Señor Jesús se acerca a ellos en el momento de la dificultad y ellos no lo reconocen. Están confundidos y tienen miedo. El susto es tal que ellos gritan de pavor. Esta palabra "gritaron" es el mismo término que se emplea en Mateo 8:29 hablando del endemoniado gadareno, y da una sensación de crisis: "Y he aquí, ellos lanzaron gritos diciendo: '¿Qué tienes con nosotros, Hijo de Dios? ¿Has venido acá para atormentarnos antes de tiempo?'" (ver también Mat. 9:27).

La palabra "miedo" en griego es *phobos* de donde nosotros usamos palabras tales como claustrofobia o hidrofobia. Yo creo que hay dos clases de miedo: el positivo o bueno y el negativo o malo. Le llamo miedo malo a aquel que nos paraliza, que hace que no hagamos lo que debemos hacer por el temor a que las cosas no marchen bien. Ese es el miedo negativo que paraliza.

Pero tenemos también el miedo bueno o positivo. Es el temor que tratamos de inculcarles a nuestros hijos de no tocar algo caliente para que no se quemen. Hay algo que en las Escrituras es llamado el temor reverencial. Por eso en Proverbios 9:10 leemos: "El comienzo de la sabiduría es el temor de Jehovah, y el conocimiento del Santísimo es la inteligencia". Es el sentimiento de tener reverencia a Dios al darnos cuenta de lo infinito de su grandeza y lo impenetrable de su santidad. Mucho se ha perdido en el presente de la reverencia a las cosas divinas.

"¡No temáis!" (Mat. 14:27). En el Salmo 27:1 leemos: "Jehovah es mi luz y mi salvación; ¿de quién temeré? Jehovah es la fortaleza de mi vida; ¿de quién me he de atemorizar?".

A esta meditación la podíamos haber llamado muy bien "Las cuatro caras de Pedro". El aspecto del rostro de Pedro va a cambiar en forma sucesiva mientras tratamos de meditar en las palabras que siguen.

En el versículo 28 del capítulo 14 de Mateo leemos: "Entonces le respondió Pedro y dijo: 'Señor, si eres tú, manda que yo vaya a ti sobre las aguas'". Aquí vemos a nuestro amigo Pedro con toda su sencillez y al mismo tiempo con osadía. Es que sin duda Pedro había visto muchas veces ciertas aves reposar sobre las olas y subir y bajar con toda tranquilidad. Habrá pensado: "¡cómo me gustaría a mí poder hacer eso!". El Señor Jesús le da el permiso y el versículo 29 nos dice: "Y él dijo: 'Ven'. Pedro descendió de la barca y caminó sobre las aguas, y fue hacia Jesús". Una vez más notamos que Pedro es un hombre de valor y que puede hacer cosas que quizás algunos de los otros no se animan a hacer. En nuestra mente concebimos el rostro de Pedro mostrando una mezcla de emociones. Es que él sin duda tiene miedo, pero está entusiasmado por la perspectiva de caminar sobre el agua. Y cuando da los primeros pasos y ve que puede hacerlo, se pinta en su rostro la satisfacción como respondiendo con su arrojada actitud a los discípulos que dirían o pensarían: "¡Yo no lo haría! ¡Es una locura!". Pero Pedro también tiene el orgullo de aquel que puede hacer algo que los demás no pueden o no se animan a hacer. "¡Miren, miren bien que yo puedo caminar sobre el agua!". Ahora, los discípulos en la barca dicen: "¡Miren lo que está haciendo Pedro, es increíble! ¡Qué valor!". "¡Qué proeza!", exclama otro. Yo comparo a Pedro con un niño que está aprendiendo a caminar. Se ha levantado, da unos pocos pasos, se tambalea para todos lados, mira a su madre con orgullo y pocos segundos después está sentado de golpe en el suelo. ¡Qué espectáculo! Pedro está avanzando mirando a Jesús. Y sin duda Jesucristo lo mira y lo recompensa con una gran sonrisa, porque ese discípulo ha tenido la fe de hacer lo que la mayoría de nosotros no nos animaríamos a hacer.

Pero el relato bíblico nos dice en el versículo 30: "Pero al ver el viento fuerte, tuvo miedo y comenzó a hundirse. Entonces gritó, diciendo: '¡Señor, sálvame!'".

Ahora tenemos la segunda cara de Pedro que se caracteriza por miedo y pánico.

Observemos en primer lugar la mirada equivocada. Es la mirada que se dirige al peligro. La mirada hacia la dificultad aparta nuestros ojos del bendito Señor Jesús. Por eso las Escrituras nos dicen en Hebreos 12:2, 3: "puestos los ojos en Jesús, el autor y consumador de la fe; quien por el gozo que tenía delante de él sufrió la cruz, menospreciando el oprobio, y se ha sentado a la diestra del trono de Dios. Considerad, pues, al que soportó tanta hostilidad de pecadores contra sí mismo, para que no decaiga vuestro ánimo ni desmayéis". En Hebreos 11:27, hablando de Moisés, nos dice: "Por la fe abandonó Egipto, sin temer la ira del rey, porque se mantuvo como quien ve al Invisible". A menudo en nuestra vida miramos al viento fuerte. Es que el viento intenso hace mucho ruido y puede hacer mucho daño. Oremos para que el Señor nos ayude y en los momentos de dificultad no apartemos nuestros ojos de aquel que está sentado en el trono. Cuando leemos en Hechos 7:55 acerca de Esteban, vemos que él está en una situación crítica. Va a ser apedreado hasta la muerte. La Biblia nos dice: "Pero Esteban, lleno del Espíritu Santo y puestos los ojos en el cielo, vio la gloria de Dios, y a Jesús que estaba de pie a la diestra de Dios".

Volviendo a Pedro, ahora su cara ha cambiado. La sonrisa de orgullo se ha transformado en una boca que clama: "¡Señor, sálvame!". El entusiasmo de sus ojos ha desaparecido y vemos el miedo que está en su corazón. Si pudiéramos ver su rostro en la noche obscura veríamos que el terror lo ha empalidecido.

Pedro tuvo miedo; sin duda que estaba aterrorizado. La Escritura nos dice: "...y comenzó a hundirse". ¡Qué susto para Pedro! No sabemos si el agua le llegó a la rodilla o a la cintura pero se empezó a hundir. Pero ¡alabado sea el Señor por su fidelidad!, no se hundió del todo. Dios muchas veces nos permite estar en situaciones en que parece que nos estamos hundiendo. Uno de los versículos de las Escrituras que me ha ayudado mucho es 1 Corintios 10:13: "...pero fiel es Dios, quien no os dejará ser tentados más de lo que podéis soportar, sino que juntamente con la tentación dará la salida, para que la podáis resistir". Esta palabra "tentados" se puede también traducir "probados". Y Dios sabe exactamente cuánto podemos aguantar. Él no nos dejará soportar ni un kilo, ni un gramo más de peso que el que podemos resistir. Si vamos a comprar un hilo de nailon para pescar, ha sido estudiado exactamente cuánto puede resistir sin romperse. ¡Alabado sea Dios! Él sabe exactamente cuánto podemos resistir (ver también Sal. 69:1, 2; 124:4, 7).

Miremos ahora la tercera cara de Pedro. En Mateo 15:30 leemos: "¡Señor, sálvame!". Sin duda que Pedro sabía que el Señor Jesús tiene poder para sacarnos de las situaciones desesperantes. Él no dijo: ¡Jesús, sálvame!, sino que reconoce su dignidad y lo llama Señor. En el Salmo 34:7 leemos: "El ángel de Jehovah acampa en derredor de los que le temen, y los libra"; y este ángel nunca ha sido derrotado en una batalla ni ha perdido a quien tiene que guardar.

Mateo 14:31: "De inmediato Jesús extendió la mano, le sostuvo y le dijo: '¡Oh hombre de poca fe! ¿Por qué dudaste?'". ¡Qué escena tan indecible! Jesús de Nazaret, que está parado sobre el mar, extiende su mano rápidamente y levanta al que se está hundiendo. El viento tempestuoso ruge con todo su poder. Las olas suben y rompen con fuerza contra la embarcación. Algún discípulo exclama con horror: "¡Pobrecito, se va a ahogar!", y en medio de todo ese caos el Hijo de Dios está allí con toda calma, parado sobre el mar, y con su brazo potente sostiene a un hombre que acaba de rescatar de las aguas. Y aquí tenemos la tercera cara de Pedro que es muy difícil de describir. Es un rostro que tiene una expresión conmovedora; tiene la muestra del terror de aquel que está a punto de morir ahogado y tiene a su vez la mirada de agradecimiento de quien sabe que ha sido rescatado. Las Escrituras no nos dan detalle de cómo hizo Pedro para subir de nuevo al barco.

¡Qué imagen extraordinaria, simbólica del Señor Jesucristo el Salvador de los pecadores! Él es aquel que en el día de hoy está salvando con su mano poderosa a los que claman a él. Observen que la Palabra dice: "de inmediato", es decir, al instante Jesús le tomó a él. No lo dejó hasta que se quedara sin fuerzas y medio ahogado como hacen los salvavidas profesionales, sino que de inmediato le tomó a él. Ahora, el Señor Jesús le hace a Pedro una pregunta escudriñadora que por supuesto se aplica también para los discípulos en la barca y para nosotros también: "¡Oh hombre de poca fe! ¿Por qué dudaste?".

Me pregunto a mí mismo cuántas veces el Señor Jesucristo me habrá hecho esta pregunta. ¿Por qué dudaste? Yo creo que el Señor le está diciendo a Pedro que no era necesario dudar: "Yo no te puse en esta situación para que fracasaras; era posible hacerlo pero tenías que ejercitar tu fe". El rostro que hace unos segundos estaba emblanquecido por la palidez del miedo ahora se torna rojizo por la vergüenza que todos tenemos cuando alguien nos dice algo que sabemos que no hicimos bien. Para mí, este concepto es extraordinario; que el Señor pueda hacer que no seamos derrotados. Por eso el apóstol Pablo dice en Romanos 8:37: "Más bien, en todas estas cosas somos más que vencedores por medio de aquel que nos amó". Pero consideremos el significado de las palabras: "hombre de poca fe". En el griego es una palabra única de la misma manera que nosotros usamos en nuestro idioma el diminutivo para mostrar que el tamaño es menor. Así decimos un pancito cuando el pan es pequeño, o un arbolito indicando que el árbol es de poca altura. Cinco veces se usa en el Nuevo Testamento esta palabra (Mat. 6:28-30; ver también Mat. 8:23-26; 16:6-8).

Hemos visto hasta ahora tres de las caras de Pedro. Ahora nos toca ver la cuarta cara del Apóstol. Mateo 15:32, 33 nos dice: "Cuando ellos subieron a la barca, se calmó el viento. Entonces los que estaban en la barca le adoraron diciendo: '¡Verdaderamente eres Hijo de Dios!'". El relato nos dice que "ellos subieron a la barca"; y yo le he preguntado a muchas personas quién subió primero, y todos están de acuerdo en que Pedro subió primero, no por cortesía sino por el deseo de estar cuanto antes en lugar seguro.

Ahora Pedro está de regreso en la barca con el Señor y los otros discípulos. En el momento que pisan la embarcación el viento se calma y todo se tranquiliza. Las olas pierden su energía furiosa y el mar de Galilea se transforma en algo calmado y hermoso. Pero notemos las palabras del Evangelio: "Entonces los que estaban en la barca le adoraron..." (v. 33). El rostro de Pedro ahora ha cambiado. Probablemente, los discípulos muestran en la posición del cuerpo su actitud de espíritu. No sabemos si Pedro se arrodilla pero no nos cabe duda de que su corazón está puesto espiritualmente de rodillas y que de su espíritu surge la alabanza y gratitud a ese Salvador que ha sido tan real para él. El rostro cambiado de Pedro ahora es el rostro del adorador. El miedo ha desaparecido, y hay un aspecto distinto en su cara.

En las palabras de 2 Corintios 3:18: "Por tanto, todos nosotros, mirando a cara descubierta como en un espejo la gloria del Señor, somos transformados de gloria en gloria en la misma imagen, como por el Espíritu del Señor".

Hemos visto pasar la cara del apóstol por estas cuatro fases. La primera, la del orgullo por hacer algo que los otros no se animaban a hacer. La segunda, la del pánico cuando se da cuenta de que se está hundiendo. La tercera, la del agradecimiento cuando el Señor extiende su mano y lo sostiene. Y la cuarta, la de la adoración. ¡Cuántas veces en la vida de cada uno de nosotros nos damos cuenta de que hemos puesto esas cuatro caras!

Nos podemos preguntar: "¿Por qué lo adoraron?". Creo que lo hicieron porque se dieron cuenta de que era el Hijo de Dios. Ningún israelita adoraría a otro ser humano. Pero han visto en su habilidad de caminar sobre el mar y calmar el viento que él es Dios, y han visto que al sostener al discípulo en peligro, son una realidad las palabras del Salmo 46:1-3: "Dios es nuestro amparo y fortaleza, nuestro pronto auxilio en las tribulaciones. Por eso no temeremos aunque la tierra tiemble, aunque los montes se derrumben en el corazón del mar, aunque sus aguas rujan y echen espuma, y se estremezcan los montes por su braveza".

El Evangelio de Juan en el capítulo 6:21 nos da un detalle importante: "Entonces ellos quisieron recibirle en la barca, y de inmediato la barca llegó a la tierra a donde iban". Habiendo sufrido la prueba, el Señor Jesús los lleva enseguida al lugar a donde se dirigían. Yo me imagino la barca yendo a toda velocidad como si estuviera tirada por un motor de quinientos caballos de fuerza. Pero no era la fuerza humana, ni la fuerza de un motor la que lo impulsaba sino el poder de Dios.

Mateo 14:34 nos dice: "Cuando cruzaron a la otra orilla, llegaron a la tierra de Genesaret". Si alguien les hubiera preguntado: "¿Cómo les fue en la travesía? Nosotros desde aquí vimos que había una tormenta muy grande en el mar, el viento era terrible". Creo que Pedro les podría haber dicho como diríamos nosotros: "¿Se la hago corta o quiere la historia con todos los detalles?".

Temas para predicadores

- *El peligro del orgullo.*
- *El mirar las circunstancias en vez de al Señor.*
- *La importancia de la fe en la vida diaria.*
- *La compasión del Señor Jesús.*
- *La divinidad del Señor Jesús.*

6. La moneda en la boca del pez

Mateo 17:24-27

A veces nos preguntamos qué pasaría si las paredes pudieran hablar; ¡vaya a saber las cosas que dirían! Así también esta moneda; si pudiera contar su historia creo que sería muy interesante.

¿Cómo llegó esa moneda al pez? Sin duda que alguien la perdió. Normalmente en aquellos tiempos no se arrojaban monedas al mar. Quien la hubiese perdido nunca iba a imaginar que Dios tenía con ella un propósito muy especial. Lo que para esa persona era una pérdida, Dios podía usar para suplir una necesidad real. Seguramente que Dios podía de la nada crear una moneda, pero dado que sólo el gobierno puede acuñarlas, creemos que él utilizó una de circulación legal.

Algunos milagros fueron hechos en público, como las multiplicaciones de los panes y los peces, donde miles de personas fueron espectadores y protagonistas. Este milagro, por el contrario, sólo tiene dos protagonistas. Es interesante cuando las Escrituras, y especialmente el Nuevo Testamento, nos hablan sobre los peces. Fue un gran pez aquel que se tragó al profeta Jonás. Fue durante la pesca milagrosa que Pedro tuvo una percepción de la persona del Señor Jesús cuando exclamó: "¡Apártate de mí, Señor, porque soy hombre pecador!" (Luc. 5:8). Fue con panes y peces multiplicados que se alimentaron las multitudes. También fue una pesca milagrosa aquella que recogieron los discípulos tras toda una noche de fracaso, cuando él ya había resucitado.

Alguien ha notado que los milagros que no son de sanidad (para beneficio de los enfermos) son para beneficio de los discípulos.

Leemos entonces en Mateo 17:24, 25: "Cuando ellos llegaron a Capernaúm, fueron a Pedro los que cobraban el impuesto del templo y dijeron: '¿Vuestro maestro no paga el impuesto del templo?'. Él dijo: 'Sí...'". Nos preguntamos si esta respuesta de Pedro fue con conocimiento de causa. Sin duda aquel que fue obediente hasta la muerte de cruz siempre hizo lo correcto. No sabemos en qué se apoyó Pedro para asegurarles el pago del impuesto.

El versículo 25 sigue diciendo: "Al entrar en casa, Jesús le habló primero...". Matthew Henry, con su conocida agudeza espiritual, dice: "Los discípulos de Cristo nunca son atacados sin su conocimiento".

Pienso que a Pedro le preocuparía la incómoda situación. Se comprometió con los cobradores sin consultar con el Maestro y sin contar con el dinero necesario. ¿Qué le diría?

Admiramos en esta porción de la Escritura el atributo de la omnisciencia divina del Señor Jesús. En primer lugar, él sabía todo lo que le había acontecido a Pedro. En segundo lugar, conocía exactamente dónde yacía la moneda en el fondo del mar. En tercer lugar, envió un pez a tragársela y a dirigirse al sitio donde Pedro iba a pescarlo. En cuarto lugar, guía al pez hacia el anzuelo de Pedro para morderlo antes que otro pez.

Esta es la única vez que se usa un anzuelo para pescar en el Nuevo Testamento, dado que las demás pescas se hicieron siempre con red. El hecho de ser el primer pez que picaba, muestra claramente que no era nada producto del azar, sino de la providencia divina, de la que Jesús tenía pleno conocimiento y dominio.

Si Jesucristo sabe lo que está dentro de un pez, sin duda que también sabe cuanto está en lo profundo de nuestro corazón.

Atendamos a la pregunta que entonces le hace a Pedro: "¿Qué te parece, Simón? Los reyes de la tierra, ¿de quiénes cobran los tributos o los impuestos? ¿De sus hijos o de otros?" (Mat. 17:25).

Mucho se ha discutido en cuanto al tipo de impuesto al que se hace referencia aquí. El obispo Trench, en su excelente libro sobre los milagros, defiende la posición de que aquí no se refiere a un impuesto civil sino religioso, con el fin de mantener los gastos del templo. Este impuesto debía ser pagado por los hombres mayores de veinte años. Esta explicación cuadra perfectamente con el argumento que Jesús infiere: Él, como Hijo, no tendría por qué pagarlo. Esto no encajaría nunca con un impuesto civil, pues obviamente él no era hijo del César romano. En la actualidad los ciudadanos pagamos varios impuestos tal como el impuesto de ventas. En aquellos tiempos por supuesto que a ningún recaudador se le ocurriría irle a cobrar a los hijos de los reyes.

Pedro responde: "De los otros". Esta vez acierta. El Señor agrega: "Luego, los hijos están libres de obligación" (v. 26). Probablemente convenga dejar por ahora la discusión sobre el tipo del impuesto, para tratar de entender lo que Jesucristo quiere enseñarle a Pedro.

Algo que aquí resalta es que él no obtiene una moneda para cumplir con su parte, sino que en ella incluye el valor que le corresponde pagar a Pedro. "Los hijos están libres de obligación". Es como si dijera: "No sólo yo, sino que tú también estás exento". ¡Qué precioso! Pedro ha sido puesto por el Mesías en una relación muy especial en la familia de Dios: como hijo no tiene por qué pagar el impuesto.

Mateo 17:27 nos dice: "Pero, para que no los ofendamos, ve al mar, echa el anzuelo, y el primer pez que suba, tómalo. Cuando abras su boca, hallarás un estatero. Tómalo y dáselo a ellos por mí y por ti". Jamieson destaca que: "el Señor no dijo: 'Dale la moneda por nosotros dos. Él dijo: 'por mí y por ti'. De esta manera distingue al exento natural del discípulo no legalmente exento".

Si yo hubiera estado en el lugar de Pedro habría tenido la tentación de seguir pescando hasta hacerme una colección de monedas. Pero solamente el primer pez tenía la moneda.

Observen la razón por la que Jesucristo va a proceder a hacer el milagro. Es para no ofenderlos. Para no serles de tropiezo. ¡Qué provechoso es ver todos los detalles en el actuar de nuestro Señor! Él no quiere ser de tropiezo a esos cobradores públicos.

Pedro está en la casa y el Señor lo manda al mar; esa es la parte que le toca hacer. Hubiera sido más sencillo que la moneda hubiera aparecido súbitamente sobre la mesa de un modo sobrenatural. Pero Pedro tiene que ir al mar y seguir las precisas instrucciones que el Señor le da. Esta vez no protesta. Aunque el relato parece truncarse, la fe del lector del Evangelio no duda en el puntual cumplimiento de todos los pormenores posteriores de este episodio en la vida de nuestro Señor Jesucristo.

Temas para predicadores

- *La omnisciencia del Señor Jesucristo.*
- *La provisión de Dios en nuestras vidas.*
- *Jesucristo, Señor de la creación.*
- *La importancia de obedecer la Palabra de Dios.*

7. Jesús calma la tempestad

Mateo 8:18-27; Marcos 4:35-41; Lucas 8:22-25

En Mateo 8:19 leemos: "Entonces se le acercó un escriba y le dijo: 'Maestro, te seguiré a dondequiera que vayas'". Un rato después los discípulos iban a seguir al Señor Jesús y allí, en medio del lago, se iban a dar cuenta de que no siempre es fácil seguirlo. Parece fácil seguirlo por los caminos conocidos de Galilea cuando vamos de un camino que conocemos a una ciudad donde hemos estado antes. Pero cuando estamos en medio del mar, y las orillas están lejos, la profundidad es muy grande y la tormenta se desata ¡qué distinto es el panorama!

Mateo 8:20 dice: "Jesús le dijo: 'Las zorras tienen cuevas, y las aves del cielo tienen nidos, pero el Hijo del Hombre no tiene dónde recostar la cabeza'". ¡Qué bueno es para nosotros saber que tenemos un lugar donde recostar nuestra cabeza, para así recuperar las fuerzas después de llegar cansados a casa!; "...pero el Hijo del Hombre no tiene dónde recostar la cabeza". Pronto lo veremos allí dormido en el barco en el mar de Galilea.

Mateo 8:21: "Otro de sus discípulos le dijo: 'Señor, permíteme que primero vaya y entierre a mi padre'". El pedido parecería muy legítimo. Los expertos nos dicen que esto no significa que el padre había muerto ese día o el día anterior, sino que quería decir: "Déjame quedarme con mi padre hasta que él muera". "Pero Jesús le dijo: 'Sígueme y deja que los muertos entierren a sus muertos'" (v. 22).

Mateo 8:23: "Él entró en la barca, y sus discípulos le siguieron". El Evangelio de Marcos nos da más detalles en el capítulo 4:35, 36: "Aquel día, al anochecer, les dijo: 'Pasemos al otro lado'. Y después de despedir a la multitud, le recibieron en la barca, tal como estaba. Y había otras barcas con él". La noche había llegado y el Señor Jesús despidió a la multitud. Hablar a una multitud es algo difícil, pero despedir una multitud es todavía más difícil. Cuando llega el momento de la despedida hay muchos que se acercan con sus problemas y dificultades. Están los que piden por una circunstancia especial en la vida, hay los que están quebrantados y vienen con todos sus problemas.

Notemos que el Señor Jesús siempre despidió a las multitudes y nunca les dijo a los discípulos que lo hicieran ellos porque él estaba muy ocupado.

Lucas 8:22 nos dice: "Aconteció en uno de aquellos días, que él entró en una barca, y también sus discípulos. Y les dijo: 'Pasemos a la otra orilla del lago'. Y zarparon". Noten bien que la idea de cruzar el lago no fue de los discípulos sino del Señor Jesús, y no había ninguna razón, que sepamos, por la que esto debía hacerse. El Señor en su misericordia a veces nos informa de lo que va a hacer. En Juan 11:11 les dice a los discípulos: "Nuestro amigo Lázaro duerme, pero voy para despertarlo"; por supuesto, aquí se refiere al sueño de la muerte y a despertarlo en una resurrección corporal. Cuando el Señor Jesús va a instituir la Cena, la

Escritura nos dice que vinieron los discípulos a Jesús diciéndole: "¿Dónde quieres que vayamos y hagamos los preparativos para que comas la Pascua?"; él les dio instrucciones precisas al respecto. Es decir, a veces les daba explicaciones de lo que iba a hacer, y otras no. ¡Qué bueno es saber que en nuestra vida a veces no sabemos lo que va a suceder! No sabemos aun si tendremos fuerza para llegar al final del camino; pero el Señor es el mismo ayer, hoy y por los siglos y es el mismo que dice "Nunca te abandonaré ni jamás te desampararé" (Heb. 13:5).

Retomemos Mateo 8:23: "Él entró en la barca, y sus discípulos le siguieron". ¡Qué bueno es cuando seguimos al Maestro! A veces nos cuesta seguirlo en medio de las dificultades. ¿Adónde le siguieron los discípulos? Nada menos que a una tremenda tempestad, completamente inesperada y que puso en peligro sus vidas. Sin embargo, los discípulos estaban acostumbrados a seguir al Maestro.

En Mateo 4:19, 20 tenemos el seguir al Señor Jesús con el propósito de ser pescadores de hombres: "Y les dijo: 'Venid en pos de mí, y os haré pescadores de hombres'. Y de inmediato ellos dejaron sus redes y le siguieron". ¡Qué poder, qué cosa tan especial había en las palabras de Jesús de Nazaret, que podía decir una frase y los hombres dejándolo todo lo seguían! (ver también Mat. 9:9; 10:38; 16:24, 25;19:16-22; 19:27; Juan 10:27; 12:26; Apoc. 14:4, 5).

Vayamos a Mateo 8:24: "de repente se levantó una tempestad tan grande en el mar que las olas cubrían la barca, pero él dormía". Una tempestad absolutamente inusual; normalmente estas embarcaciones eran construidas como para resistir las eventuales tormentas de esa zona. Esta era una tormenta tremenda.

Yo le llamo a esta porción "el naufragio que no ocurrió, pero que desde el punto de vista humano estuvo demasiado cerca". ¡Qué bueno es saber que cuando el Señor Jesús está con nosotros en el barco de nuestra vida, no hay tormenta ni huracán, ni maremoto que pueda hacernos naufragar!

Consideremos ahora la intensidad de la tormenta. En Lucas 8:23 leemos: "Pero mientras ellos navegaban, él se durmió. Entonces se desencadenó una tempestad de viento en el lago, y ellos se anegaban y peligraban". Lo que al principio del viaje parecería algo sencillo y sin problemas se torna en una gran tempestad. Las olas empiezan a crecer y la barca se empieza a llenar de agua. Nos imaginamos a los discípulos quizás tratando de sacar el agua de la embarcación, pero todo parece inútil. La barca se empieza a hundir. Ahora nos preguntamos: ¿Fue esa tormenta algo que sucedió, diríamos, "por casualidad", o fue algo que Dios en su divina providencia permitió para que los discípulos aprendieran una lección importante? Yo creo que lo último es la respuesta. Como consecuencia de esto los discípulos van a adquirir un conocimiento del Señor Jesús con una profundidad nunca antes conocida.

La Palabra nos dice que Jesús está en la popa durmiendo sobre un cabezal. Esta es la única vez en el Nuevo Testamento que se nos dice que el Señor Jesús durmió. En Juan 4 se nos dice que estaba cansado del camino; que tuvo hambre en Mateo 4; que tuvo sed cuando le pidió de beber a la mujer samaritana. En Lucas 22:45, cuando se levantó de la oración y fue a sus discípulos los halló durmiendo a causa de la tristeza.

Como hemos sugerido antes, yo me pregunto si el hecho de que el Señor Jesús se durmió no fue el resultado de la falta de atención de sus discípulos, que por así decirlo, cada uno estaba preocupado en sus asuntos y le prestaron poca atención.

Volvamos a Lucas 8:23: "Pero mientras ellos navegaban, él se durmió. Entonces se desencadenó una tempestad de viento en el lago, y ellos se anegaban y peligraban". ¡Cuántas veces en nuestra vida peligramos y a veces ni nos damos cuenta! La palabra griega que aquí se traduce "peligramos" se traduce "arriesgarnos" en 1 Corintios 15:30, 31.

"Acercándose a él, le despertaron..." (Luc. 8:24). ¡Qué precioso es pensar que en esa barca en el mar de Galilea estaba durmiendo aquel que es el Creador de los cielos y de la tierra! Allí estaba descansando aquel de quien se nos dice en Colosenses 1:17, 19: "Él antecede a todas las cosas, y en él todas las cosas subsisten... por cuanto agradó al Padre que en él habitase toda plenitud" (ver Mat. 8:25; Heb. 4:15; Rom. 8:38, 39).

Vayamos a Mateo 8:26: "Y él les dijo: '¿Por qué estáis miedosos, hombres de poca fe?...'". Los corrige antes de hacer algo más. A veces la corrección viene antes que un milagro. A veces viene después. En el caso del muchacho endemoniado que los discípulos no pudieron curar, la Palabra nos dice que al llegar a la casa le preguntaron: "¿Por qué no pudimos echarlo fuera nosotros?" (Mar. 9:28). Noten que la pregunta es similar a: "¿por qué fracasamos?"; y no se la hicieron delante de toda la gente sino que esperaron hasta cuando estuvieran solos.

"¿Por qué estáis miedosos, hombres de poca fe?...". ¡Qué palabras que nos penetran hasta lo profundo de nuestro corazón! ¡Yo estoy con ustedes en el barco! ¿No sabéis que no hay tormenta que pueda hundir este barco? "Pero Maestro", diríamos nosotros, "el barco se está llenando de agua, las olas nos golpean con una fuerza brutal. Las tablas de la embarcación no pueden resistir estos martillazos titánicos". Pero la pregunta del Señor Jesús continúa: "¿Por qué estáis miedosos, hombres de poca fe?...". Entonces se levantó. Cuando una barca se está moviendo para todos lados, hacer esto no es algo fácil; pero el Señor Jesús se levantó y reprendió a los vientos y al mar, y se hizo grande bonanza. Para mí esto es muy especial. Hoy, mientras escribo estas líneas, estoy contemplando una tormenta en el mar. Las olas de tres o cuatro metros se levantan y con furia castigan a las rocas de la playa que con un aire estoico aguantan, sin quejarse, los latigazos de toneladas de agua que se esparcen luego sobre la orilla. Me imagino entonces la escena: las violentas olas que se han alzado quedan como paralizadas y en vez de golpear la embarcación ahora caen suavemente como si una parálisis instantánea las hubiera afectado. El viento que sopla con la fuerza de un huracán de pronto se detiene. Es que desde aquella pequeña barca Jesús de Nazaret ha dado la orden y se hace una gran bonanza. Pero notemos que el Señor Jesús reprendió al viento y al mar. Antes de eso reprendió a los discípulos. Ahora reprende a las fuerzas de la naturaleza.

En Job 38:8-10 leemos: "¿Quién contuvo mediante compuertas el mar, cuando irrumpiendo salió del vientre; cuando le puse las nubes por vestido y la oscuridad como pañal? Yo establecí sobre él un límite y le puse cerrojos y puertas" (ver también Sal. 65:7; 89:8, 9; 93:4; 107:23-25).

Y alguien nos diría en forma hipotética: "¿qué pasaría si las olas del mar no le obedecieran?".

La respuesta está en Isaías 50:2: "¿Por qué vine, y nadie apareció? ¿Por qué llamé, y nadie respondió? ¿Acaso es demasiado corto mi brazo que no pueda rescatar? ¿Acaso no hay en mí fuerzas para librar? He aquí que con mi reprensión haré que el mar se seque...". El Señor es tan grande que la naturaleza misma lo obedece en forma absoluta (ver también Apoc. 10:1, 2).

"Y se hizo grande bonanza" (Mat. 8:26). Lo que unos minutos antes era una tormenta brutal ha desaparecido. El silencio absoluto ha vuelto y el rostro de los discípulos ahora exhibe una sonrisa.

Versículo 27: "Los hombres se maravillaron...". Antes, durante la tormenta, tenían temor, ahora tenían otro tipo de temor al darse cuenta de que delante de ellos estaba alguien que podía hacer lo que ningún ser humano podría. Continúa el versículo: "...y decían: '¿Qué clase de hombre es éste, que hasta los vientos y el mar le obedecen?'".

El Señor Jesús tiene no sólo dominio sobre los vientos y el mar, también lo tiene sobre todos los seres angelicales. En Hebreos 1:6 leemos: "...Adórenle todos los ángeles de Dios". Él dijo: "¿O piensas que no puedo invocar a mi Padre y que él no me daría ahora mismo más de doce legiones de ángeles?" (Mat. 26:53). Tiene también dominio sobre la muerte y el Hades. En Apocalipsis 1:18 leemos: "Y tengo las llaves de la muerte y del Hades". En Filipenses 2:9, 10 leemos que: "...Dios lo exaltó hasta lo sumo y le otorgó el nombre que es sobre todo nombre; para que en el nombre de Jesús se doble toda rodilla de los que están en los cielos, en la tierra y debajo de la tierra;". Y podríamos continuar hablando de quién es él. Él es el unigénito del Padre; el eterno Dios, aquel en quien habita toda la plenitud de la divinidad corporalmente.

El viento y el mar le obedecen, en primer lugar, por ser el Creador. En Isaías 40 se nos habla de la grandeza de Dios: el Dios de Israel es incomparable. El versículo 12 nos dice: "¿Quién midió las aguas en el hueco de su mano y calculó la extensión de los cielos con su palmo? ¿Quién contuvo en una medida el polvo de la tierra, y pesó los montes con báscula y las colinas en balanza?". En el versículo 15 nos dice: "He aquí que las naciones son como una gota de agua que cae de un balde, y son estimados como una capa de polvo sobre la balanza. Él pesa las islas como si fuesen polvo menudo". En esta porción el Espíritu Santo usa en Isaías un lenguaje muy expresivo. Las naciones con todo su poderío son semejantes al polvo de una balanza, algo que no pesa nada, que no importa, que no hace cambiar el valor total de lo que se está pesando. Cuando Dios usa un antropomorfismo cuando tiene que medir los mares y los océanos no tiene ningún problema. Él es tan grande que le alcanza usar el hueco de su mano.

"¿Qué clase de hombre es éste, que hasta los vientos y el mar le obedecen?" (Mat. 8:27). ¿Quién puede con una sola palabra ejercer este poder tan extraordinario? Sin duda solamente Dios puede hacerlo; y Jesucristo es Dios manifestado en carne. Él no hizo el milagro para demostrar su poder o su divinidad sino para enseñarles a sus discípulos que él está con nosotros en las tempestades de la vida y que podemos confiar en él.

"Y sabemos que Dios hace que todas las cosas ayuden para bien a los que le aman, esto es, a los que son llamados conforme a su propósito" (Rom. 8:28).

Temas para predicadores

- *La autoridad de Jesucristo sobre las fuerzas de la naturaleza.*
- *Las tormentas en la vida.*
- *Cuando Jesucristo está "durmiendo".*
- *¿Qué hay de vuestra fe?*

8. La maldición de la higuera

Mateo 21:17-21; Marcos 11:12-24

Creo que hay tres aspectos de la persona del Señor Jesús que se destacan en esta porción.

En primer lugar, el hecho de que el Señor desaprobó la "hipocresía" de la higuera. Jesucristo no castigó a la higuera por no tener fruto sino porque su abundante follaje sugería que podría haberlo. En segundo lugar, esto nos habla del juicio de Dios que es severo a los que desprecian su palabra. En tercer lugar, cuando el Mesías nos va a enseñar una lección sobre la gravedad del castigo de Dios no lo hace sobre seres humanos sino sobre un elemento del reino vegetal. Es el único milagro de juicio y destrucción que el Señor Jesús hace, a diferencia de los profetas del Antiguo Testamento cuyos milagros de juicio eran comunes (por ejemplo, Moisés y las plagas de Egipto). ¿Cómo podemos explicar que aquel que dijo que no vino para destruir hiciera este tipo de milagro? La respuesta está en el beneficio positivo de la enseñanza; esta porción se justifica ampliamente por su resultado a través de los siglos: miles de personas han aprendido el significado de este episodio que se caracteriza por ser un milagro y una parábola al mismo tiempo.

En Marcos 11:11 leemos: "Entró Jesús en Jerusalén, en el templo, y habiendo mirado todo en derredor, como la hora ya era tarde, salió para Betania con los doce".

¡Qué interesante es ver el contraste entre estos dos lugares! Jerusalén es una ciudad grande y Betania es un pueblo pequeño. En la ciudad grande había enemigos y rechazo; en el pueblo pequeño Jesús de Nazaret tenía amigos, afecto y amor. Al verlo ir ahora a Betania, cuando atardecía, pensamos en su humanidad y la necesidad del descanso. Allí los discípulos lo acompañan de nuevo a ese pueblo donde hay gente deseosa de escuchar la palabra. El versículo 12 nos dice: "Al día siguiente, cuando salieron de Betania, tuvo hambre". Es interesante el hecho de que no se nos dice que los discípulos tuvieran hambre, lo que nos hace plantear la posibilidad que quizás ellos desayunaron, mientras que el Señor Jesús no lo hizo. Nos acordamos que era su costumbre irse a un lugar aparte a orar al Padre. Al verlo ir ahora a Betania, cuando atardecía, pensamos en su humanidad y la necesidad del descanso. Entonces la Escritura nos dice que tuvo hambre.

Para mí esto es inconcebible: que el hacedor de los cielos y de la tierra, el creador de las montañas, de los ríos, de los ganados y aquel por cuya intervención las cosechas se producen, tuvo hambre.

Observemos que el Señor Jesucristo nunca usó de sus facultades como Hijo de Dios para procurarse alimento. En Mateo 4:3, 4, durante la tentación en el desierto por Satanás, el Mesías tuvo hambre, y dirigiéndose a él el tentador le dijo: "Si eres Hijo de Dios, di que estas piedras se conviertan en pan". Pero él respondió y dijo: "Escrito está: No sólo de pan vivirá el hombre, sino de toda palabra que sale de la boca de Dios". En Juan 4:13, 14, al hablar con la mujer samaritana el Señor Jesús tenía sed, pero le pudo decir: "Todo el que bebe de esta agua volverá a tener sed. Pero cualquiera que beba del agua que yo le daré, nunca más tendrá sed, sino que el agua que yo le daré será en él una fuente de agua que salte para vida eterna".

Volvamos a Marcos 11:13: "Y viendo desde lejos una higuera que tenía hojas, se acercó para ver si hallara en ella algo. Cuando vino a ella, no encontró nada sino hojas, porque no era tiempo de higos".

Observemos la posición de la higuera: estaba en un lugar visible cerca del camino. Por así decirlo, no tenía dueño; cualquiera que pasara por allí podía tomar higos o disfrutar la frescura de su sombra.

Para mí es llamativo que él haya visto la higuera de lejos. No se nos dice si había otros árboles frutales. El hecho de que tenía hojas era una indicación de que se podía esperar frutos.

Esta porción de las Escrituras nos plantea varios interrogantes difíciles. Quizás la primera pregunta que nos hacemos es: ¿Antes de acercarse a la higuera, podría el Señor saber si había fruto? Creo que la respuesta es que aquel que es Dios manifestado en carne todo lo sabe. Alguien ha dicho que él podía haber elegido no usar sus atributos divinos en esta circunstancia especial. Así también en otras. La pregunta siguiente que nos hacemos es: ¿Por qué el Señor Jesús esperaba encontrar frutos si la Palabra dice que no era tiempo de higos? Se contestará más adelante. La tercera interrogación que nos hacemos es: ¿Por qué Jesús de Nazaret maldice una higuera? Un ser viviente del reino vegetal no tiene voluntad propia, y por lo tanto no es responsable.

Hace más de 30 años yo era estudiante de medicina en la ciudad de Montevideo y había un profesor a quien yo trataba de hablarle y explicarle que la Biblia era la Palabra de Dios. Me acuerdo cuando él me dijo que si fuese la Palabra de Dios, cómo podría tener tal tipo de historias, como la de la higuera, con las objeciones conocidas. Yo no tenía una buena respuesta en aquel momento; pero yo había adoptado la costumbre de que en vez de responder a una pregunta difícil improvisando la mejor respuesta que pudiera, le pedía a la persona un poco de tiempo para estudiar mejor el punto. A la semana siguiente tenía pronta mi contestación. En un libro muy viejo y en bastante mal estado, que nunca olvidaré mientras viva, hallé un comentario del obispo Trench de Inglaterra, en su libro sobre los milagros. Él dice algo así: "Muchos milagros de destrucción hicieron los profetas del Antiguo Testamento. Elías pidió que descendiera fuego del cielo que consumió al atrevido capitán y a los cincuenta soldados que venían a llevarlo preso. Pero en gran contraste, el Señor Jesús, el Hijo de Dios que 'vino a buscar y a salvar lo que se había perdido' hizo sólo un milagro de destrucción, y esto no sobre un grupo de seres humanos sino con un árbol" (ver 2 Rey. 1:10-12; 2:23).

Nosotros nos alarmamos cuando vemos una situación como ésta, y nos preguntamos si acaso el profeta no habrá sido demasiado severo. Pero nos olvidamos de que Dios también estaba defendiendo a su siervo, que sin duda tendría su vida en grave peligro en esa situación.

En Lucas 9:52-54 leemos: "Envió mensajeros delante de sí, los cuales fueron y entraron en una aldea de los samaritanos para hacerle preparativos, pero no le recibieron porque vieron en su cara que iba a Jerusalén. Al ver esto sus discípulos Jacobo y Juan, le dijeron: 'Señor, ¿quieres que mandemos que descienda fuego del cielo y los consuma?'". Ellos tenían una buena razón; al menos así lo pensaban. Incluso podían mostrar algún pasaje de las Escrituras para justificar lo que querían hacer; pero el Señor "...se dio vuelta y los reprendió, y se fueron a otra aldea" (vv. 55, 56).

Volviendo a Marcos 11:14: "Entonces Jesús dijo a la higuera: '¡Nunca jamás coma nadie de tu fruto!'. Y lo oyeron sus discípulos".

La función de la higuera es dar frutos para que los hombres puedan alimentarse y ser bendecidos así físicamente. También provee de sombra.

Ahora nos preguntamos: ¿Cuál es la función y el objetivo de mi vida? A veces nosotros nos llevamos una desilusión cuando esperamos algo de alguien y no lo obtenemos. Dado que el Señor Jesús todo lo sabe, no puede llevarse una desilusión en la forma que nosotros lo hacemos. Pero Dios en su palabra usa este término para expresar algo que nosotros podamos entender.

Parecería, y digo parecería solamente, que el Señor Jesucristo se llevó un desencanto (y uso este término de nuevo con las limitaciones que tiene para poder entender el concepto cuando no encontró lo que esperaba en esa higuera). Siendo el Hijo de Dios, la Biblia nos dice una y otra vez que él no necesitaba que alguien le dijera algo, porque él sabía lo que está en el corazón del hombre. Por supuesto que siendo Dios manifestado en carne todo lo sabía y no hay cosa que se escapa de su conocimiento. Sin embargo, hay varias situaciones en las que vemos que el Mesías actúa de una manera como esperando una actitud o un comportamiento distinto. A veces, cuando éramos niños, la maestra nos decía: "Pero ya deberías saber esto, porque lo expliqué varias veces". A todos nos ha pasado que debíamos saber algo que se nos había enseñado y de alguna manera no lo aprendimos.

La tercera vez que el Señor no encontró "lo que esperaba" es cuando elige a tres discípulos para ir con él al huerto de Getsemaní; allí está orando con su Padre y dice la frase tan especial: "Padre mío, de ser posible, pase de mí esta copa. Pero, no sea como yo quiero, sino como tú" (Mat. 26:39). ¿Y qué sucede con los tres discípulos? Se han dormido y el Señor les dice: "¿Por qué dormís? Levantaos y orad, para que no entréis en tentación" (Luc. 22:46; ver también Mat. 4:17; 19:14; Mar. 9:25; Jer. 4:19).

Volvamos después de esta consideración a la historia de la higuera que se secó. El versículo 13 de Marcos 11 nos dice: "Y viendo desde lejos una higuera que tenía hojas, se acercó para ver si hallara en ella algo. Cuando vino a ella, no encontró nada sino hojas, porque no era tiempo de higos". Las Escrituras nos dicen que el Mesías vio la higuera de lejos y se acercó.

Una gran discusión se ha hecho a través de los siglos acerca de si Jesucristo al acercarse sabía o no si había fruto en la higuera.

Antes de seguir, nos preguntamos si los discípulos sabían si podría haber fruto en la higuera. Todos nosotros que vivimos en zonas con distintas estaciones sabemos que hay frutas de invierno, otras de verano. A nadie se le ocurriría buscar una fruta de verano en pleno invierno. Es decir, que los discípulos probablemente no se quedaron sorprendidos de que no hubiera fruto, dado que después de todo "no era tiempo de higos".

Notemos que la higuera tenía hojas. Todo indicaba que podía haber algo de fruto, si no mucho, a lo menos algo. Ahora queremos recalcar que no es que el Señor Jesús actuó de una manera irracional enojándose con un árbol porque no tenía lo que no podía tener. Su aparente enojo tiene un significado simbólico o figurativo tremendo. Si Jesús de Nazaret no hubiera reaccionado de la manera que lo hizo no sería el Hijo del eterno Dios. La higuera aparentaba que tenía algo que en realidad no tenía, y esto es lo que el Señor Jesús le quiere enseñar a sus discípulos, que tenemos que ser honestos y que Dios aborrece la hipocresía.

En el Salmo 15:1 encontramos estas preguntas: "Oh Jehovah, ¿quién habitará en tu tabernáculo? ¿Quién residirá en tu santo monte?". Escudriñemos con reverencia la respuesta: "El que anda en integridad y hace justicia, el que habla verdad en su corazón, el que no calumnia con su lengua, ni hace mal a su prójimo, ni hace agravio a su vecino; aquel ante cuyos ojos es menospreciado el vil, pero que honra a los que temen a Jehovah..." (vv. 2-4).

Yo me imagino la conversación entre los discípulos: "¡Parece que el Maestro se enojó mucho!". "Muy pocas veces lo hemos visto enojado". "Nos acordamos cuando echó del templo a los vendedores y a los cambiadores de moneda". "En ese caso tenía razón, pero ¿qué culpa tiene ahora la pobre higuera?".

Leamos nuevamente el versículo 14: "Entonces Jesús dijo a la higuera: '¡Nunca jamás coma nadie de tu fruto!' Y lo oyeron sus discípulos". En esta frase tan corta hay tres palabras distintas que indican el castigo: *nunca*, *nadie* y *jamás*.

Llegan a Jerusalén y los discípulos quizás se olvidan del resto de la situación. En el versículo 15 leemos lo que recién suponíamos estaba en el comentario de los discípulos, o sea, la actitud del Señor en el templo enfrentando a los negociantes.

Los versículo 19, 20 nos relatan sobre la salida de Jesús y sus discípulos de la ciudad por la noche, y cómo al pasar por la mañana vieron que la higuera se había secado desde las raíces. Observemos que esto no es lo común. En general lo que vemos es que un árbol se empieza a secar por las hojas y después las ramas. A veces se seca la mitad del árbol. Pero, ¿cómo podríamos explicar hoy, científicamente, lo que los discípulos vieron? Hoy podríamos decir que ese árbol fue sometido a una intensidad tremenda de energía física que lo hizo secarse en menos de 24 horas y aparecer como si hubiera estado seco desde hacía mucho tiempo. ¿Qué clase de energía podría hacer algo así? Es cierto que energía de tipo radioactivo a grandes dosis podría secar una higuera. Otro tipo de energía, como los rayos láser concentrados en un punto, seguramente podría hacer lo mismo. Es como si una enorme cantidad de energía hubiera sido liberada en ese lugar. Pero no sabemos cómo lo hizo Jesucristo; lo que sí sabemos es que lo hizo.

Una vez más queremos enfatizar la gracia del Señor Jesucristo. Él aborrece la hipocresía y la falsa apariencia. Él ha usado esta higuera para enseñarnos este principio tan importante. Dios estima y exige la honestidad.

Marcos 11:20: "Por la mañana, pasando por allí vieron que la higuera se había secado desde las raíces". Yo he visto un árbol quedar sin hojas de un día al otro por causa de las hormigas; pero nunca he visto un árbol secarse completamente en un día. El versículo 21 nos dice: "Entonces Pedro, acordándose, le dijo: 'Rabí, he aquí la higuera que maldijiste se ha secado'". Pedro le está diciendo algo así como: "Maestro, tenías razón; lo que dijiste que iba a pasar, pasó". Por supuesto que todo lo que el Señor dice se cumple o se va a cumplir. Él dijo: "El cielo y la tierra pasarán, pero mis palabras no pasarán" (Mat. 24:35).

El relato se completa en los versículos que siguen: "Respondiendo Jesús les dijo: "Tened fe en Dios. De cierto os digo que cualquiera que diga a este monte: 'Quítate y arrójate al mar', y que no dude en su corazón, sino que crea que será hecho lo que dice, le será hecho'".

Ellos estaban sorprendidos de que el Señor hubiera podido secar un árbol; ahora aquí el Mesías les dice que se pueden mover montañas. Cuando era joven me intrigaba mucho este versículo. ¿Será posible que pueda mover una montaña? Y por supuesto mi explicación era que esto es algo simbólico, quizás una montaña de dificultades. Ahora creo que el Señor Jesús se refiere a una montaña literal, porque lo que él hizo fue secar un árbol real, aunque fuera para enseñar una lección espiritual. Para que Dios nos permita mover una montaña, necesitamos un lugar adecuado para poner la montaña sin causar una catástrofe. Por favor, ¡no la pongamos sobre la ciudad de México o Buenos Aires ni Caracas! En segundo lugar, las personas que viven en esa montaña podrían estar orando que permanezca la montaña donde está, y aun podría haber más personas que yo orando para que la montaña no se moviera. Y por último, y quizás el argumento más importante, es que cada montaña está en el lugar que Dios la colocó. Este mundo fue hecho por el Señor Jesús. Todo fue creado por él y para él como lo expresa Colosenses 1:16. ¿Y quién soy yo para determinar que una montaña que Dios colocó en tal lugar quedaría mejor en otro? ¿Podría la hormiga que está en mi jardín, de poder expresarse, decirme que no le gusta el árbol que yo planté al lado de la casa?

Temas para predicadores

- *Historia de dos ciudades, Jerusalén y Betania.*
- *El juicio y la condenación sobre la hipocresía.*
- *La higuera que se secó.*
- *El juicio de Dios.*

9. La segunda pesca milagrosa

Juan 21:1-13

A veces decimos que "si las paredes pudieran hablar, lo que dirían". Pero en este capítulo creo que si los pescados pudieran hablar nos narrarían que esa noche había una zona alrededor de una barca a la cual no se podían acercar. Es que había como una fuerza increíble que impedía que se acercaran. Pero lo más interesante sucedió cuando empezó a amanecer. Ahora sí podían acercase a la embarcación pero solamente al lado derecho. Pero vayamos al texto bíblico. En Juan 21:1 leemos: "Después de esto, Jesús se manifestó otra vez a sus discípulos en el mar de Tiberias. Se manifestó de esta manera". Me agradan estas palabras: "se manifestó de esta manera". No solamente les va a dar a los discípulos una nueva lección sino que le da a Pedro una enseñanza muy personal. El versículo siguiente nos dice: "Estaban juntos Simón Pedro, Tomás llamado Dídimo, Natanael que era de Caná de Galilea, los hijos de Zebedeo y otros dos de sus discípulos". Pienso en este grupo de personas tan distintas como una pequeña orquesta, no de instrumentos musicales sino de caracteres psicológicos tan distintos.

Allí está el impulsivo, dinámico y activo Pedro. Allí está también Tomás, aquel que tiene la tendencia a dudar y que necesita muchas evidencias para creer. En contraste estaba también Natanael el "verdadero israelita" que escuchó estas palabras del Señor junto con otros discípulos: "De cierto, de cierto os digo que veréis el cielo abierto y a los ángeles de Dios que suben y descienden sobre el Hijo del Hombre" (Juan 1:51). Estaban también los hijos de Zebedeo (Jacobo y Juan) que tenían una tendencia a reaccionar vigorosamente y en una ocasión estaban tan indignados que querían que bajara fuego del cielo para destruir a los samaritanos que no los recibieron (Luc. 9:54).

El versículo 3 dice: "Simón Pedro les dijo: 'Voy a pescar'. Le dijeron: 'Vamos nosotros también contigo'. Salieron y entraron en la barca, pero aquella noche no consiguieron nada".

Creo que esta frase "voy a pescar" tiene en esta situación un tono de tristeza. Por supuesto que no tiene nada de malo ir a pescar. Pero para Pedro y los que habían sido pescadores era como volver a la vida de antes, y como que esos tres años y medio con el Maestro habían pasado al gran museo de los recuerdos. Es que esos años con el Mesías recorriendo las aldeas y ciudades de Judea habían sido tan maravillosos. Los días eran a veces agotadores. Los enfermos que se amontonaban; las multitudes que había que atender. ¡Pero cómo olvidarse de esos milagros que habían visto con sus propios ojos! Y en esta frase tan corta "voy a pescar" es como si dijera, todo el pasado ha quedado atrás. La experiencia inolvidable de haber escuchado esas palabras maravillosas que salían de los labios del Maestro cuando al final del día les hablaba esas verdades eternas de una manera que nunca antes habían escuchado. No podemos dejar de pensar que se habrá acordado cuando al principio de su ministerio Jesucristo le dijo: "Boga mar adentro, y echad vuestras redes para pescar" (Luc. 5:4).

Yo me imagino la conversación en la embarcación como se diría en el Río de la Plata: "¡Qué mala suerte tenemos, hoy no se pesca nada! Es que el viento sopla para el otro lado". Quizás alguno de los pescadores de tanta experiencia dijo: "es la primera vez en mi vida que me pasa esto".

Todos hemos estado en nuestra vida navegando en ese barco de la frustración cuando durante toda una noche o un largo tiempo no hemos visto más que el fracaso.

El principio espiritual que aquí vemos es muy importante. Dios utiliza el fracaso de la noche para contrastarlo con el éxito del milagro del amanecer. ¡Qué preciosas son a nuestra alma las palabras del Salmo 126:2, 5, 6!: "Entonces nuestra boca se llenó de risa; y nuestra lengua, de cantos de alegría. Entonces decían entre las naciones: 'Grandes cosas ha hecho Jehovah con éstos...'. Los que siembran con lágrimas, con regocijo segarán. El que va llorando, llevando la bolsa de semilla, volverá con regocijo, trayendo sus gavillas".

Hay momentos en nuestra vida en que parecería que no se pesca nada. Todo parece ser pruebas y dificultades. El apóstol Pablo nos dice en Hechos 20:31: "Por tanto, velad, acordándoos que por tres años, de noche y de día, no cesé de amonestar con lágrimas a cada uno. Y ahora, hermanos, os encomiendo a Dios y a la palabra de su gracia, a aquel que tiene poder para edificar y para dar herencia entre todos los santificados".

Reiteramos las palabras de Juan 21:3: "...aquella noche no consiguieron nada". Unos se miraban a los otros. Las horas pasaban y la respuesta a la pregunta que no se formulaba era: "no hay nada". Dios no quiere que el creyente viva una existencia de derrota. Leamos del apóstol Pablo nuevamente en Filipenses 4:13: "¡Todo lo puedo en Cristo que me fortalece!". Pablo supo vivir tranquilamente en la abundancia como en la necesidad.

Juan 21:4 nos dice: "Al amanecer, Jesús se presentó en la playa, aunque los discípulos no se daban cuenta de que era Jesús". ¡Qué difícil es reconocer a Jesús después de una noche de dificultad, de tristeza o de fracaso! Me imagino que esa mañana los colores de la aurora comenzaban a aparecer. Dado que el mar de Galilea está rodeado de montañas lleva más tiempo antes que el sol se pueda ver.

Estas palabras: "al amanecer" para mí son muy especiales. Traen a mi corazón Proverbios 4:18: "Pero la senda de los justos es como la luz de la aurora que va en aumento hasta que es pleno día". Observemos con qué tacto y delicadeza Jesucristo entra en la conversación. Ahora les va a hacer una pregunta cuya respuesta él sabe, pero necesita que ellos la confiesen. En el silencio de la mañana viene esa voz que dice: "'Hijitos, ¿no tenéis nada de comer?' Le contestaron: 'No'" (v. 5). Esta interrogación me ha conmovido muchas veces el corazón. ¿Tenéis algo de comer? Es que yo creo que la iglesia local tiene que ser un lugar donde el creyente sea alimentando por el ministerio de las Escrituras. Qué triste es ver que en algunas congregaciones hoy en día hay todo tipo de programas pero falta "algo de comer". Y todos nosotros necesitamos el ministerio de la Palabra guiado por el Espíritu Santo.

El versículo 6 nos dice: "Él les dijo: 'Echad la red al lado derecho de la barca, y hallaréis'. La echaron, pues, y ya no podían sacarla por la gran cantidad de peces".

Yo me imagino la escena. Desde el barco los discípulos ven a un hombre en la playa, que no reconocen por la poca luz de la mañana. Pero es interesante pensar, en la otra perspectiva, qué es lo que Jesucristo vio desde la orilla hacia el mar. Allí había una barca con siete hombres, cansados por la falta de sueño, con caras entristecidas por el fracaso. Los discípulos obedecen la sugerencia. El Evangelio nos dice que: "La echaron, pues, y ya no podían sacarla por la gran cantidad de peces" (Juan 21:6). Observemos que el Señor Jesús sabía exactamente dónde estaban los peces, no porque como el incrédulo sugiere estaba en una posición alta y los podía ver, sino porque él sabía que los peces que durante toda la noche se habían mantenido alejados de la embarcación ahora se acercaban al lado derecho de la misma.

Yo veo aquí la omnisciencia del Señor Jesús. Él lo sabe todo. Él lo domina todo. La noche anterior no pescaron nada pero ahora él los iba a bendecir de una manera extraordinaria.

Si yo estuviera enseñando una clase para niños les diría que los peces que nadaban del lado derecho de la barca en vano tratarían de pasar al lado izquierdo. Es como si en el agua hubiera una barrera invisible e impenetrable que no les permitiera pasar para el otro lado.

"Entonces aquel discípulo a quien Jesús amaba dijo a Pedro: '¡Es el Señor!'. Cuando Simón Pedro oyó que era el Señor, se ciñó el manto, pues se lo había quitado, y se tiró al mar" (v. 7). Nosotros normalmente nos quitamos la ropa y nos quedamos con nuestra prenda de baño cuando nos zambullimos en el agua. Pedro hizo exactamente lo inverso. Es decir, en la embarcación estaba con poca ropa y era tal el respeto y la reverencia que él tenía hacia el Señor Jesús, que se puso la ropa encima de la que ya tenía puesta y se sumergió en el agua para llegar lo más pronto posible a la orilla. Pero la historia no termina allí, el versículo 9 nos dice: "Cuando bajaron a tierra, vieron brasas puestas, con pescado encima, y pan". Es en el último capítulo de Juan donde vemos a Jesús de Nazaret preparar una comida. Había brasas que por supuesto el Señor utilizó para cocer el pez. Sin duda esto proveía también calor. Había un pez representando lo que nos otorga el mar y había pan simbolizando lo que nos da la tierra.

En el versículo 10 leemos: "Jesús les dijo: 'Traed de los pescados que ahora habéis pescado'". Observemos con cuanta delicadeza el Señor les dice: "de los pescados que habéis pescado". Me hace pensar en la satisfacción de un niño cuando logra su primera pesca. Se siente tan orgulloso de lo que ha hecho.

El versículo 11 nos dice: "Entonces Simón Pedro subió y sacó a tierra la red llena de grandes pescados, 153 de ellos; y aunque eran tantos, la red no se rompió". Muchos han tratado de encontrarle un simbolismo a ese número. Pero notemos que son pescados de gran tamaño.

El doctor L. Locyer, en su buen libro sobre los milagros, nos dice: "La comida que el Señor mismo preparó y dispensó sobre la playa es sin duda un símbolo del gran festival en los cielos que él está preparando para los suyos. Esa playa en el lago es una imagen evocadora del tiempo cuando después de su venida por sus siervos que están cansados, él los hará sentar a comer y les servirá".

Notemos en resumen los hechos especiales en este milagro:

1) El Señor en su providencia actúa para que no exista pesca durante la noche.

2) El Señor procede para que no existan peces en el lado izquierdo de la embarcación.

3) El Señor hace que exista una gran concentración de peces grandes del lado derecho.

4) El Señor sabe todo lo que ha transcurrido durante la noche y la falta de comida.

5) La red no se rompió a pesar de la gran cantidad de pescados grandes.

6) Ciento cincuenta y tres grandes pescados. Estadísticamente en una pesca con red se obtienen pescados grandes, medianos y pequeños. Cualquiera que ha ido a pescar con red sabe que la gran mayoría de lo que se obtiene son pescados pequeños que muchas veces los pescadores devuelven al mar. Aquí no hay ningún pescado pequeño. Todos son grandes. La probabilidad estadística que no haya un sólo pescado pequeño es infinitamente pequeña.

Vemos en esta porción de las Escrituras al Señor Jesucristo invitando a sus discípulos a tener un tiempo de comunión con él. Después de que se han alimentado, una conversación se desarrolla con el discípulo que negó al Maestro y, como resultado de esa plática, Pedro es restaurado.

Temas para predicadores

- *El Señor Jesús nos ve en nuestras dificultades y durante la noche del fracaso.*
- *El Señor Jesucristo prepara una comida y tiene comunión con sus discípulos.*
- *La omnisciencia del Señor Jesús. (Él sabía que no tenían comida, dónde estaba la pesca, y cuántos pescados exactamente había).*

Capítulo IV

PODER SOBRE LAS ENFERMEDADES

1. La mujer que sufrió de los médicos

Mateo: 9:20-22; Marcos 5:25-34; Lucas 8:43-48

Aquel día parecía uno de esos en que muchas cosas suceden y que desde temprano sabemos que va a ser una jornada difícil. Tan pronto como el milagro de la curación del endemoniado gadareno se produjo, volvieron a la otra orilla del mar de Galilea y nos dice Lucas (8:41) que una emergencia se presentó: "Y he aquí vino un hombre llamado Jairo, que era principal de la sinagoga. Se postró a los pies de Jesús y le imploró que fuese a su casa, porque tenía una hija única, de unos doce años, que se estaba muriendo...".

El Señor Jesús se dirige a la casa de Jairo en una situación que en el día de hoy en muchos lugares constituiría una verdadera emergencia. En el camino aparece una interrupción.

A la mayoría de nosotros nos desagradan mucho las interrupciones, cuando pensamos hacer esto y aquello otro, y algo sucede y no lo podemos hacer. Pero el Señor Jesucristo no se quejó nunca de los cambios en los planes hechos por personas en necesidad.

El versículo 43 pinta a esta mujer con breves pincelazos que sin embargo nos dan una idea muy clara de la situación: "Y una mujer, que padecía de hemorragia desde hacía doce años (la cual, aunque había gastado todo su patrimonio en médicos, no pudo ser sanada por nadie)".

Marcos 5:25-27 nos da más detalles: "Había una mujer que sufría de hemorragia desde hacía doce años. Había sufrido mucho de muchos médicos y había gastado todo lo que tenía, y de nada le había aprovechado; más bien, iba de mal en peor. Cuando oyó hablar de Jesús, vino por detrás de él entre la multitud y tocó su manto". Aquí se nos muestra de una manera corta y gráfica la situación de esta mujer.

Miremos en primer lugar la duración de la enfermedad: doce años. La hija de Jairo tenía doce años cuando se enfermó, y esta mujer hacía doce años que estaba sufriendo de este padecimiento. ¡Qué consolador es para nosotros saber que Dios conoce cuánto podemos soportar! Por eso en 1 Corintios 10:13 leemos: "...pero fiel es Dios, quien no os dejará ser tentados más de lo que podéis soportar, sino que juntamente con la tentación [o la prueba] dará la salida, para que la podáis resistir".

Notemos que "había sufrido mucho de muchos médicos". Había probado tratamientos que le fueron penosos. Cada médico que la había visto le había recetado terapias y medicaciones que no solamente resultaron inefectivos, sino que también le fueron muy dolorosos. Qué importante en el día de hoy es para los médicos, psicólogos, consejeros y toda clase de personas que trabajan en áreas de la salud, que los procedimientos que se sugieran sean realmente buenos y que seamos honestos con los pacientes en cuanto a cuáles son los beneficios y efectos secundarios que pueden tener. No me cabe duda de que los médicos hicieron lo que ellos creían que era lo mejor y fueron honestos; sin embargo, el resultado fue sufrimiento con relación al tratamiento y falta absoluta de mejoría o alivio.

En segundo lugar, vemos que había gastado todo lo que tenía. Por lo visto, al comienzo de su enfermedad tenía ciertas posesiones que gastó buscando inútilmente recuperar su salud.

Pero hay algo más: se nos dice que "de nada le había aprovechado". A veces, alguien sigue un tratamiento médico que si bien no lo cura completamente le proporciona alguna mejoría. Pero esta mujer no había recibido nada de beneficio. Me hace recordar las palabras en Jeremías 2:13: "Porque dos males ha hecho mi pueblo: Me han abandonado a mí, que soy fuente de aguas vivas, y han cavado para sí cisternas, cisternas rotas que no retienen el agua".

La última frase de la mujer nos muestra su triste situación. Ahora está peor. Sin duda que el sangrado era muy lento pero con doce años de enfermedad seguramente ya tenía una anemia muy severa. Como resultado de esto tenemos aquí una mujer de aspecto muy pálido; su rostro es blanco como el papel. Se queja de falta de fuerzas y de debilidad extrema, con muy poca actividad. Por cierto, el trasladarse hasta donde estaba el Señor Jesús de por sí le tuvo que haber demandado un gran esfuerzo físico.

Miremos Marcos 5:27, 28: "Cuando oyó hablar de Jesús, vino por detrás de él entre la multitud y tocó su manto, porque ella pensaba: 'Si sólo toco su manto, seré sanada'".

Observemos el detalle que la Escritura nos dice: que "oyó hablar de Jesús". Alguien dijo algo bueno y positivo sobre la persona de Jesús de Nazaret. ¡Qué privilegio para nosotros el poder hacer lo mismo! El poder decir algo sobre aquel que es nuestro Señor y Salvador. Ella decide que debe ir donde está Jesús, y como su condición médica es algo privado que en aquellos tiempos nadie hablaría en público en una multitud de hombres y mujeres, ella decide ir por detrás para que nadie la vea. La mujer enferma se acercó al Señor Jesús por las espaldas y sintió el poder que la sanó. La multitud que apretaba a Jesús con curiosidad, pero sin fe, no sintió nada.

A veces me imagino a esta mujer moviéndose primero, acercándose a la multitud por detrás y luego moviéndose y abriéndose paso. Me hago la idea como que hubiera una cámara de televisión filmando y como se hace en los noticieros alguien nos marcará a esa persona que se está moviendo entre las otras. No lo hace con ningún propósito delictivo. Ella cree que nadie la puede ver ¡y qué equivocada está! ¡Cuán imposible es para nosotros ocultarnos de la presencia de Dios!

En el Salmo 139 tenemos a David que parece que trata de escaparse completamente de ese Dios que lo está observando en todo lo que hace, y eso le molesta. Es esa presencia de Dios delante de quien están expuestos todos nuestros pensamientos y acciones la que hace a David exclamar en el versículo 2: "Tú conoces cuando me siento y cuando me levanto; desde lejos entiendes mi pensamiento" (ver también Sal. 139:7, 8-10).

Pero volvamos a la historia en el Evangelio de Marcos capítulo 5; el versículo 28 nos enseña: "porque ella pensaba: 'Si sólo toco su manto, seré sanada'". De alguna manera esta mujer tenía fe de que si tocaba el vestido del Señor Jesús su problema estaría solucionado.

Ella, desde el punto de vista de la religión estaba legalmente impura debido al flujo de sangre. Es decir, que no podía tocar a otra persona sin contaminarla. Esto está explicado en Levítico 15:25. Creo que este hecho, junto con el deseo de que nadie la notara, y pasar desapercibida, eran las dos grandes razones para que fuera por atrás. Ella tenía, como muchas personas, un concepto incorrecto sobre la persona de Jesucristo. Ella creía que sus vestidos, por así decirlo, tenían un poder especial, quizás de tipo mágico, y por supuesto que el Señor Jesús en su misericordia le permitió acercarse y le otorgó la curación.

Para mí es muy especial el hecho de que esta mujer haya hecho por lo menos tres cosas incorrectas y, sin embargo, el Señor la curó a pesar de eso. En primer lugar, el hecho de acercarse por atrás, como para que él no se diera cuenta. En segundo lugar, el hecho de que ella pensaba que en los vestidos del Mesías había un poder especial. El poder no está en sus vestidos sino en su persona. Y en tercer lugar, el hecho de que de acuerdo con la ley de Moisés, ella estaba legalmente impura.

Pero había muchos que estaban apretando a Jesucristo, y sus cuerpos de alguna manera tuvieron contacto con sus vestidos y no pasó nada especial. Sin duda, ella había escuchado de las curaciones que Jesús de Nazaret había hecho a distancia. Habría escuchado del leproso (Mar. 1:40-45); habría escuchado del paralítico de Capernaúm a quien Jesús le dijo: "Pero para que sepáis que el Hijo del Hombre tiene autoridad para perdonar pecados en la tierra, (dijo al paralítico): ¡Levántate, toma tu camilla y vete a tu casa!" (Mat. 9:6).

"Al instante, se secó la fuente de su sangre y sintió en su cuerpo que ya estaba sana de aquel azote" (Mar. 5:29). Tan pronto como ella tocó el vestido del Señor Jesús quedó sana. Podríamos preguntarnos si la sanidad fue completa o no. Es decir, si había sido sanada de la pérdida de sangre, de la causa que la provocaba y de las consecuencias de la enfermedad. O sea, cuando esta mujer advirtió que había sido sanada, no se dio cuenta del milagro porque percibió que ya no sangraba más, cosa que cualquier dama me entendería sin dificultad. La razón por la cual ella estaba segura de que estaba sana fue porque de inmediato sintió que recobró las fuerzas. De súbito se sintió tan fuerte y con energía como antes de empezar la enfermedad doce años atrás. Es que cuando Dios obra, él hace el milagro en forma completa. Esta mujer no había sido curada del sangrado crónico y nada más, sino que sin duda su cuerpo, por la gracia de Dios, había recuperado el número de glóbulos rojos que debía tener. Es como si hubiera recibido de urgencia no una sino varias transfusiones de sangre. Yo me imagino lo contenta que estaba la mujer.

Había sido curada y ella creía que nadie se había dado cuenta. Pero el versículo 30 nos dice: "y Jesús, reconociendo dentro de sí que había salido poder de él, volviéndose a la multitud dijo: ¿quién me ha tocado? Sus discípulos le dijeron: 'Ves la multitud que te apretuja y preguntas: ¿quién es el que me ha tocado?'". Para mí esto es importante porque hay muchos aún en el día de hoy que se acercan a Jesús, y por así decirlo, lo aprietan. Se acercan a él, pero no lo reconocen como el eterno y santo Hijo de Dios. Tienen una proximidad geográfica y física, pero eso es todo. Observemos que la Escritura nos dice que "había salido poder de él".

¿Qué significa esta expresión "había salido poder de él"? (v. 30). "Poder" traduce la palabra griega ***dunamis*** de donde sacamos el usual término "dínamo". Se usa muchas veces en los Evangelios. Por ejemplo en Lucas 4:14 luego de la tentación en el desierto leemos: "Entonces Jesús volvió en el poder del Espíritu a Galilea...". Hablando de la venida del Señor Jesús en gloria en Lucas 21:27 dice: "Entonces verán al *Hijo del Hombre viniendo en una nube*, con poder y gran gloria".

¡Cuánto me hubiera gustado haber estado allí para ver la escena! El Señor Jesús empieza a mirar a las personas individualmente de entre la multitud. Sus ojos van mirando y mientras que su cuerpo gira hasta que los ha visto a todos, sus ojos se fijan en una mujer allí escondida entre el gentío. Miremos los versículos 32, 33 de Marcos 5 que nos dice "Él miraba alrededor para ver a la que había hecho esto. Entonces la mujer, temiendo y temblando, sabiendo lo que en ella había sido hecho, fue y se postró delante de él, y le dijo toda la verdad".

Recién se da cuenta que no podía pasar desapercibida. Ella ve que Jesús de Nazaret empieza a mirar la multitud y cuando los ojos del Hijo de Dios se posan en ella, advierte que no puede quedar oculta. Observen cómo se acerca esta mujer: la Escritura nos dice que lo hace temiendo y temblando, como alguien a quien han descubierto haciendo algo que se suponía que no debía hacer. Nos podríamos preguntar: ¿En cuál promesa de las Escrituras del Antiguo Testamento se basó esta mujer para haber venido a la presencia del Mesías? Quizás haya escuchado las palabras hermosas del Salmo 103, donde leemos en el versículo 3 acerca del Señor Jesús: "Él es quien perdona todas tus iniquidades, el que sana todas tus dolencias".

La mujer se acerca "temiendo y temblando". Ella no sabe cómo va a reaccionar Jesús de Nazaret. Sin duda ella ha conocido hombres religiosos en la sinagoga que la hubieran tratado con mucha dureza por haber hecho lo que ella hizo, es decir, estando en una condición de impureza legal.

Pero cuán precioso es para nuestros corazones saber que aquel que siempre guardó el sentido de la ley no se contaminó cuando tocó al leproso y dijo: "Quiero. ¡Sé limpio!" (Luc. 5:13); ni se contaminó cuando tocó el féretro del hijo de la viuda de Naín y lo resucitó; tampoco se contaminó cuando aquella mujer pecadora trajo un perfume de alabastro y ungió los pies del Mesías, y los secó con sus cabellos. El Evangelio de Lucas nos muestra claramente que la confesión de aquella mujer fue clara y con detalles. Lucas 8:47 nos enseña: "...y postrándose delante de él, declaró ante todo el pueblo por qué causa le había tocado, y cómo había sido sanada al instante".

Ella viene, se postra delante de él y le dice toda la verdad. No sabemos qué palabras usó, pero en esos tiempos en aquella sociedad las mujeres no hablaban de sus problemas femeninos personales, y menos ante una multitud donde hubiera hombres. Pero ella dijo toda la verdad. Seguramente que no fue ruda ni grosera pero dijo toda la verdad. Entonces se produjo un silencio cuando ella terminó de hablar. Parecería que el Salvador del mundo le permitió decir su confesión delante de todos. ¡Qué precioso es cuando alguien tiene la valentía de decir lo que Jesucristo ha hecho en su vida! Ella no dijo que tenía un resfriado o una gripe y Jesús la curó. Ella dijo claramente lo que le sucedía; por cuánto tiempo lo estaba sufriendo y cuánto había arruinado su vida. Marcos 5:34 nos dice: "Él le dijo: 'Hija, tu fe te ha salvado. Vete en paz y queda sanada de tu azote'". Cuando ella recibió esa palabra "hija", dicha con compasión y dulzura, su corazón se llenó de esperanza. Quizás hacía mucho tiempo que no la escuchaba. Pero Jesús, el Hijo de Dios, la llama hija. ¡Qué maravilloso es para nosotros saber, que por la gracia de Dios, los que le hemos recibido como nuestro Salvador, creyendo en el valor de su muerte en la cruz, fuimos hechos Hijos de Dios!

La Escritura lo dice claramente en Juan 1:12: "Pero a todos los que le recibieron, a los que creen en su nombre, les dio derecho de ser hechos hijos de Dios,". O en las palabras del apóstol Pablo en Romanos 8:15: "Pues no recibisteis el espíritu de esclavitud para estar otra vez bajo el temor, sino que recibisteis el espíritu de adopción como hijos, en el cual clamamos: '¡Abba, Padre!'. El Espíritu mismo da testimonio juntamente con nuestro espíritu de que somos hijos de Dios. Y si somos hijos, también somos herederos: herederos de Dios y coherederos con Cristo...".

La mujer se levanta de su posición de humildad, mira una vez más a aquel que ha hecho el milagro en su vida, y vuelve a su casa. Una gran sonrisa está en su rostro y una alegría profunda inunda su corazón. El Mesías le ha dicho: "Hija, tu fe te ha salvado. Vete en paz y queda sanada de tu azote". Él la llamó "hija", término que solamente quien es Dios manifestado en carne puede usar apropiadamente. Él la llama hija con toda autoridad y respeto, del mismo modo que un rey llamaba "hijo" a cualquier súbdito.

¿Qué es lo que vemos del carácter y de la persona del Señor Jesucristo en esta porción? Observamos en primer lugar, que a pesar de dirigirse a una emergencia, como era la situación desesperada de una niña, tomó el tiempo necesario con esta mujer. Lo vemos en su gracia y compasión. No le rezongó ni la criticó, tampoco la ridiculizó delante de todos por lo que había dicho. No le dio un sermón ante toda la multitud sobre el hecho de que Dios conoce todo lo que hacemos. La trató con cariño, la llamó "hija", la trató con respeto y la curó de su enfermedad.

Ahora nos podemos hacer una pregunta técnica: ¿Fue contaminado Jesús de Nazaret por esta mujer que lo tocó estando impura desde el punto de vista legal? En varias oportunidades el Señor Jesucristo hizo cosas que desde el punto de vista de la ley de Moisés serían discutibles, visto de una manera superficial. Recalco estas palabras, porque él cumplió la ley de Dios hasta el último momento y hasta el mínimo detalle. Pero él no tuvo reparo en tocar al hombre leproso y lo sanó. Tampoco tuvo problema de tocar el féretro del hijo de la viuda de Naín y lo resucitó. Cuando la mujer pecadora en casa de Simón el leproso lo tocó, él no dijo que ella lo estaba contaminando. Si Jesucristo fuera solamente un hombre, hubiera sido contaminado; pero él es el eterno Hijo de Dios y por lo tanto es tres veces santo, lo que es una manera de decir: infinita, absoluta y eternamente santo.

La mayoría de nosotros tenemos de cuatro y medio a cinco millones de glóbulos rojos. Esta mujer sin duda tendría menos de un millón y medio. ¿Se dan cuenta? ¡Menos de un tercio de lo que debía tener! Entonces nos preguntamos: ¿cuál era la causa del sangrado? No creemos que fuera un cáncer del útero o de la cerviz porque estas enfermedades sin tratamiento tienen una evolución rápida y esta mujer hacía doce años que estaba enferma. Esto nos asegura que su caso sería relativamente "benigno" en el sentido de que su vida no estaba de inmediato amenazada; sin embargo, las consecuencias del sangrado persistente sin duda le habían provocado una anemia muy severa. Para los que no pertenecen al campo médico es bueno remarcar que esta mujer no estaba sangrando de una manera abundante como cuando alguien se corta una arteria y la sangre sale con fuerza, o si se cortara una vena y la sangre manara en forma abundante pero con muy poca fuerza. Sin duda que no podía haber estado sangrando, aunque fuera en forma moderada, por doce años y todavía estar viva.

Es muy probable que esta mujer tuviera lo que se conoce con el nombre de leiomyoma (llamado comúnmente fibroma uterino) que es un trastorno muy frecuente y una de las causas habituales de la operación quirúrgica que se llama histerectomía (extirpación del útero). Este malestar afecta al 25 % de las mujeres y en la mayoría de los casos no provoca trastornos serios.

Cuando comentamos arriba que ella fue curada de su problema de anemia, pensamos que se sintió como si le hubiéramos dado el equivalente a tres litros de sangre, cosa que en la realidad por supuesto no se puede corregir en poco tiempo por razones médicas. Pero creemos que ella pasó a tener de más o menos un millón y medio a entre cuatro y medio o cinco millones de glóbulos rojos, que es lo normal.

Temas para predicadores

- *La compasión del Señor Jesús.*
- *La búsqueda inefectiva de soluciones.*
- *Las consecuencias de no resolver un problema.*

2. El ciego de nacimiento

Juan 9

Juan comienza el capítulo 9 diciendo: "Mientras pasaba Jesús, vio a un hombre ciego de nacimiento, y sus discípulos le preguntaron diciendo: 'Rabí, ¿quién pecó, éste o sus padres, para que naciera ciego?'".

Es importante notar el detalle de que Jesús vio a un hombre necesitado. Los discípulos vieron una pregunta teológica. Jesús de Nazaret de inmediato va a encarar el tema.

Yo me pregunto: "¿Qué es lo que vio el Señor Jesucristo?". Vio un hombre, y de inmediato su corazón se enterneció al darse cuenta de la tristeza de ese hombre que había sido ciego desde su nacimiento.

Toda su vida la había pasado en la oscuridad absoluta. Nunca había visto los colores de un amanecer, ni las tonalidades rojizas de un atardecer. Nunca había visto el color verde de los árboles ni el azul del cielo.

Nunca había visto el rostro de su padre, madre o hermanos. Todo el mundo exterior solamente lo podía conocer por el tacto, el oído o lo que sus amigos le decían.

Al ver a este hombre, Jesús sin duda percibió más que cualquier individuo. Él sabía la historia y miseria de este hombre. Como Hijo de Dios, él no necesitaba la información que los seres humanos podían darle. Por supuesto que cualquiera al verlo sabría que era un ciego por su posición y aspecto. Cuando los discípulos se enteran de que este hombre nació ciego, en vez de sentir compasión por su tristeza de tantos años, sus pensamientos se desvían al plano de la discusión teológica. Si este nació ciego, solamente hay dos posibilidades, dicen ellos: o él pecó o sus padres pecaron. Si sus padres pecaron, habrá sido un pecado muy grave que tienen muy oculto dado que ni ellos ni los familiares tienen una buena explicación. Quizás lo han tapado tan bien que nadie lo sabe. Pero si consideramos la otra posibilidad que la pregunta de los discípulos plantea, es que este ha pecado antes de nacer. ¿Qué pecado podrá este hombre haber cometido antes de nacer que haya sido tan grave? Es que ¿de dónde sacaron los discípulos que los hombres pecan conscientemente antes de nacer? Sin duda que todos somos pecadores y las Escrituras lo dicen muy claramente (Rom. 3:23): "porque todos pecaron y no alcanzan la gloria de Dios". Está bien claro que somos pecadores no solamente por cometer pecados sino por el hecho de pertenecer a la raza adámica caída. De nuevo Pablo lo expresa en Romanos 5:19: "Porque como por la desobediencia de un solo hombre, muchos fueron constituidos pecadores, así también, por la obediencia de uno, muchos serán constituidos justos". Aquí la obediencia de uno se refiere a la obediencia perfecta del Cordero de Dios, el Señor Jesucristo.

En el versículo 3 Jesús responde: "No es que éste pecó, ni tampoco sus padres. Al contrario, fue para que las obras de Dios se manifestaran en él". Quizás habían pasado más de veinte o treinta años desde que este hombre había nacido y, sin duda, muchas veces se debió haber preguntado lo que en esta situación cada individuo se pregunta: "¿Por qué me pasó esto a mí?". Y aquel día Jesús de Nazaret le respondería a este hombre de una manera definitiva y categórica, demostrada con un milagro.

Versículo 4: "Me es preciso hacer las obras del que me envió, mientras dure el día. La noche viene cuando nadie puede trabajar". Los egipcios dirían que el sol es la luz del mundo. Los griegos dirían que la verdad filosófica es la luz del mundo; pero aquel día un hombre de Nazaret dijo estas palabras imperecederas: "Yo soy la luz del mundo". Y como él es la luz, le va a dar la visión a este hombre privado de luz.

Como Creador de todo lo que existe, él es el que hizo la luz. "Y dijo Dios: Sea la luz; y fue la luz". En Malaquías él es el Sol de justicia que en sus alas trae sanidad (4:2). En el monte de la transfiguración su rostro resplandeció más que el sol. Pero en la cruz del Calvario fue rodeado de tinieblas. En Apocalipsis 1:16 lo vemos de nuevo como aquel cuyo rostro es como el sol cuando resplandece en su fuerza.

Con su respuesta el Señor Jesús establece que este sufrimiento crónico que tiene el hombre debido a su ceguera de nacimiento no es el resultado de un pecado particular. De inmediato declara inocentes de toda culpa a sus padres: "Ni éste pecó ni sus padres". Muchas veces sucede que alguien tiene en la familia un enfermo con un padecimiento crónico, quizás un Síndrome de Down. Algunas personas alrededor pueden sospechar que esto es el resultado de alguna falta de sus padres. Por supuesto que la gran mayoría de las veces esto no es así. El Señor en su infinita sabiduría, que nosotros no podemos entender, permite que cosas así sucedan.

Pero lo que excede mi comprensión es la última parte de la frase: "...fue para que las obras de Dios se manifestaran en él". Alguien me dirá: "¿Va a decirme usted que este hombre había sufrido la ceguera durante toda su vida con el propósito de que cuando Jesús de Nazaret pasara por allí pudiera demostrar el poder de Dios?". Bueno, nos parece quizás aterrador el pensar que muchos años de la vida de este hombre los pasó allí en plena ceguera, simplemente dejando transcurrir la vida. Pero también les diría cuántos músicos han practicado con su instrumento día y noche, en largas veladas de estudio, para poder tocar en la orquesta sinfónica una parte muy difícil que sólo dura pocos minutos; para no volver a interpretar esa partitura una sola vez más en su vida. Y ellos le dirían que vale la pena. ¡Qué distinto sería si pudiéramos ver la historia desde el punto de vista que Dios la ve! Observamos, en primer lugar, que la historia del ciego ha sido incluida en el Evangelio de Juan. ¡Qué privilegio para este hombre del que ni siquiera sabemos el nombre, que la historia de su vida esté registrada en el canon sagrado! Pero hay algo más. La historia de este hombre a través de las edades ha sido de tremenda bendición a miles y miles. Muchos se han convertido al Señor Jesucristo leyendo esta historia maravillosa.

Y para los miles y millones de creyentes, en la historia de la iglesia,

¡qué bendición ha sido el saber que el sufrimiento del hijo de Dios no es en vano; y que Dios tiene un propósito en nuestras vidas, y él está sentado en el trono y sabe todo lo que sucede! Su perfecto plan va a cumplirse a su debido tiempo.

Quiero insistir, una vez más, en que este concepto es realmente extraordinario. El Señor nos muestra cuáles de las cosas que suceden de este lado de las nubes pueden tener un propósito determinado desde la eternidad. Es por eso que en Romanos 8:28 leemos: "Y sabemos que Dios hace que todas las cosas ayuden para bien a los que le aman, esto es, a los que son llamados conforme a su propósito". El apóstol Pablo nos da una respuesta muy profunda en Romanos 9:20: "Antes que nada, oh hombre, ¿quién eres tú para que contradigas a Dios? ¿Dirá el vaso formado al que lo formó: '¿Por qué me hiciste así?'". Pero pensemos por un momento cuál habrá sido la reacción de este hombre cuando entendió que todo ese sufrimiento en su vida, desde su nacimiento, estaba en el plan perfecto de Dios.

El hecho de nunca haber visto el rostro de sus padres o amigos, que nunca hubiera visto un amanecer ni un cielo estrellado; y sin embargo, que Dios lo hubiera permitido y ordenado todo con un propósito habrá sido incomprensible para él. Si hubiera sido yo, quizás hubiera dicho: "¿Por qué me pasó esto a mí?". Quizás podemos pensar en las palabras de Romanos 11:33: "¡Oh profundidad de las riquezas, de la sabiduría y del conocimiento de Dios! ¡Cuán incomprensibles son sus juicios e inescrutables sus caminos!

En la continuación de la respuesta en Juan 9:4 el Señor dice: "Me es preciso hacer las obras del que me envió, mientras dure el día. La noche viene cuando nadie puede trabajar". Su presencia en este mundo es llamada "el día"; su ausencia de este mundo es llamada "la noche".

Siguen los versículos 5 al 7: "Mientras yo esté en el mundo, luz soy del mundo. Dicho esto, escupió en tierra, hizo lodo con la saliva y con el lodo untó los ojos del ciego. Y le dijo: 'Ve, lávate en el estanque de Siloé', que significa enviado. Por tanto fue, se lavó y regresó viendo". En otros casos de enfermedad, como con el leproso, todo lo que el Señor hizo fue expresar de palabra "quiero, sé limpio". Aquí, sin embargo, el Señor Jesucristo hace algo inusual. Si el hombre antes no veía, menos todavía ahora con el lodo en sus ojos. Observemos el silencio de este hombre que todavía no ha abierto su boca. Parecería que es completamente pasivo.

A nosotros nos llama la atención este tratamiento tan inusual. Algunos estudiosos dicen que los antiguos creían que la saliva tenía ciertos poderes curativos. Pero ¡qué precioso es pensar que Jesucristo usó algo de su propio ser junto a un elemento de la creación para la producción de este milagro! Una vez más vemos el elemento líquido representado en la saliva y el elemento sólido en la tierra. A continuación dice: "Por tanto fue, se lavó y regresó viendo" (7b).

Es interesante el hecho de que, a medida que haya por parte del ciego una apreciación progresiva de la persona de Jesucristo, al mismo tiempo hay por parte de los fariseos un rechazo progresivo del Mesías.

En este texto se pueden descubrir varias etapas de la apreciación sucesiva de la persona bendita del Señor Jesús. En la primera etapa hay una apreciación mínima: "El hombre que se llama Jesús" (v. 11). Lo único que reconoce de la multitud es el nombre Jesús. ¡Qué hermoso suena en nuestros corazones cuando no por un formulismo legalista sino por una conciencia de su personalidad escuchamos a un creyente usando el término "el Señor Jesús"!

En la segunda etapa hay una apreciación mejorada: "Entonces volvieron a hablar al ciego: 'Tú, ¿qué dices de él, puesto que te abrió los ojos?'. Y él dijo: 'Que es profeta'" (v. 17). Indicaba así que era alguien que tenía una conexión especial e íntima con Dios.

En la tercera etapa el conocimiento aumenta y él dice: "Si este no procediera de Dios, no podría hacer nada" (v. 33). Es alguien quien ha venido de Dios y que puede hacer milagros.

En la etapa siguiente, en el versículo 35 leemos: "¿Crees tú en el Hijo del Hombre?"; y en el versículo 38 él dijo: "'¡Creo, Señor!'. Y le adoró".

Es imposible llegar a una adoración profunda si no profundizamos más en la persona y obra del Santo Hijo de Dios.

Observemos también ahora los distintos niveles de rechazo: Primer nivel: Rechazo fundado en la sospecha: "Entonces algunos de los fariseos decían: 'Este hombre no es de Dios, porque no guarda el sábado'" (v. 16). Es la simplicidad del razonamiento que surge de un corazón que ya se ha cerrado a las posibilidades. ¿Cómo fue que nadie pensó que aunque no "guardara" el sábado era un mensajero de Dios?

Segundo nivel: Rechazo en aumento. De la sospecha se pasa a la calumnia: "¡Da gloria a Dios! Nosotros sabemos que este hombre es pecador" (v. 24).

Tercer nivel: Ataque intensificado: "Nosotros sabemos que Dios ha hablado por Moisés, pero éste, no sabemos de dónde sea" (v. 29). Aquí cabe la posibilidad de que le estén atribuyendo un dudoso origen a su nacimiento.

Pero volvamos a la descripción de la curación. Matthew Henry nos dice: "Cristo, haciendo uso de su propia saliva nos indica que hay una virtud de sanidad en todas las cosas que le pertenecen; el barro hecho con la saliva de Cristo es mucho más precioso que el bálsamo de Galaad"; y un poco después el mismo autor agrega: "el colirio que puede obrar la salvación de los pecadores ha sido preparado por Cristo; este ha sido hecho no de saliva sino de su sangre; la sangre y el agua que salió de su costado. Tenemos que acudir a Cristo para recibir el colirio espiritual (ver Apoc. 3:18)".

Imaginémonos por unos momentos qué es lo que experimenta el ciego. Él está allí sentado en la oscuridad cuando de pronto escucha la conversación de unos transeúntes y de súbito oye las palabras: "Mientras yo esté en el mundo, luz soy del mundo". Ahora, de golpe siente que ese extranjero le está poniendo algo mojado en los ojos. Él lo va a describir en Juan 9:11: "El hombre que se llama Jesús hizo lodo, me untó los ojos y me dijo: 'Ve a Siloé y lávate'. Entonces cuando fui y me lavé, recibí la vista". En el versículo 15 los fariseos están indignados porque el milagro se hizo en el día de reposo, pues en el versículo 14 leemos: "porque el día en que Jesús hizo lodo y le abrió los ojos era sábado". Es decir, para Cristo era más importante hacer el bien, hacer el milagro, que guardar en forma legalista una ley. Para los religiosos en su ceguera espiritual lo que Jesucristo había hecho en el día del sábado era una ofensa seria. Así en el versículo 16 ellos dicen: "Este hombre no es de Dios, porque no guarda el sábado". [Nota del editor: Jesús no guardaba la interpretación que los judíos hacían de la ley de Dios]. Versículo 15: "Entonces, los fariseos le volvieron a preguntar de qué manera había recibido la vista, y les dijo: 'Él me puso lodo sobre los ojos; me lavé y veo'". Matthew Poole sugiere que a la pregunta en el versículo 17: "¿qué dices de él, puesto que te abrió los ojos?", para hacerla más comprensible habría que agregarle: "en el día sábado". Es decir, que la pregunta lleva en sí misma el elemento de acusación. El mismo autor nos dice que "era costumbre entre los judíos de acuerdo con sus tradiciones, que por mandato de un profeta era legal violar el sábado dado que Dios al darnos la ley, él mismo no se ataría en la obligación de cumplir esa ley".

El versículo 8 nos dice: "Entonces los vecinos y los que antes le habían visto que era mendigo decían: '¿No es éste el que se sentaba para mendigar?'". La vida de este hombre se caracterizaba por su monotonía y la dependencia que tenía de otros para sobrevivir. Sin duda que disponía de un lugar fijo en el que acostumbraba a sentarse y allí mendigar; quizás diciendo las mismas palabras que todavía escuchamos en muchas ciudades: "Ayuden por favor a este pobre ciego".

Es interesante que en este capítulo de 41 versículos, Jesucristo habla sólo al comienzo y al final del capítulo, y entremedio la conversación es con vecinos, luego los fariseos y después los padres del que había sido ciego.

En el versículo 34 leemos: "'Tú naciste sumido en pecado, ¿y tú quieres enseñarnos a nosotros?'. Y lo echaron fuera". Aquel que antes se sentaba fuera del templo por la ceguera, ahora que tiene la vista queda afuera de nuevo, ya no por su incapacidad física sino por su capacidad espiritual. El hombre ha crecido espiritualmente y reconoce que Jesucristo ha sido enviado por Dios: "Si éste no procediera de Dios, no podría hacer nada" (v. 33).

El versículo 35 nos dice: "Jesús oyó que lo habían echado fuera...". Sin duda los discípulos o conocidos se le acercaron diciéndole: "Te enteraste de lo que le pasó al ciego? ¡Lo echaron de la sinagoga!". Antes el hombre estaba excluido por su enfermedad y sus limitaciones. Ahora está excluido por sus convicciones y por su fe en el Mesías. Pero volvamos al versículo 11: "El hombre que se llama Jesús hizo lodo, me untó los ojos y me dijo: 'Ve a Siloé y lávate'. Entonces cuando fui y me lavé, recibí la vista".

No sabemos la distancia entre el lugar en que Jesucristo lo encontró y el estanque de Siloé. Suponemos que hizo el camino quizás guiado por algún amigo. No sabemos qué pensamientos había en su corazón; cuántas preguntas, cuántas dudas. Por cierto que una persona en esa situación tendría muchas dudas; pero no obstante fue al estanque de Siloé y cuando llegó allí, pudo haber hecho y dicho lo que la mayoría de nosotros hubiera dicho: "No vale la pena". Sin embargo, él fue obediente al mandamiento de Jesucristo y se lavó, y por primera vez en su vida vio los dedos con el lodo que se ha sacado de los ojos y se da cuenta de que puede ver con perfecta claridad como alguien que tiene una visión perfecta.

Versículo 30: "¡Pues en esto sí tenemos una cosa maravillosa! Que vosotros no sepáis de dónde es, y a mí me abrió los ojos".

Versículos 35-38: "Jesús oyó que lo habían echado fuera; y cuando lo halló, le dijo: '¿Crees tú en el Hijo del Hombre?'... Jesús le dijo: 'Le has visto, y el que habla contigo, él es'. Y dijo: 'Creo, Señor! Y le adoró'". Allí, delante de él, estaba aquel que había cambiado totalmente su vida desde las tinieblas continuas a una luz maravillosa.

¡Con qué sencillez el Evangelio de Juan nos muestra los detalles! El hombre dijo: "'¡Creo, Señor!', y lo adoró". ¡Qué escena imposible de describir! El ex ciego ahora tiene los ojos cubiertos de lágrimas de gozo y de agradecimiento porque está delante del Hijo de Dios, aquel que ha cambiado su vida.

Aquí se han cumplido las palabras de 2 Corintios 4:4, 6: "Pues el dios de esta edad presente ha cegado el entendimiento de los incrédulos, para que no les ilumine el resplandor del evangelio de la gloria de Cristo, quien es la imagen de Dios... Porque el Dios que dijo: 'La luz resplandecerá de las tinieblas' es el que ha resplandecido en nuestros corazones, para iluminación del conocimiento de la gloria de Dios en el rostro de Jesucristo". En el ex ciego se cumplió esta palabra al ser abiertos sus ojos y poder contemplar el rostro del Señor Jesús.

Es interesante que este ciego represente la historia de cada uno de nosotros, y nos damos cuenta cuando miramos nuestra vida más allá de las nubes. Así como el ciego, estábamos en las tinieblas hasta que el evangelio nos iluminó y nos mostró a aquel que dijo: "Yo soy la luz del mundo. El que me sigue nunca andará en tinieblas, sino que tendrá la luz de la vida" (Juan 8:12). Entonces, también lo miramos a él y lo adoramos. Y creo que hay mucho contenido en esas palabras "lo adoró". ¡Cómo será ese día en que estemos en su presencia! Entonces se cumplirán las palabras de 1 Juan 3:2: "Amados, ahora somos hijos de Dios, y aún no se ha manifestado lo que seremos. Pero sabemos que cuando él sea manifestado seremos semejantes a él, porque le veremos tal como él es".

Temas para predicadores

- *El peligro de la discusión teológica olvidando al individuo.*
- *El poder de Jesucristo.*
- *La gracia de Jesucristo.*
- *Apreciación progresiva de la persona del Señor Jesús.*
- *Rechazo progresivo de la persona del Señor Jesús.*

3. El paralítico de Betesda

Juan 5:1-18

Me imagino un amanecer en el estanque de Betesda. Los colores rojizos de la aurora se reflejan de una manera hermosa sobre las aguas y quizás, mirando desde la distancia, diríamos: "¡cuánta belleza hay en ese lugar!". Pero si nos acercáramos unas horas después y observáramos con cuidado, encontraríamos que el cuadro ha cambiado. En vez de los colores y tonos de la mañana, ahora se ven las sombras de personas cerca del estanque, a la expectativa de algo.

Aquel lugar que parecía tan hermoso cambia al acercarnos porque nos damos cuenta de que allí hay seres humanos que sufren y se quejan. Se lamentan por su dolor y sus limitaciones. Se quejan porque están condenados a vivir una vida llena de restricciones debido a sus dolencias, y parecería que nadie los escucha. Aun sus propios amigos y familiares han llegado a acostumbrarse a la situación, de tal manera que la repetición visual les ha cauterizado los sentimientos.

Pero ese día pasó algo que nunca antes había sucedido. Una persona llamada Jesús de Nazaret pasaba por allí y vio a un hombre que hacía treinta y ocho años que estaba enfermo. No sabemos la edad del hombre.

Juan nos informa que: "En Jerusalén, junto a la puerta de las Ovejas, hay un estanque con cinco pórticos que en hebreo se llama Betesda. En ellos yacía una multitud de enfermos, ciegos, cojos y paralíticos". Para mí, esto es una descripción de cómo Dios ve a la raza humana en toda su miseria y necesidad.

Observemos que todas estas personas tenían dificultades para hacer algo; sin embargo había, por así decirlo, varias desigualdades. El ciego podía caminar bien pero no podía orientarse. El que tenía una pierna paralizada podría ver hacia donde dirigirse, pero no desplazarse sino con dificultad y sufrimiento.

Las Escrituras ahora nos presentan al Hijo del Hombre: Aquel que está interesado en los que no pueden caminar, los que no pueden ver, los que no pueden hacer cosas.

La Biblia nos dice que el hombre estaba enfermo. La palabra en griego es *asthenia* que es la misma que se utiliza con relación al Mesías en Mateo 8:17: "de modo que se cumpliese lo dicho por medio del profeta Isaías, quien dijo: *Él mismo tomó nuestras debilidades y cargó con nuestras enfermedades*" (ver también Luc. 13:11, 12; Juan 11:3, 4; Heb. 4:15, 16).

El versículo 6 nos dice: "Cuando Jesús lo vio tendido y supo que ya había pasado tanto tiempo así, le preguntó: '¿Quieres ser sano?'". Es relevante el hecho de que Jesucristo vea a un hombre que está en una situación miserable. Los hombres de importancia de nuestra sociedad tienen la tendencia de hablar y de hacer amistad con la gente que también tiene una situación comparable, ya sea social, económica o intelectual, y es a esa gente a la que suelen mirar. Pero Jesucristo vio a este hombre y le dirigió la palabra. ¡Y qué manera tan sencilla de empezar el diálogo!: "¿Quieres ser sano?". Como médico les puedo decir que no hay enfermo que no tenga en lo hondo de su corazón la esperanza de poder curarse de su enfermedad, aun en el caso que el profesional le dijera que es incurable.

Si nosotros hubiéramos estado esa mañana en ese lugar donde había una multitud de enfermos crónicos e incapacitados, hubiéramos quedado impactados, y no sólo por la vista de esta gente tan necesitada. El aire puro de la mañana en ese lugar había cambiado, y ahora se podía percibir no el perfume de las rosas sino el olor desagradable de los cuerpos enfermos y que no habían tenido la posibilidad de tener una buena higiene. Si escucháramos la conversación entre ellos, mucho nos sorprendería lo que contarían: "A mí me ha pasado esto y esto", diría uno; otro quizás diría: "¿Cómo es posible que si hay un Dios que se compadece de nosotros permita que suframos de esta manera?".

Es verdad que nuestro Dios nos ama inmensamente; sin embargo, él permite que algunas personas pasen por muy grandes pruebas.

Por qué el Señor Jesús se dirige a este hombre de entre todos los demás, no lo sabemos. Quizás porque es el que ha estado enfermo por más tiempo. "¿Quieres ser sano?". ¡Qué pregunta! Al ciego, el Señor Jesús le preguntó: "¿Qué quieres que te haga?" (Luc. 18:41).

¡Qué grande es la misericordia del Señor Jesús! Él vio a este hombre con su dolor y desesperación. ¡Qué bueno es saber que él nos ve a nosotros en la realidad de nuestra existencia!

De acuerdo con el Evangelio de Juan, hasta este momento Jesús de Nazaret no ha sufrido mucho. Por supuesto que nosotros no podemos conocer sus sufrimientos espirituales al ver a ese pueblo que honraba a Dios sólo con sus labios y no con el corazón. Lo que es interesante es que delante de Jesucristo está un hombre que sin duda es mayor que él y que humanamente ha sufrido mucho en esa vida de tantos años de enfermedad. La mujer con el flujo de sangre había sufrido por 12 años. Este hombre había sufrido dos veces más.

La Escritura nos dice: "cuando Jesús lo vio tendido y supo que ya había pasado tiempo así, le preguntó: '¿quieres ser sano?'". En los ojos del paralítico hay una interrogante y una duda. ¡Qué maravilloso hubiera sido estar allí y ver el rostro de Jesucristo! Quizás hay una sonrisa en sus labios cuando le hizo la pregunta cuya respuesta él sabía, así como también sabía él cuál sería el resultado final. Ignoramos si el enfermo u otra persona le dijo al Señor la duración de la enfermedad; pero no importa, porque sabemos que Jesucristo, el eterno Hijo de Dios lo sabe todo. Probablemente este hombre muchas veces se había sentido desilusionado, pero el hecho de que estuviera allí muestra que todavía tenía un poco de esperanza.

Yo creo que Jesús de Nazaret lo eligió a él porque, por así decirlo, sabía que no podía soportar más esa enfermedad; que el hombre estaba cerca de darse finalmente por vencido. Este hombre tenía la esperanza de que algo pudiera suceder; por eso estaba en aquel lugar. Aunque la posibilidad de que él fuera el beneficiado era poca, tenía esperanza. Pero al verlo Jesús, su corazón se compadeció, y aunque era sábado, él se dio cuenta de que este hombre realmente no podía esperar un día más.

Para un enfermo, un día, un mes o tres meses puede ser mucho tiempo. Ese hombre había estado enfermo por treinta y ocho años. Yo me imagino el aspecto de sus piernas. Debido a la falta de ejercicio sus músculos estaban completamente atrofiados. La piel estaba atrofiada y era sumamente fina. No sabemos si este hombre tenía algo que es muy frecuente en esa situación: las ulceraciones que se forman en los lugares de apoyo cuando el cuerpo no cambia de lugar.

Observemos que el estanque de Betesda no es un lago de montaña, con el agua pura y cristalina. En ese lugar se alimentaba el ganado y es muy probable que las aguas estuvieran contaminadas. Posiblemente había un mal olor en aquel lugar producido por los animales que llegaban a abrevar al estanque.

El Señor Jesús le podía haber preguntado al paralítico: ¿Quieres ser rico? La mayoría de las personas dirían: ¡por supuesto que sí! ¿Quisieras sentirte veinte años más joven? ¡Claro que sí!

En el versículo 7 tenemos la respuesta a la pregunta del Señor Jesús: "Le respondió el enfermo: 'Señor, no tengo a nadie que me meta en el estanque cuando el agua es agitada; y mientras me muevo yo, otro desciende antes que yo'".

Parecería que a todos nosotros siempre nos falta algo. A veces pensamos que nos falta oportunidad. Quizás carecemos de las conexiones apropiadas para llegar en nuestro empleo al lugar que nos gustaría. Quizás nos falte constancia o quizás la dificultad esté en lo económico, que no nos permite llegar a donde quisiéramos. Y el paralítico le dice a Jesucristo: "no tengo a nadie que me meta en el estanque".

Es importante que nosotros apreciemos que el Señor Jesús mostró una compasión que era fácilmente percibida por la gente como en el caso de Lázaro, registrado en Juan 11:32-36. Frente a la tumba de su amigo él estaba conmovido profundamente y lloró. Pensemos en que él es el creador de los cielos y de la tierra, todo fue creado por medio de él y para él (Col. 1:16), y lloró amargamente por la pérdida de su ser querido.

Parecería que Jesús quiere de este hombre que está junto al estanque una confesión clara y terminante de su necesidad. En muchos otros milagros hemos visto que la respuesta es corta. Cuando el Señor le pregunta al ciego: "¿qué quieres que te haga?", éste responde en una frase muy corta: "Señor, que yo recobre la vista". Pero el paralítico da una respuesta larga: "...no tengo a nadie que me meta en el estanque cuando el agua es agitada; y mientras me muevo yo, otro desciende antes que yo". Pero no sabe que ante él está el Rey de reyes y Señor de señores.

¡Cuántos de nosotros hemos sentido una y otra vez esa sensación de no llegar o de llegar cuando ya es demasiado tarde! Como el estudiante de medicina o de ingeniería al que sólo le falta un examen para terminar su carrera, pero que nunca la va a terminar porque hace muchos años que ha tratado en vano de pasar ese examen. Este hombre es lo que llamaríamos un perdedor. Un experto en llegar tarde o no llegar. Pero Jesús de Nazaret lo va a transformar en un vencedor.

El versículo 8 nos dice: "Jesús le dijo: 'Levántate, toma tu cama y anda'". El levantarse implicaba que todo el peso de su cuerpo iba a ser puesto sobre esas mismas piernas que hasta ese día habían sido débiles y los músculos habían estado completamente atrofiados.

"Toma tu cama" significa que esas piernas que han sido inútiles ahora le van a ayudar para transportar su cama, sin duda una cama sencilla, quizás más bien algo así como una estera. No va a necesitar más para esperar el movimiento del agua. "Y anda" significa movimiento, actividad, acción. Las piernas no sólo podían sostener su cuerpo, sino que ahora le permitían desplazarse. La curación fue inmediata. Notemos que en este caso el milagro no depende de la fe; tampoco se produce por una súplica del paralítico, sino que de toda esa multitud de enfermos el Señor Jesús vio a un hombre que él entendió que hacía mucho tiempo que estaba enfermo. La palabra en griego es *ginosko* que significa entender o conocer experimentalmente.

Nos preguntamos ¿qué enfermedad tendría este hombre? Él era conocido como el paralítico o el imposibilitado. Pensamos que tenía una enfermedad neurológica o muscular que no le permitía desplazarse. No creemos que se tratara de una lesión de la columna secundaria o un traumatismo porque esperaríamos tener la información pertinente en cuanto a un accidente. Podría haber sido un caso de una secuela de poliomielitis. Muchas enfermedades que también producen debilidades severas que llevan a la parálisis no le permiten al enfermo sobrevivir tantos años. Lo mismo se puede decir de algunas enfermedades que afectan los músculos y que se llaman miopatías. Tiene sentido que la poliomielitis, que sabemos siempre ha existido, haya sido la causa de la enfermedad de este hombre.

Volviendo al texto Bíblico, leemos en los versículos 9, 10: "Y en seguida el hombre fue sanado, tomó su cama y anduvo. Y aquel día era sábado. Entonces los judíos le decían a aquel que había sido sanado: 'Es sábado, y no te es lícito llevar tu cama'".

Alguien ha notado que los judíos no le dijeron "no te es lícito ser sanado el sábado" sino "no te es lícito llevar tu cama". Claro que este pobre hombre sentía que no podía esperar un día más. Su repuesta está en el versículo 11: "Pero él les respondió: 'El que me sanó, él mismo me dijo: 'Toma tu cama y anda'".

En el versículo 14 leemos: "Después Jesús le halló en el templo y le dijo: 'He aquí, has sido sanado; no peques más, para que no te ocurra algo peor'". Observen el cambio en este hombre: ya no está más tendido al lado del estanque esperando el movimiento del agua, sino que ahora está en el templo en el lugar de adoración. ¡Qué cambio! Del lugar de miseria e impotencia al lugar de adoración. ¡Qué hermoso es pensar que esta es la transformación que la conversión produce en cada individuo!

Por muchos años yo creía que la enfermedad de este hombre era resultado de su pecado. Pero mi dificultad era a qué edad habría cometido ese tremendo pecado para tener como castigo tan prolongada enfermedad. Si el pecado lo hubiera hecho cuando tenía quince años ahora tendría unos cincuenta años. En segundo lugar, no hay muchas enfermedades que provoquen parálisis con relación al pecado. Por supuesto que hay muchas enfermedades que son consecuencia natural, diríamos, de ciertos vicios como la cirrosis del hígado debido al abuso de las bebidas alcohólicas o todas las complicaciones ligadas a las enfermedades venéreas, o la adicción al tabaco o las drogas. Sin duda alguna en los tiempos del Nuevo Testamento la gente creía que todas las enfermedades se debían a algún pecado.

El versículo 14 nos dice que después le halló Jesús en el templo y le dijo: "He aquí, has sido sanado; no peques más, para que no te ocurra algo peor". Yo creo que cuando Jesús dijo "no peques más", él estaba señalando el camino hacia una vida abundante. A este hombre que ha vivido la mayor parte de su vida rodeado de enfermos y gente en sufrimiento que de continuo se quejan de la condición en que están, Jesucristo le está diciendo: "no es necesario continuar pecando contra Dios por lo que él hace o permite en su infinita sabiduría". Por supuesto que el Mesías le podría haber dicho a cualquier persona por la calle: "no peques más". Lo podría decir hoy en las calles de Buenos Aires, San Pablo o Caracas. Pero creo que el énfasis aquí es: no es necesario continuar viviendo como antes. Con el poder y la ayuda de Dios puedes vivir en santidad.

Yo creo que esto es como un grito de triunfo para el ex paralítico. Sí, existe la posibilidad de agradar a Dios y ser victorioso en la vida aun después de lo que parecería una vida arruinada. Para mí esto es maravilloso porque Jesucristo le está diciendo: "levántate, toma tu cama y anda"; y luego le dice algo como: "Mira, has sido sanado. Dios ha tenido una misericordia muy especial contigo. Vete y no peques más". Y él lo dice porque es posible. A nosotros nos cuesta entender el lugar donde este hombre se pasaba el día esperando el movimiento del agua. Quizás en nuestras sociedades no tenemos nada que se le pueda comparar. Piensen en un gran asilo de enfermos con muy pocos recursos y tendrían una idea vaga del ambiente en que este hombre se movía. Pero ahora Jesús de Nazaret le ha dicho: "no peques más para que no te venga alguna cosa peor". A la mujer adúltera de Juan 8 el Señor le dijo: "...Vete y desde ahora no peques más". No le dijo: no sea que te vaya a venir una cosa mala. Ella sería un buen caso para aconsejar de los peligros de ciertos pecados y la salud, pero Jesús sólo le dijo: "...Vete y desde ahora no peques más" (v. 11).

Yo creo que las últimas palabras en la epístola de Judas son muy apropiadas aquí: "Y a aquel que es poderoso para guardaros sin caída y para presentaros irreprensibles delante de su gloria con grande alegría; al único Dios, nuestro Salvador por medio de Jesucristo nuestro Señor, sea la gloria, la majestad, el dominio y la autoridad desde antes de todos los siglos, ahora y por todos los siglos. Amén".

A este hombre, por así decirlo, el Señor le está diciendo: El fracaso espiritual no es obligatorio. Es que el Señor puede guardarnos sin caída (ver también 2 Tim. 4:18).

Algunos han notado la falta de interés del paralítico en todo el proceso. Sin duda él ni siquiera había pedido ser sanado. *The Expositor Bible Commentary*, volumen 9, página 62 dice: "El paralítico parecería que no tiene una gratitud particular hacia Jesús por su sanidad. Él no asumió responsabilidad por su acción en el día sábado, y después de que Jesús trató con él la segunda vez, inmediatamente informó a los líderes de los judíos quién era el que había hecho la transgresión de la ley del sábado. Parecería raro que él ignorara la razón de la pregunta".

Con todo respeto, yo sí creo que el paralítico tenía gratitud hacia Jesús, pero no se comporta como un individuo sano y normal de quien esperaríamos su inmediato agradecimiento tras recibir tal beneficio. Quizá este hombre se había pasado la mayor parte de su vida preguntándose "¿Dónde está Dios? ¿Por qué Dios permite que yo sufra tanto?". Estaba rodeado de todo tipo de enfermos que diariamente expresaban sus quejas, su dolor, su falta de esperanza. Quizás no tuvo la valentía de pararse enfrente de los líderes religiosos y confesar su agradecimiento a Jesucristo; pero esos treinta y ocho años de ver el mundo desde abajo, de no ser considerado como parte de la sociedad, de ser tomado como "parte del paisaje", habían dejado huellas en el corazón de este hombre. El hecho de que Jesucristo lo encuentre en el templo sugiere que está agradecido con Dios por su sanidad.

Temas para predicadores

- *Un hombre enfermo, impotente y debilitado por largo tiempo como símbolo de los efectos del pecado en la vida.*
- *Una compañía de toda clase de enfermos de distintas condiciones que nos sugiere la condición espiritual de la raza humana.*
- *Una remota esperanza en un milagro.*
- *El Señor Jesús como la esperanza del individuo.*
- *Un Señor Jesús que es misericordioso, sensible, compasivo y poderoso.*
- *Una exhortación a vivir una vida victoriosa para Dios.*
- *Una advertencia solemne de las consecuencias del pecado.*

4. Bartimeo

Marcos 10:46-52; Mateo 20:29-34; Lucas 18:35-45

Todos en la ciudad de Jericó conocían a Bartimeo, porque él era diferente. Hay personas que pueden vivir en una ciudad veinte años y nadie las conoce. Pero no así con Bartimeo. Él tenía una de esas personalidades que se daba a conocer. Este es un hombre que es conocido, no sólo por su incapacidad física sino también por su personalidad.

Muchas veces nos imaginamos qué interesante será en el cielo poder reconocer y quizás hablarles y hacerles preguntas a hombres y mujeres célebres en las Escrituras. Pero alguien a quien sin duda vamos a reconocer rápidamente será a Bartimeo. Es que este hombre nunca fue tímido o hacía muchos años que había perdido su timidez. El relato lo encontramos al final del capítulo 18 de Lucas; en el 19 se nos habla de Zaqueo. ¡Qué contraste! Un hombre ciego y un hombre pequeño de estatura. Los dos vivían en Jericó. Uno no podía ver por su ceguera física, el otro no podía ver por dos obstáculos: su pequeña estatura y la dificultad exterior que era la muchedumbre que rodeaba al Señor Jesús. Lucas nos dice que un ciego estaba sentado junto al camino mendigando y al oír a la multitud que pasaba preguntó qué era aquello. Sin duda que al pasar gente importante iría acompañada de sirvientes y de guardias, pero ese día era distinto. El murmullo fue en aumento al acercarse la multitud que seguía a Jesús de Nazaret.

Comienza nuestra porción diciendo: "Entonces llegaron a Jericó. Y cuando él iba saliendo de Jericó junto con sus discípulos y una gran multitud, el ciego Bartimeo, hijo de Timeo, estaba sentado junto al camino mendigando".

Por ahora todo parece como de rutina. Lo que es interesante en el caso de Bartimeo no es que era ciego, que por supuesto es una afección muy seria, sino lo que podemos ver de su personalidad. Muchas personas con un problema crónico severo se deprimen y entristecen, y podemos entender que esto suceda. Pero Bartimeo era distinto. En los pocos versículos que se nos habla de él nos damos cuenta de que era una persona con tenacidad. Uno de esos hombres que no se dan por vencidos fácilmente.

Quizás convenga decir que es interesante que en el Nuevo Testamento hay muchos milagros que se producen en ciegos; diríamos que hay una frecuencia inusual, y que para nosotros sería muy alta en el tiempo presente. Una de las causas más frecuentes de ceguera en el mundo en vías de desarrollo es debido a una infección por un microorganismo que se llama *chamidia trachomatis.* La enfermedad es muy bien conocida en el Medio Oriente, Asia y África y se llama tracoma. Se calculaba que por el año 1990 había unos cuatrocientos millones de personas contaminadas con este microbio y que habría causado unos veinte millones de casos de ceguera. Creo que la mayoría de los casos de ceguera en los Evangelios se debió a esta enfermedad.

Parecería que pasamos unas pocas hojas de los Evangelios y nos encontramos con un ciego. Sin duda que el uso de gotas medicinales en los ojos de los recién nacidos ha disminuido gran cantidad de infecciones que en el pasado terminaban causando ceguera.

Algunos de estos ciegos en el Nuevo Testamento son muy especiales. Recordamos al que se menciona en Juan 9 que fue enviado al estanque de Siloé. Tenemos el ciego de Betsaida, aquel que dijo: "Veo a los hombres, pero los veo como árboles que andan" (Mar. 8:24).

Bartimeo, en cambio, no sólo sabemos que era de Jericó sino que su padre se llamaba Timeo. El hecho de que se mencione específicamente nos hace sospechar que era una persona conocida en la comunidad.

La vida de este ciego consistía en ser llevado a un lado del camino todos los días. Allí mendigaba dependiendo de la buena voluntad de los transeúntes. Su oído muy afinado y sensible por la falta de la vista le informaba cuando alguien se estaba acercando. Él sin duda esperaba hasta que el caminante estuviera cerca. Entonces, con su frase característica acompañada con un tono que despertara lástima, pediría la limosna como lo siguen haciendo en el día de hoy los enfermos en muchas ciudades del mundo.

Su vida no era fácil. Algunos ya se habían acostumbrado tanto a verlo allí que probablemente lo consideraban parte del paisaje. Otros quizás se detenían para tirarle unas monedas y escuchar el agradecimiento del ciego con palabras tales como: "Muchas gracias; que Dios se lo devuelva con creces". Es que con dos mil años el mundo no ha cambiado mucho en ciertos aspectos de la vida.

Aunque físicamente este hombre no hacía mucho, su vida era dificultosa. En el verano el calor agotador lo azotaba. Quizás tendría la sombra de un árbol cerca para ayudarlo. En el invierno el frío y la lluvia lo castigaban sin compasión. Era una bendición que tuviese esa capa para protegerse. Es que si esa capa pudiera hablar ¡vaya a saber las historias que podría contarnos!

Aquel día cuando llevaron a Bartimeo de su casa, para ponerlo al lado del camino, parecía un día como cualquier otro. Sin duda que Bartimeo tomó su recipiente con agua para tener qué tomar durante el día y también algo de comida. Allí se dirige a su lugar para mendigar.

Mateo 20:30 nos dice que había dos ciegos. No sabemos el nombre del otro. Todo el mundo lo conocería como el compañero de Bartimeo.

El versículo 47 de Marcos 10:47 nos dice: "Y cuando oyó que era Jesús de Nazaret, comenzó a gritar diciendo: '¡Jesús, hijo de David, ten misericordia de mí!'". Probablemente habiendo pasado tanto tiempo junto al camino, había escuchado hablar de Jesús de Nazaret. Al oír de los milagros que la gente decía que él podía hacer, quizás corrió por su mente el sueño de ¿qué sucedería si él tuviera la oportunidad de rogarle a Jesucristo que le diera la vista? ¿Sería capaz o tendría interés en curarme?

Aunque el texto bíblico no nos dice esto, no sería difícil que este proceso hubiera ocurrido. Así también en el día de hoy los que padecen de cierta enfermedad están siempre muy atentos a las investigaciones y los nuevos tratamientos para su dolencia. He visto personas que realmente se han hecho expertos en la afección que sufren y se informan de todo lo que hay disponible.

"¡Jesús, hijo de David, ten misericordia de mí!". Por supuesto que al llamarlo hijo de David estaba reconociendo que Jesús de Nazaret era alguien muy especial. No era un predicador más de los que tanto abundaban. Ser hijo de aquel Rey que había llevado a Israel a un estado de prosperidad y de triunfo militar no era nada insignificante. Observen que él no le pide la curación; sólo dice "ten misericordia de mí". Es que él sabía que si el Nazareno tenía misericordia de él algo importante le iba a suceder. El versículo 48 nos dice: "Muchos le regañaban para que se callara, pero él gritaba aún más fuerte: '¡Hijo de David, ten misericordia de mí!'". La reacción de muchos era algo como: "¡Cállate, gritón!". Es que este hombre estaba acostumbrado a exclamar en voz alta a los que pasaban a cierta distancia. Tendría una voz potente de esas que nadie puede ignorar.

La práctica de muchos años le había enseñado que cuantos más escucharan su voz, más dinero podría conseguir. De nuevo la multitud lo reprende que se calle. Pero ¿es que no se dan cuenta de que este hombre sabe que esta es la gran oportunidad de su vida? Él ha estado esperando esto desde que supo que Jesús de Nazaret podía hacer curaciones milagrosas. El clamor de este hombre es sin duda conmovedor; pero estaba pasando aquel de quien la Escritura nos dice en Hebreos 4:15, 16: "Porque no tenemos un sumo sacerdote que no puede compadecerse de nuestras debilidades... Acerquémonos, pues, con confianza al trono de la gracia para que alcancemos misericordia y hallemos gracia para el oportuno socorro". Esto es lo que el ciego hizo. Se acercó al trono de la gracia, que por así decirlo, aquel día estaba en el camino polvoriento de Jericó. El versículo 49 de Marcos 10 nos parece que se asemeja a una película de cine o televisión cuando se empieza a ver en cámara lenta. Noten los detalles: "Entonces Jesús se detuvo y mandó llamarle. Llamaron al ciego diciéndole: 'Ten confianza. Levántate. Él te llama'".

Observen que el Señor Jesús se detiene. Él podría haberlo curado prosiguiendo su marcha. Pero no actúa así quien es Dios manifestado en carne. Se detiene para prestarle toda su atención a aquel ciego que mendigaba en el camino.

"Ten confianza. Levántate. Él te llama". ¡Qué precioso es a nuestro corazón darnos cuenta de que cuando el Señor Jesús nos llama no es necesario volver a la vida en la situación y pecado de antes! Seguramente que Bartimeo nunca volvió a sentarse en el mismo lugar que solía; ahora, ¿cómo podría hacerlo? Él no era más un ciego. Pienso cuántas veces habrá pasado por ese camino y se habrá acordado de esos largos años con toda la miseria de su vida de ceguera y mendicidad.

Pero notemos las palabras "te llama". Es que cuando Jesús de Nazaret llama nunca nadie que ha ido a él queda defraudado. Arrojó su capa que era un impedimento. Él estaba tan apurado para acercarse a Jesús que dejó eso que le impedía ir de prisa.

Suponemos que alguien le ayudó llevándolo de la mano delante de Jesús de Nazaret. El versículo 51 nos dice: "Le respondió Jesús, diciendo: '¿Qué quieres que te haga?'". ¿Qué responderíamos si Jesucristo hoy mismo nos preguntara esto a nosotros? Algunos empezaríamos con una lista grande de pedidos: Señor, yo quiero esto, esto y esto y la lista nunca terminaría. Observen que el ciego le dijo "Rabí, que yo recobre la vista". En efecto, estaba diciendo: "Quiero ver los maravillosos colores de la creación a nuestro alrededor que la gente me dice que son hermosos (¿Quién no ha quedado extasiado ante un amanecer, o los colores de una flor?). Señor, quiero ver".

Mateo 20:34: "Señor, que sean abiertos nuestros ojos". Se dirigen al Mesías con el término Maestro (raboni) que implica respeto y reverencia.

Mateo 20:34: "Entonces Jesús, conmovido dentro de sí, les tocó los ojos…". Marcos no nos da este detalle del acto físico de tocar los ojos. Tocó los ojos sin vida de los ciegos. Ojos, como tantas veces hemos visto, secos y abiertos hacia el infinito. Pero notemos estas palabras que son importantes: "Entonces Jesús, conmovido…". Es interesante que el evangelista Mateo de alguna manera capte el sentimiento del corazón del Maestro. El rostro del Señor Jesús expresa en forma clara el sentimiento de piedad que lo mueve a hacer el milagro. Remarcamos que él no hace el milagro sin sentir algo en su corazón. Los médicos a veces hacemos operaciones quirúrgicas o procedimientos que serían muy dolorosos si el paciente no estuviera bajo anestesia; pero el cirujano no siente absolutamente nada. Por el contrario, el Señor Jesús sintió en su corazón esa sensación indescriptible cuando el dolor ajeno nos toca. Ahora, nosotros sentimos compasión en ciertas oportunidades; pero la vida con sus rigores lentamente nos ha hecho muy duros. Es así que muchos pueden pasar al lado de alguien que tiene una gran necesidad sin tratar de brindarle ayuda. Pero no así el corazón del Señor Jesús. Su sensibilidad es muy delicada y exquisita. Si vamos a escuchar un concierto de música clásica, en la apoteosis de una sinfonía, muchos quizás apenas podamos distinguir los sonidos más estridentes como las trompetas, o el tambor. Pero aquel oído sensible y educado puede escuchar el flautín o el oboe que parece perdido cuando al unísono toda la orquesta despliega su mayor potencia en el gran final. Y así también es nuestro Señor. Nosotros solamente podemos distinguir las cosas muy obvias e intensas; pero Jesús se compadeció de ellos. Obviamente que había una gran multitud; pero la Palabra no nos dice que alguno de la multitud o de los discípulos se haya compadecido de él.

El término que se usa aquí para compadecerse en griego es *splanikzomai*. Quizás la mejor manera de definirlo es ver cómo se utiliza en el Nuevo Testamento. En Mateo 9:36 tenemos la compasión en referencia a las multitudes desamparadas y sin dirección: "Y cuando vio las multitudes, tuvo compasión de ellas; porque estaban acosadas y desamparadas como ovejas que no tienen pastor". En el 14.14 la compasión en relación a los enfermos: "Cuando Jesús salió, vio la gran multitud y tuvo compasión de ellos, y sanó a los que entre ellos estaban enfermos". En el 15:32 tenemos la compasión vinculada a la necesidad de alimento y las consecuencias de no tener una nutrición correcta: "Jesús llamó a sus discípulos y dijo: 'Tengo compasión de la multitud, porque ya hace tres días que permanecen conmigo y no tienen qué comer. No quiero despedirlos en ayunas, no sea que se desmayen en el camino'". En el 18:27 en relación con la parábola de los deudores: "El señor de aquel siervo, movido a compasión, le soltó y le perdonó la deuda". En Marcos 1:41 con respecto a la curación del leproso: "Jesús, movido a compasión, extendió la mano, le tocó y le dijo: 'Quiero; sé limpio'". Con referencia a la resurrección del hijo de la viuda de Naín en Lucas 7:13: "Y cuando el Señor la vio, se compadeció de ella y le dijo: 'No llores'". En la parábola del buen samaritano (Lucas 10:33): "Pero cierto samaritano, que iba de viaje, llegó cerca de él; y al verle, fue movido a misericordia". Del hijo pródigo en Lucas 15:20: "Cuando todavía estaba lejos, su padre le vio y tuvo compasión. Corrió y se echó sobre su cuello, y le besó".

La razón por la cual insisto en estos versículos es porque la compasión es algo profundo; es algo que se experimenta en el interior de las entrañas. Es una reacción a algo. En el idioma original el término se refiere a las partes más profundas del cuerpo, o como diríamos hoy: el corazón.

A mí me llaman la atención las palabras del Señor Jesús: "Vete, tu fe te ha salvado". No le dijo: "Quiero, sé curado", cosa que en efecto sucedió, sino: "Vete, tu fe te ha salvado". Aunque parezca redundante el énfasis, es importante destacar que aquí se refiere a la salvación de su alma. Él mismo dijo: "¿Qué aprovechará al hombre si granjeare todo el mundo y perdiere su alma?". Y en otro lugar: "el Hijo del hombre vino a buscar y a salvar lo que se había perdido". Si Jesucristo sólo le hubiera dicho: "quiero que recibas la vista", este hombre nunca hubiera tenido el gozo de escuchar las palabras del Señor: "Tu fe te ha salvado". Observen que no dice "la fe te ha salvado", sino: "tu fe te ha salvado". La palabra salvado en griego es *sozo* que se utiliza más de cien veces en el Nuevo Testamento. Se usa con relación al nacimiento de Cristo, con un sentido de salvación de las consecuencias del pecado: "...y llamarás su nombre Jesús, porque él salvará a su pueblo de sus pecados" (Mat. 1:21). En Mateo 8:25 con referencia a salvarse del peligro de morir en un naufragio cuando los discípulos están en el barco y se despierta la tempestad: "¡Señor, sálvanos, que perecemos!" (ver también Mat. 18:11; 19:24; Juan 3:17; 12:27; 1 Tim. 1:15).

Volvemos a Marcos 10:52: "...y seguía a Jesús en el camino". Quizás Bartimeo pronto encontraría que era más difícil seguir a Jesús en el camino que quedarse mendigando. Sin embargo, el gozo espiritual de escuchar y aprender de Jesús de Nazaret no se podía comparar con nada que él hubiera hecho o experimentado antes. ¡Qué palabras que parecen tan sencillas y no lo son! Para Bartimeo, era tomar un sendero nuevo y funcionar como una persona normal. Pero para Jesús de Nazaret era el camino hacia la cruz.

Sin duda que el hijo de Timeo estaba contento de que podía seguir ese grupo. Al principio del relato bíblico él siente el ruido y pregunta: "¿Qué pasa?". Ahora él es parte de la acción del grupo que sigue al Hijo de David.

Por supuesto que la razón por la que lo seguía en el camino era su agradecimiento por el milagro que había hecho en su vida. Observemos que no se nos dice que el Señor Jesús le hubiera dicho: "sígueme"; como al joven rico, ni le dijo: "vete a tu casa a los tuyos", como le ordenó al gadareno.

Es necesario hacer dos observaciones: La expresión "que yo recobre la vista" no significa que él la hubiese tenido antes. La traducción "que vea" nos da una mejor idea del sentido. Las expresiones "saliendo de Jericó" y "saliendo ellos de Jericó" (Mateo y Marcos) en vez de "al acercarse Jesús a Jericó" (Lucas) ha dado lugar a distintas interpretaciones. Quizás la más fácil es entender que Jericó tenía una parte muy antigua (la original era anterior al tiempo de Josué) y otra nueva. Es decir, se podía estar saliendo de una y entrando a la otra, del mismo modo que en el día de hoy la parte antigua de la ciudad muy a menudo tiene menos importancia que la parte nueva. Yo he estado en la ciudad actual de Jericó y los expertos hablan de muchos niveles distintos de fundamento. Otros lo interpretan como que Jesús entró y salió de la misma ciudad pero no fue hasta que salió que la curación se produjo.

Terminamos esta meditación recordando que Bartimeo antes estaba sentado en el camino mendigando. Ahora va por el camino viendo la luz y compartiendo su experiencia con el Hijo de David, que se dirige a las tinieblas de la cruz.

Temas para predicadores

- *La perseverancia de Bartimeo, y la perseverancia en la súplica.*
- *El ciego "dejó su capa" que le impedía llegar lo antes posible delante de Jesucristo.*
- *La compasión del Señor Jesús.*
- *Tu fe te ha salvado.*
- *La influencia negativa de la televisión donde los caracteres principales casi nunca muestran elementos de compasión en su carácter.*

5. El paralítico de Capernaúm

Mateo 9:1-8; Marcos 2:1-12; Lucas 5:17-26

En nuestra sociedad tenemos una tendencia a idealizar y "estilizar" personas o situaciones, con el resultado de que la imagen que tenemos es muy pobre y verdaderamente irreal. Por ejemplo, los jóvenes se imaginan las guerras modernas como un juego de computadora donde se oprime un botón desde un avión y desaparece una ciudad con veinte mil habitantes.

Desgraciadamente, este tipo de imágenes les altera la noción de la realidad, pues al ver después en un noticiario las escenas reales de un bombardeo o ataque con misiles a una ciudad lejana, no se percatan de que en ese mismo instante su prójimo está muriendo, mientras otros son mutilados, heridos y quemados, y sus hogares convertidos en escombros, fuego y cenizas.

En el caso del paralítico de Capernaúm, la mayoría de las personas que no han tenido un enfermo así en la familia no se dan cuenta de todo lo que esta enfermedad representa. Es que en la vida real este hombre no estaba acostado en un lecho de rosas y sobre un colchón de plumas. Pacientes con parálisis muy a menudo desarrollan severas llagas o heridas malolientes especialmente en los lugares donde el cuerpo se apoya. Pero muy frecuentemente las personas con parálisis tienen también dificultades muy serias con el control del sistema urinario y la incontinencia es muy frecuente. Por eso decíamos que la vida de este hombre no sólo tenía la dificultad de no poder caminar, sino también todas las otras cosas que se ven asociadas a esta situación. Seguramente que sus amigos lo prepararon y le hicieron la higiene necesaria para estar "presentable" delante del Médico Todopoderoso. Sin duda que al moverlo, por más cuidado que hayan tenido, le habrán provocado dolor.

Aquel día en Capernaúm no iba a ser un día común para el paralítico. Quizás empezó la jornada pensando que iba a ser otro día como todos. Sólo sabemos que era un paralítico. No se nos dice si pedía limosnas, pero sí sabemos que tenía buenos amigos bien dispuestos a hacer lo que fuera necesario para ayudarlo. Cuando en Capernaúm se enteran de que Jesús de Nazaret está allí, estos cuatro hombres determinan hacer todo lo que puedan para llevar al enfermo delante de Jesucristo, de quien sin duda han escuchado que hacía muchos y grandes milagros. No sabemos si fue fácil o no convencer al paralítico de aquella idea. Yo personalmente creo que fue difícil porque cuando alguien tiene un padecimiento crónico, fácilmente es pesimista. A diferencia de otros casos, en éste no sabemos por cuánto tiempo había estado enfermo. Suponemos que ha de haber sido por un largo tiempo. Por la simpatía y probablemente por la insistencia de sus amigos, decide aceptar, y estos hombres lo llevan en un lecho que suponemos que sería algo así como una estera.

La causa de su enfermedad, o sea la parálisis, probablemente era la secuela de la enfermedad llamada poliomielitis o parálisis infantil, enfermedad que hoy gracias a Dios puede ser prevenida por la vacuna inventada por el doctor Salk. Hay otros tipos de enfermedades neurológicas que pueden dar distintos tipos de parálisis; también traumatismos cerebrales en el momento del nacimiento deben considerarse en la etiología. La posibilidad de que la enfermedad fuera un problema muscular, no puede ser excluida.

Lucas 5:17 nos dice: "Y aconteció en uno de esos días que Jesús estaba enseñando, y estaban sentados allí unos fariseos y maestros de la ley que habían venido de todas las aldeas de Galilea, de Judea y Jerusalén. El poder del Señor estaba con él para sanar".

Hubo milagros que se produjeron en presencia de pocas personas, pero este se realizó en presencia de un grupo grande de hombres religiosos.

Versículo 18: "Y he aquí, unos hombres traían sobre una camilla a un hombre que era paralítico, y procuraban llevarlo adentro y ponerlo delante de Jesús". Probablemente, fue un trabajo muy difícil llevarlo por las calles de Capernaúm; y para colmo, al llegar a la casa, se encontraron con que estaba llena y no había manera de meterlo. La casa estaba tan repleta que era imposible abrirse paso hasta donde estaba Jesús de Nazaret.

¿Qué hacer? La mayoría de nosotros en ese momento hubiera desistido. "Bueno, no se puede... quizás otra vez...". Pero raras veces vuelve la oportunidad perdida. Estos hombres lo sabían; tenían un propósito que era poner a este hombre delante de la persona del Señor Jesucristo, pues creían que de lograrlo su problema quedaría resuelto. ¡Qué ejemplo para nosotros hoy día! ¡Qué precioso es poder traer un alma a los pies del Señor Jesús!

Durante su ministerio terrenal el Señor Jesucristo se encontró con todo tipo de personas. Algunos ricos, otros pobres; algunos religiosos, otros como los saduceos que no creían que había resurrección de los muertos. Halló a personas como la mujer sirofenicia que tenía mucha fe y se encontró con otros como el padre del joven lunático, un hombre al que le costaba tener fe, y dijo: "¡Creo! ¡Ayuda mi incredulidad!" (Mar. 9:24).

En esta porción el Mesías se encuentra con un hombre de quien no sabemos cuánta fe tenía él mismo, pero sí sabemos que sus amigos hicieron lo imposible para ponerlo frente a Jesús de Nazaret.

Y lo interesante es que una de las frases más conocidas e importantes del Nuevo Testamento se va a decir en relación con la curación de este hombre: "Pero para que sepáis que el Hijo del Hombre tiene autoridad para perdonar pecados en la tierra...". Este hombre no abre su boca, al parecer, para nada. No pide por su curación, pero estamos seguros de que la agradece.

El Evangelio de Marcos nos muestra la situación en forma bien gráfica en el 2:1, 2 donde leemos: "Cuando él entró otra vez en Capernaúm después de algunos días, se oyó que estaba en casa. Muchos acudieron a él, de manera que ya no cabían ni ante la puerta; y él les hablaba la palabra". ¡Qué privilegio tan grande tuvieron estas personas a las que el Hijo de Dios les abrió y les explicó las Sagradas Escrituras!

Pero volvamos a estos cuatro hombres que frente a la dificultad estaban dispuestos a perseverar. A alguno de ellos se le ocurrió la idea de subir al techo, mover las partes de la estructura que fuera necesario y por allí bajar al enfermo. Puede que alguno haya argumentado que seguramente al dueño de la casa no le iba a agradar que le estuvieran rompiendo el techo. Otro ha de haber dicho que no era bueno interrumpir la reunión donde había tanta gente escuchando. Otro quizás insinuó que iba a ser penoso para el enfermo que quizás tendría llagas dolorosas debido a la inmovilidad, e insinuó que bajarlo desde el techo usando cuerdas o cosas similares era muy peligroso. Y creo que podríamos continuar la lista de razones por las que pudo haber pensado que el proyecto podía fracasar. La primera parte del procedimiento no era simple. Había que subir al techo a un hombre paralítico. Al parecer muchas casas en esos tiempos tenían una escalera exterior por la que se podía llegar al techo. Pero ¿cómo hacían para subirlo? No sabemos si lo llevaron en brazos dos hombres o si utilizaron cuerdas con dos hombres izando de arriba y dos sosteniendo abajo, o de qué manera lo hicieron, pero seguramente que no fue fácil. De cualquier manera que lo hayan hecho, esos hombres estaban dispuestos a lograr su propósito. Puedo visualizar la escena adentro de la casa. Jesús de Nazaret está enseñando y de pronto alguien empieza a escuchar unos ruidos en el techo. El ruido va en aumento. Aquellos que tienen la tendencia a distraerse rápidamente se preguntan: "¿Qué pasa?". De pronto parte de la estructura se empieza a mover y aparecen las caras de unos hombres. Hablan entre ellos como que fuera por pura coincidencia o acierto de sus cálculos, pero abrieron el boquete justo en el lugar preciso. Con mucho cuidado comienzan a hacer descender al enfermo. Con diligencia hacen el trabajo en forma progresiva para evitar que un lado de la estera baje más que el otro. El versículo 19 de Lucas 5 finaliza: "...le bajaron por el tejado en medio, delante de Jesús".

Lucas 5:20: "Al ver la fe de ellos, Jesús le dijo: 'Hombre, tus pecados te son perdonados'". Estas palabras son un consuelo para nuestro corazón: "al ver la fe de ellos". Estos cuatro hombres no desmayaron. Cumplieron su propósito de corazón y el Señor respondería. ¡Cuántas veces hemos orado por un largo tiempo y nos entristecemos porque no pasa nada! Aquí tenemos una porción de la Biblia que nos ilustra el poder de la intercesión.

Me imagino la escena. Sin duda en este momento se ha hecho un silencio en toda la casa. El hombre ha sido puesto delante de Jesús de Nazaret. La mirada del silencioso paralítico pide por un milagro. Los cuatro amigos están mostrando en sus rostros la fe que los ha impulsado a obrar. Es como si dijeran: "Hicimos lo nuestro; ahora van a ver lo que él puede hacer". Los escépticos muestran también en sus semblantes, con una sonrisa burlona, la incredulidad de sus corazones. Jesús abre su boca y en vez de decir como lo ha dicho antes: "¡Quiero, sé sano!", o una frase similar, esta vez dice: "Hombre, tus pecados te son perdonados". Pienso que por un momento el enfermo se siente quizás defraudado, hasta que se da cuenta de la profundidad de estas palabras. Él ha sido perdonado de sus pecados, y reconoce que es un pecador. El Mesías ha visto todas sus necesidades y ha decidido que el perdón de sus pecados es su necesidad primordial. Ahora se da cuenta de que esto puede ser el principio de muchas bendiciones. ¿Conocería él las palabras del Salmo 32:1?: "Bienaventurado aquel cuya transgresión ha sido perdonada, y ha sido cubierto su pecado. Bienaventurado el hombre a quien Jehovah no atribuye iniquidad, y en cuyo espíritu no hay engaño".

Lucas 5:21: "Entonces los escribas y los fariseos comenzaron a razonar diciendo: "¿Quién es éste, que habla blasfemias? ¿Quién puede perdonar pecados, sino sólo Dios?".

Y en esto tenían razón. Solamente Dios puede perdonar pecados porque él es el Juez de todo el universo.

Hay cuatro aspectos que podemos considerar en relación con este tema. En primer lugar, él pudo perdonar pecados porque es el Hijo de Dios. Los religiosos sabían muy bien que solamente Dios podía perdonar pecados. En segundo lugar, él puede perdonar pecados porque es el "Cordero de Dios que quita el pecado del mundo" (Juan 1:29). En tercer lugar, él puede perdonar pecados porque iba a ir a la cruz del Calvario a morir por los pecadores, como lo expresa 2 Corintios 5:21: "Al que no conoció pecado, por nosotros Dios le hizo pecado, para que nosotros fuéramos hechos justicia de Dios en él"; o como lo expresa Isaías 53:6: "Todos nosotros nos descarriamos como ovejas; cada cual se apartó por su camino. Pero Jehovah cargó en él el pecado de todos nosotros". En cuarto lugar, él puede perdonar pecados porque es el Juez moral de todo el universo. En Juan 5:26, 27 leemos: "Porque así como el Padre tiene vida en sí mismo, así también dio al Hijo el tener vida en sí mismo. Y también le dio autoridad para hacer juicio, porque él es el Hijo del Hombre".

Lucas 5:22: "Pero Jesús, dándose cuenta de los razonamientos de ellos, respondió y les dijo: '¿Qué razonáis en vuestros corazones?'".

Observemos que no es que Jesucristo sospechó lo que ellos estaban pensando sino que lo sabía absolutamente; no sólo lo que estaban cuchicheando sino lo que estaban pensando en sus mentes. Y sin duda lo que ellos estaban pensando era: "Es fácil decirlo pero difícil hacerlo. ¿Cómo probar que en realidad los pecados le han sido perdonados?". No hay demostración objetiva, no hay nada que los ojos humanos puedan ver.

Pero cuando aquél vio a Natanael le dijo, demostrando su omnisciencia: "Antes que Felipe te llamara, cuando estabas debajo de la higuera, te vi" (Juan 1:48), les va a enseñar una lección profunda. Nos preguntamos qué es más fácil para Jesucristo ¿sanarlo de la parálisis o perdonarle los pecados? La verdad es que es más fácil sanarlo. Los profetas del Antiguo Testamento hicieron milagros de sanidad e inclusive de resurrección. Pero para poder decir "tus pecados te son perdonados", Jesús tenía que ir a la cruz y agonizar allí por nuestra culpa y derramar su sangre preciosa.

Llegamos al versículo 24 de Lucas 5 que es una de las perlas del Nuevo Testamento: "'Pero para que sepáis que el Hijo del Hombre tiene autoridad en la tierra para perdonar pecados', dijo al paralítico: 'A ti te digo: ¡Levántate, toma tu camilla y vete a tu casa!'".

No hay demora; el milagro se produce de inmediato. El hombre se levanta, lo cual demuestra que ha recuperado sus fuerzas en las piernas, toma su lecho, lo que certifica que las fuerzas en sus brazos también son normales, y sin más trámite el hombre se va glorificando a Dios. "¡Aleluya, Gloria a Dios!", quizás exclama. La multitud le abre paso y él sale con una sonrisa y un gozo indescriptible. Aquel que llegó a la casa por el techo se fue por la entrada principal de la casa. Es que su vida ha sido totalmente cambiada. No es más un paralítico que depende de otros para vivir. Ahora puede caminar y tiene en su alma algo que no tenía antes, ahora ha sido perdonado por Jesús de Nazaret. Su voz fuerte se va haciendo cada vez más lejana mientras se va cantando alabanzas a Dios. En Capernaúm, por lo menos había uno que sin duda estaba absolutamente convencido de que Jesucristo podía perdonar y era este hombre.

Lucas 5:26: "El asombro se apoderó de todos, y glorificaban a Dios. Fueron llenos de temor y decían: '¡Hoy hemos visto maravillas!'".

Queremos recalcar que en una enfermedad normal el proceso de recuperación del enfermo transcurre en forma progresiva, mejorando la función, aunque muchas veces sólo recupera una fracción de lo que podía hacer antes. En los milagros del Señor las curaciones son absolutas e inmediatas. Es lo que se llama *restitutio at integrum*, es decir, la recuperación es total. Este hombre puede caminar con todas las fuerzas normales para una persona de su edad. Los músculos que estaban atrofiados por el desuso ahora han vuelto a su tamaño y función normales. Los nervios que de alguna manera no transmitían los impulsos nerviosos (como sucede en los casos de poliomielitis) ahora conducen con completa normalidad los impulsos que se originan en el cerebro y las distintas estructuras del sistema nervioso.

Hemos visto en esta historia tres hechos maravillosos. En primer lugar, al paralítico le son perdonados los pecados. En segundo lugar, Jesucristo ve los corazones de los hombres que murmuran. En tercer lugar, Jesucristo le da al paralítico una sanidad instantánea y total.

Temas para predicadores

- *La divinidad del Señor Jesús.*
- *La razón por la que Jesucristo tiene poder de perdonar pecados.*
- *La tenacidad de los cuatro amigos.*
- *El valor de la oración de intercesión. El cambio tremendo en la vida del "paralítico".*

6. El hombre con hidropesía

Lucas 14:1-6

Hay porciones de las Escrituras en las que sentimos que en forma progresiva la tensión emocional va aumentando. Esa mañana del día sábado ya habíamos comenzado con una gran carga eléctrica en el aire como se siente cuando va a haber una gran tormenta.

Versículo 1: "Aconteció un sábado, cuando él entró en casa de uno de los principales de los fariseos para comer pan, que ellos le observaban cuidadosamente". Ciertamente era un día de reposo, pero no había calma en el ambiente.

Suponemos que el dueño de la casa, que por lo visto tenía un cargo de responsabilidad, tendría curiosidad por saber algo de Jesús de Nazaret, y lo invita a "comer pan" que es una manera de decir una comida en la cual estaban incluidos seguramente otros alimentos. Pero en ese lugar los fariseos lo estaban acechando, es decir, tenían la misma actitud que un animal salvaje como un tigre o un leopardo cuando se esconde para saltar sobre su presa.

Versículo 2: "Y he aquí un hombre hidrópico estaba delante de él". Es interesante notar que este individuo en ningún momento abre su boca. Ni siquiera se nos dice que pidiera ser curado, ni tampoco se nos informa lo que dijo él después del milagro.

¿Qué es lo que este hombre tiene que se llama hidropesía? En primer lugar, esta no es una enfermedad sino un síntoma o un conjunto de síntomas. Del mismo modo que la fiebre no es una enfermedad de por sí sino la manifestación de un proceso en el enfermo. Esta condición se caracteriza por la retención de grandes cantidades de líquido en el cuerpo del individuo. Este líquido va a estar en todas partes del cuerpo, pero se va a notar más en ciertas partes según la gravedad o los síntomas que provoca. Sin duda que este hombre tenía gran hinchazón no sólo de los tobillos sino de las piernas. Este edema muy a menudo llega a la pared del abdomen y hay líquido en la cavidad peritoneal, lo cual se llama ascitis. Esto le da a la persona el aspecto de un abdomen muy dilatado, que tratándose de un hombre, lo haría parecer como si fuera una mujer con un embarazo de gemelos a término. Yo he visto pacientes con 8 a 10 litros de líquido en la cavidad abdominal. Este abultamiento abdominal empuja el diafragma hacia arriba y por supuesto esto dificulta la respiración. La gran hinchazón abdominal le da al paciente una sensación continua de molestia difusa. El edema severo de las piernas dificulta el movimiento, porque muy a menudo se pueden acumular entre diez y veinte litros de agua, lo cual significa un aumento equivalente en el peso del paciente.

Pero sin duda, lo más molesto es la falta de aire (disnea) que sucede por la acumulación de líquidos en la parte de afuera de los pulmones, lo que se llama la pleura. También se puede acumular líquido en la cavidad que rodea al corazón, que se llama el pericardio. A veces se pueden depositar uno o dos litros de líquido en cada cavidad pleural, lo que por supuesto impide que la respiración pueda hacerse normalmente. En mi práctica como médico he llegado a ver hinchazón no sólo en las manos sino también en la cabeza, aumentando el diámetro de la cabeza del paciente debido al líquido que se junta en las superficies blandas afuera del cráneo.

Las causas, o sean, las enfermedades que pueden provocar esta condición son múltiples. En el mundo occidental, en el día de hoy, una de las razones más frecuentes sería la insuficiencia cardiaca, es decir, cuando el corazón deja de funcionar apropiadamente y por un mecanismo complicado se produce retención de gran cantidad de líquidos. En segundo lugar, esto se ve también en el llamado síndrome nefrótico que se ve en algunos tipos especiales de nefritis (un problema en el funcionamiento de los riñones). En esta situación, cuyo mecanismo es muy distinto que en la insuficiencia cardiaca, la pérdida de albúmina por la orina hace que el cuerpo no pueda retener los líquidos. Debido a la falta de albúmina no se puede efectuar la presión para que los líquidos se queden adentro de los vasos capilares (esto se llama presión oncótica). Esta condición como se ve en ciertos tipos de nefritis podría también haber sido la causa del problema de este hombre. La próxima causa en frecuencia es la cirrosis del hígado, muy a menudo debido al exceso en el consumo de alcohol, o a veces debido a hepatitis crónica. Esta causa es muy frecuente en países en vías de desarrollo, que tienen distintas enfermedades hepáticas. Bueno, podríamos seguir con la lista larga de causas.

Yo personalmente creo que cualquiera de estas enfermedades podría haber sido el motivo del problema de este hombre, y quizás las más frecuentes en aquel tiempo serían el síndrome nefrótico, la insuficiencia cardiaca o la cirrosis del hígado.

Pero me gustan mucho estas palabras del evangelio: "Y he aquí un hombre hidrópico estaba delante de él". El Señor Jesucristo siempre vio a los individuos. Aquí ve a un hombre con un problema, que es obvio con sólo mirarlo.

En Juan 9 los discípulos, cuando observan al ciego de nacimiento, ven un problema teológico: y sus discípulos le preguntaron diciendo: "Rabí, ¿quién pecó, éste o sus padres, para que naciera ciego?" (v. 2). Pero gracias a Dios, el Señor Jesucristo ve a los individuos y sus necesidades.

Yo me imagino la escena allí: está este hombre con su cuerpo todo hinchado o inflado como diría alguien. Es muy probable que su respiración fuera rápida y dificultosa como es común en este estado. Sin duda no estaba acostado, porque cuando hay líquido en los pulmones la posición acostada hace la respiración muy difícil.

En una situación similar nosotros probablemente hubiéramos ignorado al hombre y todo su problema para evitarnos dificultades, pero el Señor Jesús es distinto y no podía desconocer la necesidad de este hombre.

Los fariseos estaban buscando la ocasión para acusarlo. ¿Qué hará ahora Jesús de Nazaret? Las Escrituras no nos dicen si el hombre llegó por su propia cuenta o si fue invitado para que estuviera presente. De todos modos, allí está, delante de Jesús de Nazaret. Yo me imagino la expresión del hombre con su rostro que muestra la enfermedad crónica y todos sus síntomas. Sus piernas están inflamadas por el edema.

Versículo 3: "Entonces respondiendo Jesús, habló a los maestros de la ley y a los fariseos, diciendo: '¿Es lícito sanar en sábado, o no?'". Los fariseos se muerden los labios con odio; el enfermo mira al nazareno con una súplica en sus ojos. Se hace un gran silencio. El versículo 4 continúa diciendo: "Pero ellos callaron. Entonces él le tomó, le sanó y le despidió". Esta palabra "tomó" es la misma que se traduce del griego como "sostener" en Mateo 14:31 cuando Pedro se va a hundir en el agua: "De inmediato Jesús extendió la mano, le sostuvo y le dijo: '¡Oh hombre de poca fe! ¿Por qué dudaste?'".

Me parece interesante el comentario de Matthew Henry, quien al hablar de esta porción sobre el hombre con hidropesía, dice: "Él (Jesucristo) lo abrazó y lo tomó en sus brazos, aun si este hombre era grande y ancho (porque los que tienen hidropesía generalmente lo son). La curación de la hidropesía, como la de cualquier enfermedad, uno pensaría que tiene que hacerse gradualmente; sin embargo Cristo curó aun esta enfermedad, y la curó perfectamente en un momento".

Es interesante que Matthew Henry, casi trescientos años atrás (1721), razonaba que la curación de este enfermo fue un milagro muy especial, en el sentido que el exceso de líquido normalmente llevaría muchos días para eliminarse.

Ahora todo parece muy sencillo, sin embargo, hay algunas preguntas que nos podemos hacer en este caso. Normalmente en los casos de hidropesía el líquido tiene que ser eliminado fuera del organismo por la vía natural, que es por la acción de los riñones eliminando el exceso de fluidos. En mi práctica como médico he tratado muchos pacientes con este tipo de problemas. Es peligroso tratar de sacarle todo el líquido de súbito porque se pueden producir cambios en la química de la sangre (electrolitos) muy severos. Por lo tanto, tratamos de que se haga en forma progresiva haciendo que el paciente con hidropesía pierda uno o dos kilogramos por día en vez de que pierda cuatro kilogramos. Dado que el Señor Jesucristo siempre hizo curaciones completas, en este caso tenemos que asumir que de manera milagrosa la hinchazón anormal desapareció. El proceso, cualquiera que fuera la etiología, es decir, aunque fuera de origen renal (síndrome nefrótico), de origen cardíaco (insuficiencia cardiaca) o de origen hepático (cirrosis hepática), igual fue resuelto completamente.

Parecería por la descripción que el enfermo es, en cierta manera, el personaje secundario; ahora él se aleja y el Señor Jesús les hace esta pregunta:

Versículo 5: "Y dijo a ellos: '¿Cuál de vosotros, si su hijo o su buey cae en un pozo, no lo sacará de inmediato en el día de sábado?'". Observamos que en esta pregunta se sugiere que del mismo modo que ellos podían tener un animal que les pertenecía, en cierto sentido este hombre le pertenece también a Jesucristo. Por supuesto que si por un animal estamos dispuestos a hacer algo inusual, cuánto más tendríamos que hacer por un ser humano. No hace mucho apareció en los periódicos la historia de un perro que había estado abandonado por más de un mes en un barco a la deriva. Hubo tanta presión de la gente que al final se gastaron miles de dólares para salvar a ese perro del barco abandonado.

En segundo lugar notamos que dice "si su hijo o su buey cae en un pozo". Es decir, le sucede algo inesperado, y este hombre había caído en el "pozo" de la enfermedad. El obispo Trench, en su Notas sobre los Milagros, cita a San Agustín quien dice: "El Señor Jesucristo apropiadamente compara al hombre con hidropesía con un animal que ha caído en un pozo, porque era con líquido que el hombre estaba afligido". El mismo autor cita a Grotious: "Un hombre con hidropesía es como una bestia que se está ahogando".

Cuando él les dice: "¿Cuál de vosotros...?", cada uno de ellos sin duda puede recordar situaciones en su vida privada en que en un día sábado tuvo que decidir si estaba o no bien hacer algo. Creo que la condición respiratoria de este hombre era tal que el Mesías sabía que el milagro no podía esperar un día más.

Sin duda cuando este hombre volvió a su casa nadie lo podía creer. La hinchazón monstruosa de sus piernas y su abdomen había desaparecido. Su respiración ahora era normal, y cuando alguien le preguntaba qué había pasado, él podía decir algo así: "Jesús de Nazaret me sanó por su gracia".

Remarcamos que este hombre al parecer no solicitó la curación, pero Jesucristo vio su necesidad.

Temas para predicadores

- *El legalismo o la gracia de Dios.*
- *La sanidad divina (completa e instantánea).*
- *El Señor Jesús solucionando el problema antes de ser solicitado.*

7. El ciego de Betsaida

Marcos 8:22-26

De la misma manera que cada atardecer es diferente, cada vez que Jesucristo hace un milagro vemos una individualidad que lo hace único. Sin duda que hay muchas diferencias entre el ciego que estaba mendigando en el templo (Juan 9) y aquel hombre tan lleno de vida y fe que se llamaba Bartimeo, en el camino de Jericó.

Esta escena es precedida del milagro de la alimentación de los cuatro mil y de la conversación con los fariseos, quienes lo tientan pidiendo una señal del cielo. Esta discusión ha tenido un efecto en las emociones del Hijo del Hombre. Leemos en el versículo 12: "Él suspiró profundamente en su espíritu...". Es en esta situación anímica que llegan a Betsaida, y en el versículo 22 leemos: "...y le trajeron un ciego y le rogaban que lo tocase".

No sabemos nada de este hombre; ni su nombre, ni su edad, sino únicamente que era ciego. Es interesante que la gente al traerlo le ruega al Mesías que lo toque. Por experiencia puedo decir que a los médicos no nos gustan las sugerencias de cómo tratar a un paciente. Después de todo, ¡para algo pasamos tantos años de estudio! Pero Jesús de Nazaret no se enoja y el versículo 23 nos dice: "Entonces tomando al ciego de la mano, le sacó fuera de la aldea. Después de mojarle los ojos con saliva e imponerle las manos, le preguntó: '¿Ves algo?'". Observemos que lo sacó de la aldea. No quería que los curiosos incrédulos vieran y se mofaran de lo que él iba a hacer. Pero había algo más, porque si esta fuera la única razón hubiera sido suficiente entrar en una casa. Es que el método que va a utilizar con este ciego es distinto que en la curación de Bartimeo o la del ciego en Juan 9.

Pero hay un detalle que es importante. Betsaida ha pasado a la historia como un lugar donde Jesucristo hizo muchos milagros y sin embargo no fue aceptado. Mateo nos dice:

"Entonces comenzó a reprender a las ciudades en las cuales se realizaron muchos de sus hechos poderosos, porque no se habían arrepentido: '¡Ay de ti, Corazín! ¡Ay de ti, Betsaida! Porque si se hubieran realizado en Tiro y en Sidón los hechos poderosos que se realizaron en vosotras, ya hace tiempo se habrían arrepentido en saco y ceniza" (Mat. 11:20, 21).

A mí me emocionan estas palabras: "tomando al ciego de la mano, le sacó fuera de la aldea".

Imaginen la escena: dos hombres van saliendo del pueblo; detrás de ellos va un grupo de personas que son los discípulos. Si nos acercamos, vemos que uno es un hombre ciego que camina con una sonrisa en sus labios. Es que Jesús de Nazaret lo ha tomado de la mano y lo lleva fuera de la ciudad. Este ciego, sin duda, muchas veces había sido tomado de la mano y guiado a algún lugar. Pero esta mano que ahora estrecha la suya es muy distinta. Hay algo tan especial en esas manos de Jesús de Nazaret que le dan una sensación que nunca había tenido antes. Siente el calor de alguien que le ama y la firmeza de alguien que él sabe que lo va a ayudar. ¡Qué dichoso es este hombre que viviendo en las tinieblas va siendo guiado al lugar donde la luz va a entrar para siempre en su vida!

Una vez más, no podemos dejar de pensar en lo precioso que es el hecho de que Jesucristo actúa en cada persona en forma especial. Ahora, hay algo muy inusual en este milagro. Por supuesto que el Señor Jesús usó la saliva en otros casos como en el capítulo 7 de Marcos en la curación del sordo tartamudo. A. Barnes comenta al respecto: "Los ojos del ciego estaban probablemente cerrados. Quizás estaban pegados o los párpados adheridos por secreciones que se volvieron duras".

Pero aquí lo que es muy distinto es que la curación no se produce instantáneamente. Reparen en el ciego: antes que nada, siente que lo llevan a otro lugar. Yo preguntaría: "Pero, ¿por qué no puede hacer el milagro aquí mismo?". El ciego obedece y se deja conducir fuera de la ciudad, a un lugar seguramente más tranquilo. El no vidente siente ahora la saliva sobre sus ojos. En nuestra sociedad actual, con tantos conceptos sobre higiene y bacterias, nos llama profundamente la atención esta técnica.

H. Lockyer cita a J. N. Darby quien dice: "Él usa algo que es de sí mismo, algo que posee la eficacia de su propia persona, para efectuar la cura. La saliva, en conexión con la santidad de los rabinos, era altamente estimada por los judíos, pero aquí su eficacia está conectada con la persona de aquel que la usa".

La dificultad de esta porción está en el hecho de que la curación no sucede de inmediato. Matthew Henry nos comenta: "Parecería que los hombres que trajeron al ciego a Cristo no dudaban que con el toque de la mano de Jesús el hombre iba a ser curado; pero este mismo no demostró ese deseo intenso o expectativa por la cura que otros ciegos habían tenido". Y continúa: "Cristo lo podía haber curado con su palabra, como lo hizo en otros casos, pero aquí él se contentó con ayudar la fe de este hombre que era muy débil, y ayudarlo aun a pesar de su incredulidad". No olvidemos que este hombre vivía en una zona donde la persona de Cristo era discutida y sus milagros rechazados como genuinos. Noten que Jesús de Nazaret no se sorprende dado que su pregunta es: "Ves algo". Y para aquel hombre que al parecer no veía nada, el ya ver algo era prometedor.

Versículo 24: "Al mirar, él decía: 'Veo a los hombres, pero los veo como árboles que andan'". Es interesante que esta comparación de los hombres como árboles se vea en las Escrituras en muchas ocasiones (Dan. 4:20; Isa. 5:1).

"Veo a los hombres, pero los veo como árboles que andan". Tenía visión pero no era nítida. Todos sabemos que para la visión tenemos lo que hay en una cámara fotográfica: un foco o "enfoque" para una distancia corta que es de menos de seis metros. Más allá de los seis metros y hasta la distancia más lejana nuestros ojos no necesitan acomodación y eso es lo que se llama "infinito".

Yo supongo como posibilidad, que este hombre recibió primero la vista cercana y luego la lejana. La vista cercana sería la equivalente a los anteojos de mucho aumento que algunas personas usan para leer de cerca. Sin duda que habría una gran distorsión y esto explicaría la frase "los veo como árboles que andan". La sugerencia que este hombre había tenido vista antes, para poder reconocer hombres y árboles, creo que es probable mas no terminante, dado que los no videntes pueden por sus otros sentidos mejor desarrollados conocer y aun representar en su cerebro muchas imágenes. Es indudable que la imagen de un hombre es muy distinta a un árbol común. La parte superior del árbol con sus ramas y hojas es normalmente muchas veces en superficie más grande que el tronco. Es decir, este hombre tenía una distorsión en cuanto al tamaño y quizás los colores.

Versículo 25: "Luego puso otra vez las manos sobre sus ojos, y miró intensamente. Y fue restaurada su vista, y veía todo de lejos y claramente". Es algo inusual que Jesucristo ponga las manos sobre el ciego por segunda vez. ¡Pero que alivio para este hombre cuando siente nuevamente las manos cariñosas del Señor Jesús! Ahora recibe la orden de mirar nuevamente: "Y fue restaurada su vista, y veía todo de lejos y claramente". El hecho de que se insista que vio de lejos refuerza lo que mencionamos antes, que quizás comenzó viendo primero de cerca.

Se ha comentado de esta visión progresiva lo que sucede en nuestra vida cristiana cuando recibimos la luz espiritual. Al principio es como si viéramos sólo sombras. Después, en forma progresiva, vemos más y más.

Termina la historia con las palabras: "Entonces Jesús le envió a su casa, diciéndole: 'No entres en la aldea'".

¡Qué ejemplo para nosotros de cómo el Señor Jesús no buscó la publicidad ni el teatro al hacer los milagros!

Temas para predicadores

- *Los métodos de Dios son únicos.*
- *Jesucristo guiando de la mano fuera de la ciudad de los que le rechazaban.*
- *Betsaida como símbolo de los que rehúsan creer.*
- *Jesucristo, la luz del mundo.*

8. El sordo y tartamudo

Marcos 7:31-37

Vivimos en un mundo que está lleno de ruidos y sonidos molestos. Los automóviles que pasan, las aceleraciones de los vehículos, la música que rompe los tímpanos de los jóvenes que han puesto en sus coches los equipos de audio más potentes, de modo que su ritmo favorito se propala a cien metros a la redonda. Pero había un hombre que vivía en el silencio; y si bien la quietud que podría provocar la falta de sonidos por momentos es grata, este hombre estaba encarcelado por el silencio. Para él no había canto de pájaros, ni podía escuchar las voces de sus amigos. En realidad, es muy difícil para un sordo el poder comunicarse y lograr desarrollar una amistad.

Este milagro se produce luego de la curación de la hija de la mujer sirofenicia. Así en Marcos 7:31, 32 leemos: "Al salir de nuevo de los territorios de Tiro, fue por Sidón al mar de Galilea, atravesando el territorio de Decápolis. Entonces le trajeron un sordo y tartamudo, y le rogaron que le pusiera la mano encima".

Todos los estudiosos están de acuerdo con que la palabra "tartamudo" (Mar. 7:32) debe interpretarse como una dificultad en la locución, pero que la persona podía expresarse emitiendo sonidos inteligibles. El hecho de que para aprender el lenguaje se requiere del oído ha hecho pensar a muchos que esta condición no era de nacimiento sino adquirida. La causa de esto no se menciona. Específicamente, no se dice en este caso que fuera por posesión demoníaca. Que fuera el resultado de un traumatismo lo considero poco probable, pues muy difícilmente un trauma selectivamente lesiona ambos oídos o las vías neurológicas correspondientes. Otras posibilidades serían difíciles de explicar. Actualmente, pueden a veces aparecer sorderas bilaterales (de ambos oídos), debido al uso de ciertos medicamentos (estreptomicina y gentamicina), productos que por supuesto no estaban disponibles en aquel tiempo.

Es que en este milagro se va a cumplir la promesa del futuro glorioso de Sion: "Entonces serán abiertos los ojos de los ciegos, y los oídos de los sordos se destaparán. Entonces el cojo saltará como un venado, y cantará la lengua del mudo; porque aguas irrumpirán en el desierto, y torrentes en el Arabá" (Isa. 35:5, 6).

Muchas veces el Señor Jesús puso sus manos sobre los enfermos. ¿Cuál habrá sido la sensación de este hombre cuando el Señor posó su cariñosa mano sobre él y luego sus dedos sobre sus orejas?

Marcos 7:33: "Y tomándole aparte de la multitud, metió los dedos en sus orejas, escupió y tocó su lengua". Observen que Jesús de Nazaret al hacer un milagro nunca montó un espectáculo teatral. Por el contrario, una y otra vez el milagro se produce en un paraje tranquilo y sin la multitud. ¡Qué buena oportunidad, si hubiera estado buscando publicidad, tenía en el caso de la hija de Jairo! Podía haber invitado a la multitud a que llegara y colmara el cuarto donde yacía la niña muerta. Pero solamente quedaron allí los padres y tres de sus discípulos.

En el presente caso, nos preguntamos: ¿Por qué lo lleva a un lugar aparte de la gente? Dado que lo que él va a hacer es bastante inusual y se podría tomar como para imitar como motivo de burla, él lo va a hacer en un lugar fuera del alcance de la multitud incrédula. Al leproso le dijo: "Quiero; sé limpio" (Mar. 1:41). Al ciego le dijo: "Ve, lávate en el estanque de Siloé" (Juan 9:7). Al padre del endemoniado le dijo: "¡Al que cree todo le es posible!" (Mar. 9:23). Pero este hombre no podía escuchar, y el Señor Jesús tiene la gracia de proceder con él metiendo los dedos en sus oídos y tocando aquella lengua que no responde a los impulsos del cerebro.

Pensemos por un momento en la escena. El enfermo siente los dedos del Maestro que se introducen en sus oídos, y luego el dedo del Señor mojado con su saliva presionándole la lengua. En nuestra época que tanto se habla de microbios y contaminación, quizá alguno se sienta incómodo por el detalle de que el Señor que sanaba al solo toque de su mano o al dicho de su boca, aquí emplea tan extraño método de juntar su saliva a la de la lengua del tartamudo. Sin embargo, para el creyente que escudriña la Palabra, esta escena tiene aspectos realmente hermosos. Ni siquiera el agua que desciende de las más altas cumbres puede ser más pura que la saliva del inmaculado Cordero de Dios. Allí es su saliva sobre la lengua para devolverle el habla; en la cruz será su sangre para limpiarnos de todo pecado.

Es interesante que él mismo usó su saliva en otras dos ocasiones: tanto en Marcos 8:23 como en Juan 9:6, así lo hizo, en ambos casos con ciegos. Son todos estos aspectos diversos de la santidad y pureza de nuestro Señor, tal como se registra en Hebreos 7:26: "Porque tal sumo sacerdote nos convenía: santo, inocente, puro, apartado de los pecadores y exaltado más allá de los cielos".

Por alguna razón que nos es desconocida, este milagro no se produce de una forma inmediata y sencilla, sino trabajosa, ya que ese levantar de sus ojos al cielo y su profundo gemido parecen indicar una lucha en oración.

Algo que me llama profundamente la atención en este pasaje, haciendo único y especial este milagro, es el hecho de que Jesús de Nazaret parece sufrir hondamente ante este hombre.

Cualquiera de nosotros pensaría que este caso no es tan desesperante como el de los ciegos o los leprosos. Pero la singularidad del mismo está en que no sólo pone sus dedos en los oídos y le moja la lengua con su saliva, sino también en que alza los ojos al cielo y pronuncia aquella palabra aramea *efata*. Cada detalle es importante.

Él miró hacia el cielo de la misma manera que cuando multiplicó los panes y los peces (Mar. 6:30-42; ver también Juan 17:1).

Vemos en Marcos 7:34 que también suspiró. Un suspiro es una aspiración fuerte y prolongada seguida de una espiración, acompañada a veces de un gemido y que suele denotar pena, ansia o deseo. Una escena indescriptible: el eterno Hijo de Dios enviado al mundo para salvar a los pecadores, centro de la adoración de las huestes celestiales, expresa allí el dolor de su corazón (ver Isa. 53:3; Heb. 4:15; 5:7; Luc. 22:44).

Alguien dijo que "para que el sordo se diera cuenta de que iba a hacer una oración, Jesús gimió". Esta palabra me toca profundamente. Es asombroso que el Dios manifestado en carne se expresara de un modo normalmente imperceptible para los sordos.

Es que cuando Jesucristo caminó en este mundo no fue indiferente al dolor, sino que en su propia alma sintió el sufrimiento de los seres humanos que lo rodeaban. Vienen a nuestro pensamiento las palabras de Jeremías 4:19: "¡Ay, mis entrañas, mis entrañas! Me duelen las paredes de mi corazón. Se conmociona mi corazón dentro de mí...". A través de los siglos hombres y mujeres de Dios han sufrido al ver la condición espiritual a su alrededor.

¡Qué poco sabemos sobre el carácter del Señor Jesucristo!

Nunca en los Evangelios se nos dice que él hiciera una broma. Nunca leemos que una risa burlona aflorara de sus labios. Sin embargo, si pensáramos que él era un ermitaño ascético estaríamos equivocados.

Se le acusaba de estar con los pecadores y acompañarse de bebedores de vino. Si bien nunca leemos que él se riera, sin duda la espontánea hilaridad y sana alegría se manifestaba naturalmente cuando andaba con sus discípulos o entre familiares y parientes, como en las bodas en Caná de Galilea. Allí no estuvo como un aguafiestas, sino como un contribuyente a la alegría, pues llegó a bendecir a los seres humanos.

Ese suspiro del Señor Jesús ante aquel sordomudo nos hace pensar que él tenía clara conciencia del penoso aislamiento en que viviría aquel hombre. Su dificultad en comprender a los demás y expresarse muchas veces lo haría sentirse avergonzado. Los oídos con los cuales podría escuchar la exposición de la Palabra de Dios nada le trasmitían; los labios que debían entonar los salmos y alabanzas a Dios, tampoco respondían a sus deseos.

Ahora, este "abierto" es el mismo término que se usa en Lucas 24:31 cuando fueron abiertos los ojos de los discípulos que iban camino a Emaús, con respecto al sentido espiritual de la presencia de la misma persona del Señor Jesús (ver Luc. 24:45; Hech. 16:14). ¡Cómo necesitamos en estos tiempos reconocer la obra de Dios en el corazón del hombre!

Es maravilloso pensar cómo el mensaje del evangelio ha abierto nuestras vidas. Muchas veces hemos sido acusados de ser "cerrados" nada más porque creemos lo que la Biblia enseña.

Ahora en esta porción de Marcos 7 estamos viendo cómo Jesús de Nazaret abre los oídos del sordo y desata la lengua del mudo para que su boca irrumpa en alabanzas a Dios.

¿Qué enseñanza podemos tomar del caso de este hombre? Su padecimiento le impedía oír y hablar correctamente. Es que este hombre en sentido figurado representa lo que nosotros éramos antes de conocer a Cristo como nuestro Salvador.

Muy diferente es el caso del creyente que teme y ama al Señor; su boca y su lengua testifican de su fe y esperanza. Su lenguaje nada dice de un mundo sin sentido, un destino implacable, de casualidades, buena o mala suerte. Cree en un Dios que está en el trono y que tiene un plan que muchas veces nosotros no podemos entender. El cristiano genuino no cree en la fatalidad o el azar, sino en la buena mano de Dios en su vida. En vez de un canto triste demostrando el vacío en el corazón y el fracaso de una vida dada al placer, entona de continuo un "cántico nuevo". Tal como el rey David en el Salmo 103 puede prorrumpir en palabras de alabanza, recordando todos sus beneficios, favores y misericordias. La boca llena de risa y la lengua de alabanza es la feliz expectativa de aquellos en los que Dios ha hecho grandes cosas (Sal. 126). El corazón agradecido de los redimidos llenos del Espíritu se expresa de continuo y diariamente con cánticos e himnos espirituales en alabanza al Señor de toda gracia (Ef. 5:18, 19; Col. 3:16).

Quisiera preguntar si el sordomudo solicitó a sus amigos ser llevado a Jesús de Nazaret.

El texto no nos da la respuesta, aunque no fue por sí mismo sino que se lo llevaron al Señor.

Matthew Henry, con su sabiduría habitual, nos dice: "Este hombre estaba incapacitado para tener una conversación y por lo tanto desprovisto del placer y provecho de ella. Él no tenía la satisfacción de escuchar a otras personas o de platicarles sus pensamientos. Tomemos esta ocasión para agradecerle a Dios por preservarnos el sentido del oído con el especial beneficio de escuchar el ministerio de su santa Palabra".

El sordo y tartamudo tuvo la dicha de volver a su casa y contar a familiares y vecinos cómo fue que Jesucristo cambió su vida.

Este mismo milagro quiere hacer el Señor en tu vida. "De modo que si alguno está en Cristo, nueva criatura es; las cosas viejas pasaron; he aquí todas son hechas nuevas" (2 Cor. 5:17).

Temas para predicadores

- ➢ *Los indecibles sufrimientos de Jesucristo durante su ministerio terrenal.*
- ➢ *La compasión de Jesucristo.*
- ➢ *Separados de la gente para experimentar el poder de Jesucristo.*

9. La suegra de Pedro

Mateo 8:14-17; Marcos 1:29-31; Lucas 4:38-40

De muchos personajes en la Biblia no sabemos nada de sus familiares. No hay ningún versículo que nos diga que Pedro tenía una esposa pero sí nos dice que tenía una suegra, así que podemos concluir que también tenía una esposa. A pesar de que el relato es muy breve, los tres Evangelios sinópticos lo mencionan. De acuerdo con el Evangelio de Mateo este milagro sucede inmediatamente después que la curación del siervo de aquel centurión que dijo: "Señor yo no soy digno que entres debajo de mi techo".

Comencemos con Mateo 8:14: "Entró Jesús en la casa de Pedro, y vio que su suegra estaba postrada en cama con fiebre". No sabemos si la suegra vivía con su yerno o si había ido a pasar con sus familiares por unos días al encontrarse enferma. Para mí es hermoso el hecho de que Jesús va a la casa de Pedro. Él fue a la casa de Simón el leproso y hubo allí enseñanza. Él fue a la casa de Zaqueo y allí hubo salvación.

Marcos nos agrega que también era la casa de Andrés, y que vinieron con Jacobo y Juan. También allí parece que la visita fue inesperada. Lo primero que hacen es hablarle a Jesús de la enferma. El médico Lucas nos dice que era una gran fiebre. No era que tenía 37,5 grados de fiebre, sino que probablemente tenía unos 41 ó 42 grados centígrados de fiebre.

Todo lo que sabemos es que estaba postrada en cama. Dado que tenía fiebre, suponemos que muy probablemente tenía un problema infeccioso debido a una bacteria o un virus. Pudo haber sido una neumonía o una infección del tracto urinario. La posibilidad de que la fiebre alta fuera debida a malaria (paludismo) no puede ser excluida. Yo no creo que se tratara tan sólo de una gripe o un resfrío debido a la seriedad de las palabras de Lucas que nos da la sensación que muchos estaban muy preocupados. Sin duda que debido a su condición no podía hacer ninguna actividad. El texto nos dice: "y le rogaron por ella".

Hoy en día la fiebre nos alerta de que hay algo anormal en la persona. En general es debido a una infección. Durante el estado febril hay cambios importantes en el metabolismo. Por ejemplo, la frecuencia del corazón (o el pulso que podemos palpar), se acelera 16 latidos por cada grado de aumento de la temperatura. Pero no es sólo el corazón sino todo el organismo el que es afectado por la alta temperatura. Cuando ésta llega a cierto nivel, la persona puede empezar a delirar o aun a tener convulsiones.

Lucas nos dice: "E inclinándose hacia ella, reprendió a la fiebre; y la fiebre la dejó, y levantándose ella al instante les servía". Si combinamos la narración de Lucas y la de Marcos, nos damos cuenta de que Jesucristo hizo cuatro cosas. En primer lugar se acercó, luego se inclinó, después la tocó, y por último la levantó. Como médico me imagino la escena muy bien. Jesucristo se inclina sobre ella como para poder realmente acercarse y escuchar su voz que probablemente era tenue. Muchos de nosotros hemos visto esas pinturas famosas del médico de pie a cierta distancia del paciente con fiebre amarilla. Pero Jesucristo nunca le tuvo miedo al contagio. Él se inclinó a ella, la tocó y la levantó, e inmediatamente la fiebre la dejó. Observemos lo que hizo ella inmediatamente después que fue sanada: "...ella se levantó y comenzó a servirle". Yo no creo que ella adquiriera de súbito algo que no tenía. Pienso que ella era una de esas personas a las que les gusta servir a otras y cuando experimenta la bendición de la sanidad hecha por el Maestro, está pronta a demostrar su agradecimiento sirviendo.

No puedo menos que contemplar la escena. Allí tirada sobre el lecho está una mujer muy enferma; viene Jesús de Nazaret, aquel que es Dios manifestado en carne, y se inclina sobre ella y le toma la mano que está ardiendo con la fiebre. Jesucristo sin duda mira a esta pobre enferma y reprende la fiebre. La ayuda a incorporarse, ella queda sana, y termina sirviéndoles. ¡Qué cambio profundo hizo Jesucristo en esta mujer! De estar en la cama sin fuerzas y consumida por la fiebre ahora les estaba sirviendo. Sin duda que ella escucha lo que el Mesías habla. Seguramente que Pedro le había hablado a su suegra de Jesucristo. Después de todo, como buena suegra, quizás no le habrá causado gracia cuando Pedro le dijo que iba a dejar su negocio de toda su vida para seguir a Jesús de Nazaret. ¿Quién y cómo proveería luego para el sostén de la familia? Pero después de su milagrosa curación, ella comenzaría a darse cuenta de las razones de su yerno para dejarlo todo y seguir a Jesucristo.

Vuelvo a pensar en estas palabras tan preciosas: "les servía". También se puede traducir: "ella les ministraba o les ofrecía su ministerio o diaconado", pues esta es la palabra griega *diakoneo* de donde tenemos la palabra diácono. ¡Qué precioso es cuando tenemos el deseo de servir o ministrar al Señor!

Debemos destacar que el Señor no necesita nuestro ministerio en la manera que yo sí necesito, por ejemplo, el ministerio de las personas que trabajan en el procesamiento del agua potable que consumimos o la energía eléctrica que usamos. Vemos el ministerio en relación con la persona del Señor Jesucristo tras la tentación en el desierto en Mateo 4:11: "Entonces el diablo le dejó, y he aquí, los ángeles vinieron y le servían". Vemos el ministerio en relación con el servicio y la actuación de Jesucristo en Mateo 20:28: "De la misma manera, el Hijo del Hombre no vino para ser servido, sino para servir y para dar su vida en rescate por muchos". En Lucas 10:40 se utiliza esta palabra en la situación entre Marta y María cuando la primera dice en esa porción tan conocida de todos: "...Señor, ¿no te importa que mi hermana me haya dejado servir sola? Dile, pues, que me ayude". En Lucas 22:26 lo tenemos en relación con la nueva enseñanza que el Señor Jesús ha traído. Leemos: "Pero entre vosotros no será así. Más bien, el que entre vosotros sea el importante, sea como el más nuevo; y el que es dirigente, como el que sirve"; y luego agrega: "Sin embargo, yo estoy en medio de vosotros como el que sirve".

Temas para predicadores

- *La fiebre de la suegra.*
- *El toque del Señor Jesucristo.*
- *Cuando el Señor Jesús se inclina sobre nosotros.*
- *Hogares en los Evangelios (Pedro, Lázaro, Zaqueo, Simón, Juan y Jacobo).*

10. Los diez leprosos

Lucas 17:11-19

Algunos de ellos eran altos, otros bajos; unos más maduros y otros más jóvenes. Los había que parecían proceder de familias "pudientes", mientras otros de ambientes muy humildes. Nueve de ellos eran israelitas y uno samaritano. En la vida normal los judíos y samaritanos no se relacionaban en absoluto, como leemos en Juan 4:9.

Estos diez hombres tenían la misma necesidad y el mismo problema. Aunque hayan sido distintos, al acercarnos y observarlos más detenidamente nos hubiéramos quedado horrorizados al ver las terribles deformaciones que la enfermedad había producido en sus rostros y las pocas partes expuestas del cuerpo. Este milagro se caracteriza por el número de enfermos del mismo padecimiento. Muchas veces leemos que el Señor Jesucristo curaba toda clase de enfermedades, pero en pocas ocasiones curó varios enfermos del mismo mal. En Mateo 20:30 tenemos a los dos ciegos sentados junto al camino, a quienes sanó.

Cuando dos o tres personas se juntan y tienen en común que padecen de la misma enfermedad, como por ejemplo la diabetes, suelen compartir sus alternativas en cuanto a cómo sobrellevarla. Pienso que estos diez hombres estaban en distintas etapas del desarrollo de la lepra. Quien está en un estado incipiente del mal al contemplar a quien ya se encuentra en su etapa final, dirá para sus adentros: "Ojalá nunca llegue a tal estado". Los que todavía estaban mejor, han de haber visto en los otros la condición que les esperaba a ellos.

Versículo 11: "Aconteció que yendo a Jerusalén, pasaba por Samaria y Galilea". Lockyer señala acertadamente que Jesucristo nunca participó de ningún tipo de *apartheid* [segregación] como se ha hecho en varios lugares.

Versículo 12: "Cuando entró en una aldea, salieron a su encuentro diez hombres leprosos, los cuales se pararon de lejos". Creemos que no eran de la aldea, pues no les estaba permitido vivir en la comunidad. Levítico 13:45, 46 dice: "En cuanto al leproso que tiene la llaga, sus vestidos serán rasgados, y su cabeza será despeinada. Se cubrirá hasta la nariz y pregonará: '¡Impuro! ¡Impuro!'. Todo el tiempo que tenga la llaga, quedará impuro. Siendo impuro, habitará solo, y su morada estará fuera del campamento". Es decir, que al problema de una grave enfermedad le seguía la separación de los suyos, debiendo aislarse de los demás seres humanos. No bien se diagnosticaba el mal que era pronunciado mundialmente con horror, debía abandonarse todo: familia, amigos, vecinos, ocupación y lugar de trabajo. Muy raramente en aquella época, cuando no existía tratamiento alguno, se producía el reingreso de alguno a su comunidad.

Versículo 13: "y alzaron la voz diciendo: 'Jesús, Maestro, ten misericordia de nosotros'".

Versículo 14: "Cuando él los vio, les dijo: 'Id, mostraos a los sacerdotes'. Aconteció que mientras iban, fueron limpiados".

Fácil le hubiera sido al Señor Jesús ignorar aquellas voces distantes. Es más difícil negarle algo a alguien que se nos apersona, a que si nos escribe o telefonea pidiendo algo. Notemos la respuesta del Mesías: "Id, mostraos a los sacerdotes". Alguno de ellos podría haber pensado: "¿Qué está diciendo? Todavía recuerdo cuando el sacerdote me dijo: 'Es lepra'". Pero esa voz les responde desde la distancia con fuerza y seguridad. Lo poco que oyen les es suficiente y deciden obedecer. Alguien dirá que después de todo, tampoco tenían mucho que perder. Si es difícil para tres o cuatro personas ponerse de acuerdo en algo, cuánto más podría ser para diez, y todavía cumpliendo una ordenanza "carente de sentido". Bien que alguno podría decir: "¿Qué tengo para mostrarle al sacerdote sino un cuerpo llagado, manos llenas de cicatrices de heridas y quemaduras provocadas por mi insensibilidad, y un rostro desfigurado que da pena mirarlo?".

Pero mientras iban alejándose, seguramente que hubo uno que primeramente sintió que algo había sucedido en su cuerpo. Pronto la sorpresa fue colectiva: habían quedado limpios. El milagro no ocurrió sino hasta que se pusieron a andar el camino. Ignoramos si fue a poco de salir o tras un buen rato de caminata. Lo que sí sabemos es que el milagro no acontece sino hasta que se dirigen a ver a los sacerdotes. No es que el

Señor Jesucristo no pudiera hacer el milagro de inmediato y a la distancia, con el solo poder de su voz, sino porque quiso hacerlo así para que se mostrara la obediencia de la fe en su palabra.

Versículo 15: "Entonces uno de ellos, al ver que había sido sanado, volvió glorificando a Dios en alta voz". Aunque su acento extranjero sonara distinto, a él ninguna otra cosa le importaba sino glorificar a Dios. El milagro que siempre había soñado finalmente se producía.

Versículo 16: "Y se postró sobre su rostro a los pies de Jesús, dándole gracias. Y éste era samaritano". La escena es maravillosa. Allí a la distancia han quedado los nueve que también han sido sanados. Aquí, delante de Jesús de Nazaret está un hombre que mira sus manos y que probablemente dice algo así como: "¡Es increíble, increíble!". Por primera vez en mucho tiempo puede acercarse a un grupo de personas sin necesidad de ocultar su rostro y gritar que es inmundo. Postrado con el rostro en tierra, le da gracias. Estoy convencido de que no fueron unas formales "muchas gracias" para regresar pronto a casa, sino que una y más veces repetía con tanta sencillez desde lo profundo de su corazón sus muestras de honda gratitud al Señor.

Por supuesto que muchos de los sanados por Jesús fueron también agradecidos. El endemoniado gadareno de Marcos 5 hasta quería seguirlo, pero él lo envió a su casa para que les contara cuán grandes cosas el Señor había hecho con él. Los dos ciegos de Mateo 20 tomaron como lo más natural seguir a quien les había dado luz a sus ojos. La suegra de Pedro demostró también su gratitud sirviéndoles después de ser sanada. Las hermanas de Lázaro con una cena; lo mismo que Simón, el que había sido leproso.

Versículo 17: "Y respondiendo Jesús dijo: '¿No eran diez los que fueron limpiados? Y los nueve, ¿dónde están?'". Aquí notamos de nuevo la omnisciencia de Jesucristo dado que él sabía que los otros nueve también habían sido curados.

El Evangelio nos dice que este hombre era samaritano, lo que nos recuerda a la mujer de Juan 4 a quien Jesús le pidió de beber. En una de sus parábolas, es también samaritano el que auxilia a su prójimo asaltado y herido en el camino. Es interesante la cantidad de hospitales, clínicas y sanatorios que hoy existen, y que llevan el nombre El Buen Samaritano. Pero no todos los samaritanos respondieron bien al Señor Jesucristo. En una aldea de ellos no lo recibieron (Luc. 9:52, 53).

Versículos 18 y 19: "¿No hubo quién volviese y diese gloria a Dios, sino este extranjero? Y le dijo: 'Levántate, vete; tu fe te ha salvado'". Este hombre no se levantó del suelo hasta que Jesús se lo ordenó. La gratitud de este hombre fue recompensada de manera muy especial. Jesús de Nazaret le dijo: "Tu fe te ha salvado". Esta frase no fue dicha a los otros nueve que solamente fueron sanados. Este hombre no fue solamente sanado sino también salvado; es decir, que Jesucristo le otorgó la salvación de su alma. También le dice: "Levántate, vete". Es decir, ahora puedes ir a hacer lo que te dije que hicieras: muéstrate a los sacerdotes. Ese día, los sacerdotes se llevaron la sorpresa de su vida: se les presentan nueve hombres que ellos mismos habían declarado leprosos, y sin embargo, ahora se encuentran limpios. Sabían por la Escritura que eso podría acontecer, pero era algo raro y jamás de tantos a la vez. Al rato les aparece uno más. Ahora son diez, y todos dan la misma versión: "Desde lejos vimos a Jesús de Nazaret, le suplicamos a viva voz misericordia, y habiéndonos ordenado que nos presentáramos a ustedes, mientras veníamos para acá se produjo el milagro".

Si pudiéramos examinar la piel de estos hombres comprobaríamos que es completamente normal; otro tanto habría que decir de las terminaciones nerviosas y los órganos vitales.

Como hemos mencionado en otro sitio, desde el punto de vista médico la lepra no sólo ataca la piel y las terminaciones nerviosas, sino también los órganos internos como el hígado y los riñones, que cumplen importantísimas funciones en nuestro organismo.

Habíamos mencionado a comienzos del capítulo del sentir de los diez leprosos al compararse unos con otros. Ahora pueden alabar la gracia del Señor Jesucristo. El que estaba peor que todos, podría perfectamente ser hoy empleado para una promoción comercial de una nueva crema para la piel.

Temas para predicadores

- *El agradecimiento al Señor Jesucristo.*
- *Nuestro desagradecimiento.*
- *La sorpresa del sacerdote.*
- *La omnisciencia de Jesucristo.*

11. El hijo de un oficial

Juan 4:46-54

En la Biblia hay algunas personas a las que identificamos muy bien; por ejemplo, el ciego Bartimeo de Jericó, hijo de Timeo. No había dos Bartimeos ciegos en Jericó. Pero aquí tenemos el caso de una persona de la que solamente sabemos que era el hijo de un oficial. Ignoramos el nombre del padre y del hijo. Suponemos que era un joven o un niño.

El versículo 46 nos dice: "Vino, pues, Jesús otra vez a Caná de Galilea donde había convertido el agua en vino...". El evangelista Juan nos muestra que este fue el segundo milagro o señal que hizo Jesús, cuando fue de Judea a Galilea, siendo el primero el de las bodas de Caná. El versículo continúa diciendo: "...Había un oficial del rey cuyo hijo estaba enfermo en Capernaúm". Sin duda que este hombre era una persona de importancia. Sin embargo, la desgracia había llamado a la puerta de su casa y su hijo estaba gravemente enfermo.

Versículo 47: "Cuando éste oyó que Jesús había salido de Judea y estaba presente en Galilea, fue a él y le rogaba que descendiese y sanase a su hijo, porque estaba a punto de morir". No sabemos qué clase de padecimiento tenía, pero probablemente era una enfermedad infecciosa dado que tenía fiebre. Las enfermedades más frecuentes que provocan fiebre y que son capaces de producir la muerte son las neumonías o pulmonías; las septicemias conforman una condición muy grave en la cual la bacteria ha penetrado en el sistema circulatorio. Por supuesto que la enumeración de enfermedades puede ser muy grande y tendríamos que incluir la malaria, la fiebre tifoidea, etc. El otro dato que conocemos es que se empezaba a morir. ¿Qué significan estas palabras? Probablemente era la manera del padre de decir que el hijo estaba entrando en estado de coma. O sea, la presión arterial desciende, la piel se pone fría y sudorosa, el estado de conciencia se pierde, y todo esto prosigue hasta que la respiración se detiene. El padre, que sin duda era un hombre con educación, sabía que su hijo estaba a punto de morir y acudió al único que puede hacer el milagro. Suponemos que este hombre no era extranjero. Notemos la respuesta inusual del Señor Jesucristo: "A menos que veáis señales y prodigios, jamás creeréis". Sin duda aquí hay una referencia al milagro hecho en las bodas de Caná de Galilea cuando el agua es transformada en vino. Pero observemos la respuesta del padre: "Señor, desciende antes que muera mi hijo". ¡Cuántos padres y madres tienen en el día de hoy un hijo o una hija en un peligro muy grande! Quizás no el de la enfermedad como este joven, pero sí el peligro de una vida sin temor reverente de Dios.

Noten el pedido del hombre: "Señor, desciende antes que muera mi hijo". Este oficial sin duda no estaba acostumbrado a pedir favores. Él estaba acostumbrado a dar órdenes y que se le pidieran a él favores. Pero delante de él está Jesús de Nazaret. Al mirarlo, parecía un israelita más de los tantos miles que andaban por los caminos polvorientos de Galilea. Pero este funcionario del gobierno sabía que esa persona que estaba delante de él podía hacer algo que nadie más podía hacer. Observemos que este oficial no dudaba que Jesucristo pudiera hacer el milagro. Cualquiera que fuera la condición de su hijo sabía que Jesucristo podía hacerlo. Su única duda era si el Mesías quería hacerlo.

Ese hombre tenía fe pero esta fe no era completa. En primer lugar, creía que Jesús de Nazaret tenía que estar allí físicamente presente para hacer el milagro. No entendía el concepto que el Mesías es Dios manifestado en carne y por lo tanto ejerce la omnipresencia divina. Claro, a nosotros también nos cuesta entender esto; Dios presente no solamente en cada lugar de la tierra sino del universo. ¡Qué apropiadas son las palabras del Salmo 107:19, 20!: "Pero cuando en su angustia clamaron a Jehovah, él los libró de sus aflicciones. Envió su palabra y los sanó; los libró de su ruina".

Versículo 50: "Jesús le dijo: 'Ve, tu hijo vive'. El hombre creyó la palabra que Jesús le dijo y se puso en camino". El hecho de que el hombre haya creído no significa que por unos momentos no vaciló. Los personajes de la Biblia son personas de carne y hueso con debilidades como nosotros. En la misma situación cualquiera de nosotros hubiera tenido dudas.

Yo me imagino que por unos momentos el hombre tuvo una gran lucha en si creer o no lo que Jesucristo le había dicho. Es como aquel hombre que tenía el hijo lunático a quien el Mesías le dijo: "'¿Si puedes...? ¡Al que cree todo le es posible!' Inmediatamente el padre del muchacho exclamó diciendo: '¡Creo! ¡Ayuda mi incredulidad!'" (Mar. 9:23, 24). ¡Pero qué palabras tan hermosas las de Juan 4:50!: "...El hombre creyó la palabra que Jesús le dijo y se puso en camino".

Comienza su camino de regreso. Noten que la distancia que tenía que recorrer no era corta para aquellos tiempos. Alguien ha dicho que era de más de 35 kilómetros. Es recién al día siguiente que se va a encontrar con sus sirvientes. Pero vuelve a su casa repitiendo en su corazón estas palabras dichas con poder y autoridad y llenas de dulzura: "tu hijo vive". El versículo 51 nos dice: "Mientras todavía descendía, sus siervos salieron a recibirle diciendo que su hijo vivía". Observen que son exactamente las mismas palabras del Señor Jesucristo. Ahora el padre empieza a hacer preguntas para saber los detalles. ¿A qué hora había comenzado a estar mejor? Aquí yo quisiera destacar que el padre pensó que el hijo se iba a mejorar lentamente. Jesucristo lo sanó de inmediato. Al paralítico le dijo: "Levántate, toma tu cama y anda" (Juan 5:8), y así lo hizo. Al leproso le dijo: "Quiero, ¡sé limpio!" (Mat. 8:3). Al ciego de Juan 9 le dijo: "'Ve, lávate en el estanque de Siloé'... Y regresó viendo". Sin duda el padre espera una larga convalecencia en la mejoría de su hijo que había estado tan enfermo. Él no podía creer lo que sus siervos le decían: su hijo estaba curado. Y para que no hubiera duda, la respuesta fue: "Ayer, a la hora séptima le dejó la fiebre". A la hora exacta que Jesucristo le había dicho: "tu hijo vive", la fiebre con todas sus consecuencias había desaparecido. Creo que hay un detalle que recalcar: la fiebre le dejó. Antes de las siete parecía alguien que iba a morir. Después de las siete parecía alguien lleno de vida. Es que cuando Jesucristo entra en la vida del individuo hay un cambio profundo. Las fiebres de las cosas del mundo y del pecado desaparecen.

Haremos una larga pero importante cita de Ellicot que compara este milagro con la sanidad del siervo del centurión, porciones que muy a menudo son confundidas.

"1) El oficial suplica por su hijo. El centurión lo hace por su siervo (Mat. 8:6 y Luc. 7:2). 2) El oficial suplica en persona. Los ancianos de los judíos interceden por el centurión (Luc. 7:3). 3) El oficial era un judío. El centurión era gentil (Luc. 7:9). 4) El oficial escuchó las palabras en Caná. Al centurión le fueron dichas en Capernaúm (Mat. 8:5, Luc. 7:1). 5) El hijo del oficial tenía fiebre. El siervo del centurión tenía una parálisis (Mat. 8:6). 6) El oficial quería que Cristo fuera a su casa con él. El centurión dijo: 'Señor, yo no soy digno de que entres bajo mi techo' (Mat. 8:8). 7) En Caná, Jesús dice la palabra solamente y no va personalmente. En Capernaúm aparentemente él hizo las dos cosas (Mat. 8:13, Luc. 7:7). 8) En Caná, Jesús lo amonesta contra la falta de fe y el pedir señales y prodigios. En Capernaúm él se maravilla de la fe de aquel hombre (Mat. 8:10)".

Es interesante el comentario de Barnes quien sugiere que el Señor Jesucristo no sólo sanó a este enfermo sino que sabía perfectamente todo con relación al joven: "De este milagro podemos aprender en primer lugar, que Jesús tiene un conocimiento íntimo de todas las cosas. Él sabía el caso de este hijo, la extensión de la enfermedad, dónde estaba él, y por lo tanto él tenía poder para sanarlo". Es decir, la curación de este enfermo desde el punto de vista de Jesucristo no fue una flecha tirada al azar al decir "tu hijo vive", sino un milagro en el que él personalmente como Hijo de Dios conoce todos los detalles.

Como resultado de la enfermedad del hijo del oficial y el encuentro con Jesucristo sigue el de que "creyó él con toda su casa". Lo que al principio parecía ser un caso de tristeza y muerte termina siendo una situación de gozo y vida espiritual.

Temas para predicadores

- *La fe en el Señor Jesucristo.*
- *La intercesión en la oración.*
- *La "fiebre de las cosas del mundo".*

12. El hombre de la mano paralizada

Lucas 6:6-11; Mateo 12:9-14; Marcos 3:1-6

Parecería que hay ciertos acontecimientos que nos quedan grabados exactamente en el día en que ocurrieron. Este es uno de los milagros que sucedieron en un día de reposo. En el versículo 5, que antecede al milagro, leemos: "También les decía: 'El Hijo del Hombre es Señor del sábado'".

Lucas 6:6: "Aconteció en otro sábado que él entró en la sinagoga y enseñaba. Y estaba allí un hombre cuya mano derecha estaba paralizada". Observen que es la mano en que la mayoría de las personas tiene su máxima habilidad. Este hombre no sólo no la podía utilizar, sino que el término "paralizada" nos da la idea de algo atrofiado, y probablemente los dedos estaban retraídos. La palabra que se usa en el griego es *xeeraino* que se utiliza en el Nuevo Testamento 16 veces. En general se usa con la idea de una planta o un árbol que se seca. Por ejemplo, en relación con la semilla en la parábola del Sembrador. Allí leemos: "pero cuando el sol salió, se quemó; y porque no tenía raíz, se secó (Mat. 13:6; cf. Mat. 21:19 ss.; Juan 15:6).

La mano paralizada implica no sólo la falta de movimiento sino la atrofia de los músculos y aun la piel, lo cual hace que la comparación, usando un término que en general se usa en relación con un árbol, sea muy gráfica. Este tipo de anormalidad puede ser debido a un gran número de causas. Quizás la más común sería el daño de los nervios que van a la mano. La lesión podría estar a distintos niveles: desde la muñeca, el brazo en sí, la médula espinal o aun en el cerebro. Por el mandato del Señor Jesucristo de estirar la mano entendemos que esta estaba contraída como se ve en estos casos. Por supuesto las causas que pueden ocasionar este daño son múltiples: desde el traumatismo hasta las enfermedades virales del tipo de la poliomielitis. Creo que sería improbable que esto fuera "polio" dado que la lesión parece ser localizada sólo en la mano. Del mismo modo creo que sería raro que fuera debido a un accidente vascular encefálico debido a que las personas diestras normalmente se acompañan con dificultad para hablar dado que en las tales el centro del lenguaje está en el lado izquierdo del cerebro, en donde sucede la lesión.

Versículo 7: "Los escribas y los fariseos le acechaban para ver si le sanaría en sábado, para hallar de qué acusarle". ¡Cuán perverso es el corazón del ser humano! Están esperando la oportunidad para caerle encima. Más provechoso les hubiera sido si con una mente abierta hubiesen estado dispuestos a escucharlo y ver qué es lo que tenía para decirles.

Pero observemos la frase del versículo 8: "Pero él, conociendo los razonamientos de ellos...". Nosotros podemos imaginar qué es lo que otras personas están pensando; pero una y otra vez en las Escrituras se nos dice que el Señor conoce los pensamientos. Observen que este hombre no abre su boca. Específicamente él no pide ser sanado. A la mayoría de nosotros nos gustaría ser sanados de nuestro problema lo antes posible.

Observen cómo el milagro se produce. Parece que ahora se utiliza la "cámara lenta". Ahora el Señor Jesús se dirige a este hombre y le dice: "'Levántate y ponte en medio'. Él se levantó y se puso en medio". El hombre está en el medio de todos en la sinagoga. Seguro que se siente algo molesto de ser el centro de la mirada de todos, especialmente sabiendo que un conflicto muy serio se va a desarrollar. El hombre, en silencio, se pone delante. Todos miran esa mano inutilizada por la enfermedad. Los dedos están retraídos. La mano es un órgano maravilloso que le permite al ser humano hacer movimientos increíbles que ningún animal puede imitar. Esa mano cuando pertenece a un artista puede pintar cuadros maravillosos. Esa mano que en el cuerpo de un músico puede volar sobre las teclas de un piano o saltar sobre las cuerdas de un arpa o una guitarra está retraída como la garra de un animal feroz. Es que esa mano está, desde el punto de vista funcional, muerta.

Versículo 9: "Entonces Jesús les dijo: 'Yo os pregunto: ¿Es lícito en el sábado hacer bien o hacer mal? ¿Salvar la vida o quitarla?'". En primer lugar, el Señor Jesús, en este caso específico, hace esta pregunta no para justificar su acción porque otros milagros los hubiera hecho en el día de reposo, sino para enseñarles un principio.

Notemos la primera parte de la interrogación: "¿Es lícito en el sábado hacer bien o hacer mal?". Por supuesto que hacer mal no es lícito en ningún día. Pero creo que aquí la idea es que los fariseos creían que no hacer el bien era neutral, o sea, algo indiferente y sin consecuencias. Ahora el Mesías les está diciendo que la falta de hacer el bien es equivalente a hacer el mal. Notemos que de inmediato él pregunta: "¿Salvar la vida o quitarla?". Claro que quitar la vida no es lícito. Pero el no estar dispuestos a salvar una vida trae como consecuencia que la vida se pueda perder. Es algo serio. Si alguien se está ahogando en el día de reposo mi opción va a ser salvarle la vida si yo actúo, o quitársela en forma indirecta si yo no actúo.

¡Qué profundidad tremenda! Para el Señor Jesús el hacer lo bueno, el dar la vida, está por encima de la ley religiosa. Y no es que él infringe la ley sino que toda ley es supeditada a una ley mayor y que está a un nivel superior.

Mateo nos da los detalles del concepto que Lucas nos entrega sintetizado. En Mateo 12:11 leemos: "Pero él les dijo: '¿Qué hombre hay entre vosotros que tenga una oveja, que si ésta cae en un pozo en sábado, no le echará mano y la sacará?'". Observemos que la forma de enunciar la pregunta espera una misma reacción lógica en todos los circundantes, descartándose de plano cualquier otra actitud distinta. Por supuesto, cualquier persona que se examine con honestidad podrá preguntarse si sería capaz de adoptar una actitud pasiva. En el versículo 12 de Mateo12, Jesucristo agrega: "Pues, ¡cuánto más vale un hombre que una oveja! De manera que es lícito hacer bien en sábado".

La pregunta escudriñadora se ha hecho. Los maestros de la sinagoga han sido confrontados. Algunos empalidecen, y en otros sus rostros se vuelven rojos por la ira.

Versículo 10: "Y mirándolos a todos en derredor, dijo al hombre: 'Extiende tu mano'. Él lo hizo, y su mano le fue restaurada".

Examinemos las palabras con detalle: "mirándolos a todos en derredor" me hace recordar cuando vino la mujer que tocó sus vestidos y el Señor Jesús miró alrededor y ella confesó que era quien lo había tocado. El Maestro luego dice: "Extiende tu mano". Allí, delante de todos, ese hombre extiende su mano que ha recuperado su función. Pero no sólo es capaz de mover los dedos de esa mano atrofiada por la falta de uso. Esos músculos enflaquecidos, esa piel atrófica por el proceso de la enfermedad se recupera completamente. Esa mano ahora parece tan sana como la otra.

Observamos que este hombre al parecer no dice nada, o si lo dijo no fue registrado; pero sin duda sale de allí maravillado por el milagro acontecido.

¿Cuál va a ser la respuesta de ellos? En vez de estar contentos porque este hombre ha recuperado la función de su mano, están llenos de furor y hablan entre sí sobre qué podrían hacer contra Jesús.

Marcos 3:5 nos dice: "Y mirándolos en derredor con enojo, dolorido por la dureza de sus corazones, dijo al hombre: 'Extiende tu mano'". Aquí hay dos expresiones muy importantes a considerar: "mirándolos en derredor con enojo". No hacerlo así significaría una condescendencia carente de auténtica espiritualidad, impropia en nuestro Señor. El Justo y Santo no puede disimular lo que hay en su corazón. Después de todo, él es aquel que Dios ha establecido para juzgar al mundo con justicia. ¡Qué provechoso podría ser para estos hombres tratar de entender la razón del santo enojo del Mesías! Solamente dos veces se nos dice claramente en las Escrituras que el Señor se enojó. En griego, esta es la misma palabra (*orge*) que se traduce como "Aira" en relación con la predicación de Juan el Bautista en Mateo 3:7: "¡Generación de víboras! ¿Quién os enseñó a huir de la ira venidera?" (Ver Juan 3:36; Ef. 2:3, Stg. 1:19, 20; Apoc. 6:16, 17). Quisiera enfatizar que Jesús de Nazaret no se enojó impropiamente, sino que lo impropio hubiera sido que no lo hubiera hecho.

En sentido espiritual, nosotros, como aquel hombre, tenemos nuestras manos paralizadas; no están haciendo la obra que el Señor tenía en su propósito. Pero un día estaremos en su presencia. En las palabras hermosas de 1 Juan 3:2 leemos: "Amados, ahora somos hijos de Dios, y aún no se ha manifestado lo que seremos. Pero sabemos que cuando él sea manifestado, seremos semejantes a él, porque le veremos tal como él es". Cuando estemos en su presencia nuestras manos no tendrán artritis ni cicatrices. Nuestros dedos no serán torpes en sus movimientos. Podremos usar el cuerpo espiritual que se nos promete para su gloria y honra. Allí cualquiera de nosotros tendremos la habilidad de un Leonardo da Vinci, Miguel Ángel, Rembrandt, Goya y Velázquez, todos combinados al mismo tiempo, para poder pintar con nuestra adoración espiritual el retrato de "aquel que amamos porque él nos amó primero".

Pero miremos una vez más el versículo 5 de Marcos 3. En el rostro del Santo Hijo de Dios se ve la tristeza que ha traído el ver la dureza de los corazones. El Señor Jesucristo no estuvo en este mundo como alguien que es impasible e insensible a las cosas que ocurrían a su alrededor. Al ver el lugar donde Lázaro había sido sepultado, la Escritura nos dice que lloró. Aquí se nos dice que se entristeció.

Me imagino al hombre volviendo a su casa mirando una y otra vez esa mano que ahora ha recuperado no solamente el aspecto de una mano normal sino una función completa. Llega a la casa y se la muestra a todos sus familiares y amigos de la misma manera que un niño muestra su juguete nuevo. Habrá dicho algo como: "¡Miren lo que Jesús de Nazaret ha hecho por mí!".

Temas para predicadores

- *El santo enojo de Jesucristo.*
- *La maldad de los pecadores.*
- *La sanidad completa e instantánea que Jesucristo hizo.*

13. El siervo del centurión

Lucas 7:1-10; Mateo 8:5-13

Jesús acababa de dar un discurso. Había terminado de hablar sobre el hombre que edificó la casa sobre la roca con buen cimiento en contraste con aquel que lo hizo sin fundamento.

Lucas 7:1: "Una vez concluidas todas sus palabras al pueblo que le escuchaba, Jesús entró en Capernaúm". A esta porción se la llama: "El siervo del centurión", pero yo creo que más convendría llamarla: "El patrón del siervo", dado que éste es tanto o más importante en la narración que el enfermo sobre el que se verifica el milagro. Porque lo que aquí vemos no es solamente un hombre muy enfermo, sino alguien de jerarquía en esa sociedad que tiene dos características muy inusuales. En primer lugar, ha desarrollado una amistad y relación con su siervo, de tal manera que cuando éste se enferma gravemente, se preocupa y trata de hacer todo lo que está a su alcance para ayudarlo. Suponemos que esta relación ha sido el fruto de largos años de trabajo del siervo, que con diligencia y eficacia ha cumplido sus funciones. El centurión ha sido impresionado por el carácter de este hombre, y la estima que le profesa es muy inusual en una sociedad donde el sirviente, al caer enfermo, podía se desechado y reemplazado. Observemos el versículo 2: "Y el siervo de cierto centurión, a quien él tenía en mucha estima, estaba enfermo y a punto de morir". No se necesitaba ser médico para darse cuenta de que el caso era desesperante. La enfermedad había progresado al punto de que ya estaba moribundo. Miremos lo que nos dice Mateo en la misma historia en el capítulo 8:5, 6: "Cuando Jesús entró en Capernaúm, vino a él un centurión y le rogó diciendo: 'Señor, mi criado está postrado en casa, paralítico, y sufre terribles dolores'".

Notamos aquí tres cosas de esta situación: El siervo estaba postrado. Aquel que antes trabajaba con diligencia ahora estaba postrado en la casa. Pero noten que dice algo más: que está paralítico. Es obvio que el individuo aquí no puede caminar y que está tendido sobre un lecho o cama, hasta que Jesucristo hace el milagro. Notamos también que estaba con "terribles dolores". Es decir, sufría desesperadamente. Esa expresión se traduce como "atormentar" y se utiliza en Mateo 8:29 con referencia al endemoniado gadareno: los demonios dicen: "¿Qué tienes con nosotros, Hijo de Dios? ¿Has venido acá para atormentarnos antes de tiempo?" (ver Apoc. 20:10). Pero volvamos a este hombre. Estaba enfermo, paralizado, en un grito de dolor, y casi agonizando. Desde el punto de vista médico creo que este hombre tenía una enfermedad probablemente infecciosa que lo había dejado paralítico y a punto de morir. El hecho de que se estuviera muriendo podría significar insuficiencia respiratoria; es decir, el problema de mantener la respiración que se ve en muchas enfermedades de este tipo. Pero volvamos al relato bíblico.

Versículos 3-5: "Cuando oyó hablar de Jesús, le envió ancianos de los judíos para rogarle que fuera y sanara a su siervo. Ellos fueron a Jesús y le rogaban con insistencia, diciéndole: 'Él es digno de que le concedas esto; porque ama a nuestra nación y él mismo nos edificó la sinagoga'". Este centurión realmente era un hombre extraño. No solamente era muy bondadoso, sino que siendo romano había demostrado aprecio y respeto por la religión hebrea, a tal punto que les había edificado una sinagoga. Jamás hubiera él pensado que ese hecho pudiera luego servir de argumento a sus amigos judíos, como para alcanzar alguna gracia especial de su Mesías prometido.

Edificó un lugar de estudio religioso: una sinagoga. ¿Qué clase de personas somos nosotros? ¿De cuántos se podría decir que somos como Nehemías, edificadores? ¡Qué triste es pensar que algunos son como Gesem, Sambalat y Tobías! Personas prontas a destruir. Observemos que con delicadeza los judíos le insisten al Señor que el centurión es digno de que algo se le conceda porque ha obrado siempre tan bien (ver 1 Cor. 3:10, 13-15).

Si correlacionamos las narraciones de Mateo y Lucas, vemos que la secuencia de lo que sucede parece ser así: el centurión manda los emisarios, Jesús se dirige a su casa, aquél lo encuentra ya acercándose a la casa y le dice la famosa frase: "di la palabra, y mi criado será sanado" (Mat. 8:8).

Lucas 7:3: "Cuando oyó hablar de Jesús, le envió ancianos de los judíos para rogarle que fuera y sanara a su siervo". Observemos que el envío de los ancianos no fue porque él estuviera muy ocupado como para no ocuparse personalmente de cumplir tal diligencia, sino porque se consideraba indigno de hacerlo así. Los extranjeros se daban cuenta de que de alguna manera el pueblo de Israel tenía el privilegio especial para heredar las bendiciones de Dios. En Marcos 7:25-30 tenemos la historia de esa mujer griega, de nacionalidad sirofenicia. Parecería que tenía por lo menos dos nacionalidades. Mateo 15:22 la presenta como la cananea que clamaba por su hija presa del demonio. Recordamos que Jesús la prueba con el argumento de que los hijos tienen prioridad ante los perrillos, y su respuesta provoca la admiración del Señor, quien pondera su fe.

Volviendo a Lucas 7:4, decíamos que este hombre era absolutamente extraño. Los centuriones romanos normalmente no amaban el país que habían conquistado y en el cual ejercían su autoridad militar, indeseable para los lugareños, cuando no resistida. Pero este hombre, de alguna manera, tuvo conocimiento de la fe de los hijos de Abraham. No sabemos si había leído o escuchado hablar de Jehovah de los Ejércitos. Suponemos que de alguna manera había conocido la fe de los israelitas. Seguramente, había escuchado que el Dios de Abraham, de Isaac y de Jacob era un Dios viviente. Era un Dios santo, un Dios misericordioso con su pueblo. Observemos que dicen de él que "ama a nuestra nación". A veces una persona puede tener admiración por otro país, quizás por su cultura, o por lo que han logrado del punto de vista social, o por la personalidad de sus héroes, o por las características de su gente. Pero este centurión amaba a la nación de Israel, creo que por ninguno de aquellos motivos, sino simplemente porque era el pueblo elegido de Jehovah de los Ejércitos. Si este centurión todo lo que tenía era un deseo de hacer filantropía, hubiera edificado una escuela, una biblioteca o alguna cosa similar. Sin embargo, les edificó una sinagoga.

En Esdras 7:27 leemos una historia similar con referencia al rey Artajerjes de Persia: "¡Bendito sea Jehovah Dios de nuestros padres, que puso tal cosa en el corazón del rey, para honrar la casa de Jehovah que está en Jerusalén!".

Lucas 7:6: "Jesús fue con ellos...". Al parecer no hubo respuesta oral extensa. Quizás el Señor Jesús podría haberles dicho como al joven rico que le preguntó sobre lo bueno que debía hacer para poseer la vida eterna. Recordamos que Jesús dijo que para ser perfecto debía vender lo que tenía y darlo a los pobres; y tras eso seguirlo. Pero la Escritura dice sencillamente que Jesús fue con ellos. Y ¡qué precioso es en nuestra vida cuando el Señor Jesús va con nosotros!

"...Y cuando ya no estaban muy lejos de su casa, el centurión le envió unos amigos para decirle: 'Señor, no te molestes, porque no soy digno de que entres bajo mi techo. Por eso, no me tuve por digno de ir a ti. Más bien, di la palabra, y mi criado será sanado. Porque yo también soy hombre puesto bajo autoridad y tengo soldados bajo mi mando. Y digo a éste: 'Ve', y él va; digo al otro: 'Ven', y él viene; y digo a mi siervo: 'Haz esto', y él lo hace'" (vv. 6-8). Notemos que el centurión comienza enviando amigos en vez de venir él. Él no se considera digno ni siquiera de ir delante de Jesús de Nazaret. Y agrega: "Señor, no te molestes, porque no soy digno de que entres bajo mi techo". Me parece que el centurión estaba absolutamente en lo cierto. Él no era digno de ir delante del santo Hijo de Dios y tampoco era digno de que el Mesías entrara bajo su techo.

Tenemos que entenderlo bien: no era que el centurión era humilde, y por supuesto que lo era, pero estaba reconociendo la dignidad y la grandeza del Señor Jesús. Por lo que él ha escuchado decir del Mesías, él está convencido de que es realmente el enviado de Dios, dado que las señales y los milagros que hacía sólo los podía hacer uno enviado por Dios. De alguna manera nos hace recordar el capítulo 6:1, 2, 5 de Isaías cuando él tuvo la visión de la gloria del Señor (ver también Mat. 3:11).

Observemos nuevamente las palabras del centurión: "Por eso, no me tuve por digno de ir a ti..." (Luc. 7:7). ¡Qué triste en el día de hoy cuando vemos a las personas hablar y referirse a las cosas de Dios con falta de seriedad y reverencia! El centurión no estaba equivocado en cuanto a que él no era digno. Ningún ser humano es digno de la presencia del Hijo de Dios en nuestra casa. Supongamos que un rey o un presidente nos llamara y nos dijera que va a venir a nuestra casa. ¡Qué privilegio!, diríamos. Trataríamos de limpiar al máximo todo lo que fuera posible; dejar cada cosa en su lugar y ordenar todo; ¡ajá! y hasta esas manchas detrás de la puerta. Cuando hablamos del Hijo de Dios que viene a nuestro lugar, nos damos cuenta de lo grande que él es. ¡Qué profundas son las palabras de Juan 6:44!: "Nadie puede venir a mí, a menos que el Padre que me envió lo traiga; y yo lo resucitaré en el día final".

"Di la palabra, y mi criado será sanado". ¿Cómo sabía este hombre que para Jesús de Nazaret el hablar era todo lo que necesitaba para que algo sucediera? El texto no contesta la pregunta.

Continuemos con el versículo 8 de Lucas 7: "Porque yo también soy hombre puesto bajo autoridad...". Comparemos al centurión con el Señor Jesús: El Señor Jesús tiene un nombre que es sobre todo nombre. Fuera de su relación filial con el Padre, en relación con los hombres él no está puesto *bajo* autoridad sino que tiene autoridad *sobre* todos ellos así como sobre las criaturas angelicales. En Efesios 1:20, 21 leemos: "Dios la ejerció en Cristo cuando lo resucitó de entre los muertos y le hizo sentar a su diestra en los lugares celestiales, por encima de todo principado, autoridad, poder, señorío y todo nombre que sea nombrado, no sólo en esta edad sino también en la venidera".

El centurión tiene soldados; el Señor Jesús tiene legiones de ángeles. Aquel tiene soldados y siervos que le obedecen porque él es su superior; el Señor Jesús tiene siervos que le obedecen por amor: "Si alguno me ama, mi palabra guardará. Y mi Padre lo amará..." (Juan 14:23).

Versículo 9: "Cuando Jesús oyó esto, se maravilló de él; y dándose vuelta, dijo a la gente que le seguía: '¡Os digo que ni aun en Israel he hallado tanta fe!'". Observemos con cuidado que esto no se le dijo al centurión, como para adularlo. Se le dijo a la gente. Es muy probable que el centurión no estaba presente sino solamente sus enviados cuando estas palabras se pronunciaron. En Mateo 8:11, 12 se agrega: "Y os digo que muchos vendrán del oriente y del occidente y se sentarán con Abraham, Isaac y Jacob en el reino de los cielos, pero los hijos del reino serán echados a las tinieblas de afuera. Allí habrá llanto y crujir de dientes". El

Señor Jesús dice en forma pública que habrá muchos de los gentiles, es decir, no de la nación de Israel, que se sentarán con Abraham, Isaac y Jacob en el reino de los cielos. Pero notemos: Él se maravilló y destacó la singularidad de tanta fe.

Quisiéramos considerar unos versículos en cuanto al Señor Jesús y la fe: 1) La fe en crecimiento: "Los apóstoles dijeron al Señor: 'Auméntanos la fe'" (Luc. 17:5). 2) La fe que escasea: "Sin embargo, cuando venga el Hijo del Hombre, ¿hallará fe en la tierra?" (Luc. 18:8). 3) La fe cuestionada: "Entonces les dijo: '¿Dónde está vuestra fe?'" (Luc. 8:25). 4) La fe imperfecta: "¡Creo! ¡Ayuda mi incredulidad!" (Mar. 9:24). 5) La fe estimulada: "No temas; sólo cree" (Mar. 5:36). 6) La fe que salva: "El que cree en él no es condenado" (Juan 3:18a). 8) La falta de fe que condena: "El que no cree ya ha sido condenado" (Juan 3:18b). 9) La fe probada: "¡Oh mujer, grande es tu fe! Sea hecho contigo como quieres" (Mat. 15:28).

Temas para predicadores

- *La gravedad del enfermo.*
- *La moralidad y carácter del centurión.*
- *El poder de Jesucristo.*
- *La fe del centurión.*
- *Edificadores o destructores.*

14. El hombre con lepra

Mateo 8:1-4; Marcos 1:40-45; Lucas 5:12-16

Aquel día parecía que iba a ser como otro cualquiera para ese pobre hombre aquejado por una de las enfermedades más terribles que ha afectado a la humanidad.

Sin duda que él se acordaba con dolor de cuando le apareció aquella mancha en la piel. Lo que parecía algo insignificante empezó a crecer y a extenderse. Con cuánto miedo imaginamos que fue a ver al sacerdote, quien tras examinarle pronunció las terribles palabras: ¡Es lepra!

Probablemente lo hubiera sospechado; sin embargo conservaba la esperanza al igual que nosotros hoy día, cuando esperamos que dé negativo el resultado de la biopsia hecha por el cirujano. Ojalá no haya tumor, y de haberlo, que no se haya extendido mucho. Pero aquel fatídico día recibió la respuesta tan temida. Ahora debía dejar la casa, familiares y conocidos, pues tal enfermedad en Israel exigía el aislamiento.

Pero vayamos al texto de Lucas 5:12: "Aconteció que, estando Jesús en una de las ciudades, he aquí había un hombre lleno de lepra. Él vio a Jesús, y postrándose sobre su rostro, le rogó diciendo: 'Señor, si quieres, puedes limpiarme'".

Observemos que la Escritura nos dice: "estando Jesús en una de las ciudades". No se nos dice en cuál, porque eso no era lo importante, así como tampoco el nombre del leproso. El hecho de que las Escrituras generalmente no proporcionen los nombres hace que tales individuos en cierto modo también sean representativos. Sí tenemos el nombre del ciego Bartimeo; pero no los de la hija de Jairo, el del hijo de la viuda de Naín, la mujer samaritana, el ciego de nacimiento y el paralítico de Betesda.

Lo que parecería una estadía fortuita del Señor en esa ciudad estaba ya determinado en el perfecto plan de Dios, que incluía su estancia allí para sanar a este hombre tan necesitado. ¡Qué bueno es saber que Dios tiene un propósito en nuestra vida! Pablo dice que Dios lo apartó desde el vientre de su madre y le llamó por su gracia (Gál. 1:15).

Volviendo a nuestro capítulo, se nos dice que "he aquí había un hombre lleno de lepra", es decir, no era un caso incipiente sino ya muy avanzado. Las marcas y desfiguraciones de esta temible enfermedad se veían por todas partes. El sólo mirar el rostro de este hombre horrorizaría a cualquiera. Pero adentro de ese cuerpo distorsionado estaba el corazón de un hombre con una esperanza. Había escuchado de Jesús de Nazaret y de sus milagros.

"Él vio a Jesús, y postrándose sobre su rostro, le rogó diciendo: 'Señor, si quieres, puedes limpiarme'" (Luc. 5:12b). Observemos su posición: se postró sobre su rostro. No había otra posición que mostrara mejor su tremenda humillación. Quizás así podía ocultar las llagas y cicatrices que cubrían su cara. Los discípulos retroceden con miedo ante el hombre mutilado por la enfermedad y con un aspecto realmente repugnante, o quizás como nosotros, que tememos del contagio. Desde su posición, pronuncia las palabras: "Señor, si quieres, puedes limpiarme". Esto fue un ruego; el tono de su voz no expresa orgullo ni reclamo alguno. Yo creo que en esa breve frase hay tanto dolor, tanta angustia, que cuesta expresarla. Notamos que no dice: "si puedes", pues sabe que el Señor sí puede. ¡Cuántas veces los médicos quisiéramos hacer un milagro, pero no podemos! Este caso es demasiado difícil. La enfermedad está demasiado avanzada. Pero aun así él dijo: "Señor, si quieres, puedes limpiarme". El siguiente versículo nos dice: "Entonces extendió la mano y le tocó diciendo: 'Quiero. ¡Sé limpio!'. Al instante la lepra desapareció de él". El Señor podría haberlo curado con tan sólo su palabra; tan sólo haberlo dicho y hubiera quedado limpio; pero lo tocó. Aquel hombre, al que nadie hubiera querido tocar, el Señor sí lo tocó. Por su palabra le curó de la enfermedad. Al tocarlo le restauró su dignidad. Yo creo que aquellos discípulos prontos a alejarse, ya no tendrían problema en darle un apretón de manos, pues el Maestro lo había tocado. Es que se había producido un milagro espectacular. Las deformaciones del rostro, esas partes con los tejidos perdidos por el efecto destructivo de la enfermedad, habían vuelto a la normalidad. La piel no mostraba más las ominosas manchas.

El Salmo 33:8, 9 declara: "Tema a Jehovah toda la tierra; témanle todos los habitantes del mundo. Porque él dijo, y fue hecho; él mandó, y existió". También en Ezequiel 36:25-27 leemos: "Entonces esparciré sobre vosotros agua pura, y seréis purificados de todas vuestras impurezas. Os purificaré de todos vuestros ídolos. Os daré un corazón nuevo y pondré un espíritu nuevo dentro de vosotros. Quitaré de vuestra carne el corazón de piedra y os daré un corazón de carne. Pondré mi Espíritu dentro de vosotros y haré que andéis según mis leyes, que guardéis mis decretos y que los pongáis por obra".

El Señor Jesús dijo: "Quiero. ¡Sé limpio!". El milagro se produjo de inmediato y es obvio que lo que había sucedido era realmente sobrenatural. Nunca me olvidaré cuando siendo joven visité un hospital de leprosos en una ciudad de Sudamérica. Iba acompañando a un hermano unos 40 años mayor que yo. Queríamos hablarles del evangelio del amor de Dios, leer las Escrituras y cantar algún himno. Cuál fue mi sorpresa cuando mi compañero, un sencillo pero fiel creyente en el Señor, fue extendiendo su mano saludando a uno y otro leproso. Nunca me olvidaré de sus palabras: "Si no estamos dispuestos a estrecharles la mano, realmente no deberíamos estar aquí". Esas palabras me sonaron como un desafío, probando cómo a veces queremos aislarnos en nuestro pequeño mundo muy feliz. Con mucho temor también extendí mi mano a esos hombres y mujeres, sabiendo que muy pocas personas se atreverían a ello, debido al miedo infundido por la lepra.

La lepra se caracteriza no sólo por afectar la piel sino también los órganos internos, muy especialmente las terminaciones nerviosas. Como resultado de esto, las manos, los brazos y los pies se vuelven insensibles. Un leproso puede lastimarse y estar sangrando sin darse cuenta, pues no percibe el dolor. Podría estar quemándose las manos con algo muy caliente sin siquiera notarlo, con lo que agregaría todavía más cicatrices a las de la enfermedad.

Cuando el Señor Jesús lo curó, lo sanó completamente; es decir, todas las manifestaciones internas de la enfermedad también fueron sanadas.

Creo que el hombre recuperó la misma sensibilidad en todo su cuerpo, tal como antes de enfermarse.

Por supuesto que esto nos hace pensar en lo que hace el pecado en el ser humano.

Destruye en forma progresiva; aísla, separa y también actúa sobre la conciencia con efecto destructor, por eso la Escritura habla de los que tienen cauterizada la conciencia.

Los años podían pasar, y muchos de los hombres de aquella ciudad se acordarían de cuando Jesús de Nazaret pasó por allí con sus discípulos.

Unos podrían decir: "¡Yo lo vi!". Otros: "Yo lo escuché con atención ¡y qué precioso su mensaje!". Pero habría un hombre que podría decir: "Él me tocó, y todo mi ser fue inmediatamente transformado".

Hemos imaginado la actitud de los discípulos al ver a este hombre con su aspecto grotesco; pero miremos ahora a Jesús de Nazaret. Él lo miró con dulzura y amor. Él no se asustó de ese rostro carcomido por la lepra.

En los ojos del Nazareno se podía ver algo que era tan difícil de expresar, como un maravilloso amanecer. Es que Jesucristo no es un superhombre que puede hacer supercirugía y supercuraciones sin siquiera conmoverse. Muchas veces los que trabajamos en los hospitales vemos día tras día casos muy dolorosos; es como si nos acostumbráramos a ello o, si prefieren, como si quedáramos inmunizados frente al dolor. Es que hemos visto tantas veces lo mismo, que no queda otra opción que practicar la operación que corresponde. Pero no es así con el Hijo de Dios. Él ha visto muchos enfermos, pero cada uno de ellos hace vibrar las fibras de su corazón: En Jeremías 4:19 leemos: "¡Ay, mis entrañas, mis entrañas! Me duelen las paredes de mi corazón. Se conmociona mi corazón dentro de mí...". El ex leproso ahora podía decir: "Cuando él me tocó, acabó mi soledad; pude volver a mi familia. Cuando me tocó, manchas y cicatrices desaparecieron; así como las desfiguraciones de la enfermedad. Tan solo me tocó y volvió mi sensibilidad perdida".

¡Qué significativas las palabras de Isaías 53:3, 4!: Fue despreciado y desechado por los hombres, varón de dolores y experimentado en el sufrimiento. Y como escondimos de él el rostro, lo menospreciamos y no lo estimamos. Ciertamente él llevó nuestras enfermedades y sufrió nuestros dolores. Nosotros le tuvimos por azotado, como herido por Dios, y afligido". La misma imagen la hallamos en el 63:9: "En toda la angustia de ellos, él fue angustiado...".

Por mucho tiempo yo no les presté mucha atención a estas frases y las interpretaba simplemente pensando que expresaban falta de aprecio, y el sufrimiento en un sentido simbólico. Hasta que un día leyendo la historia del leproso me di cuenta del significado de "como escondimos de él el rostro". No significaba solamente que no lo miramos, sino, por así decirlo, no lo miramos por la sensación violenta que produce en nosotros la vista de algunas cosas que son repulsivas. Nunca me olvidaré cuando siendo un joven estudiante de medicina vino a la sala de emergencia un hombre cuyo automóvil había sido destrozado por un tren del ferrocarril. El rostro de este hombre estaba tan herido que nunca me olvidaré de los horribles detalles. Sin duda que al mirarlo mi rostro expresó lo que en esas circunstancias sentimos. Probablemente me puse muy pálido y sentí como que a la vista de este hombre me iba a desmayar. Entonces el accidentado me dijo: "Doctor, ¿luzco yo tan mal para que usted ponga esa cara?". Y creo que tal es el significado de esta frase: "como escondimos de él el rostro". Lo vimos, no en las hermosuras del Rey de Gloria. Lo vimos, no en la belleza del príncipe cabalgando sobre justicia y verdad en el Salmo 45. Lo vimos en las palabras de Isaías 52:14: "De la manera que muchos se asombraron de él, así fue desfigurada su apariencia, más que la de cualquier hombre; y su aspecto, más que el de los seres humanos".

Adam Clark comenta de Isaías 53:4 que la Vulgata y otras traducciones antiguas interpretan: "Lo vimos como si fuera un leproso, un herido de Dios. Aquel que nunca hizo pecado, aquel que es tres veces santo, lo vimos como alguien de quien nos alejamos por las terribles deformaciones de la enfermedad".

Volviendo a nuestro hombre, me conmueven las palabras de Mateo 8:3: "Jesús extendió la mano y le tocó diciendo: 'Quiero. ¡Sé limpio!'. Y al instante quedó limpio de la lepra". La curación fue absoluta; no quedó deformidad, cicatriz ni vestigio alguno.

¡Cuán precioso es pensar que un día los creyentes estaremos en la presencia de Dios y él nos verá en perfección! Lo que se malogró desde el pecado de Adán, finalmente en el propósito de Dios habrá de cumplirse, como leemos en Efesios 5:25-27: "...como también Cristo amó a la iglesia y se entregó a sí mismo por ella, a fin de santificarla, habiéndola purificado en el lavamiento del agua con la palabra, para presentársela a sí mismo, una iglesia gloriosa que no tenga mancha ni arruga ni cosa semejante, sino que sea santa y sin falta" (cf. Jud. 24).

¿Se imaginan al leproso viéndose completamente curado? Así como todas las cicatrices debidas a la enfermedad desaparecieron.

Los capítulos 13 y 14 de Levítico están dedicados al asunto del diagnóstico de la lepra y su proceso, así como de la purificación del leproso. El reconocimiento de la lepra crónica llevaba a que quien la padecía fuera declarado inmundo, viéndose obligado a observar determinados cuidados profilácticos que también lo aislaban de su comunidad: "En cuanto al leproso que tiene la llaga, sus vestidos serán rasgados, y su cabeza será despeinada. Se cubrirá hasta la nariz y pregonará: '¡Impuro! ¡Impuro!'. Todo el tiempo que tenga la llaga, quedará impuro. Siendo impuro, habitará solo, y su morada estará fuera del campamento" (13:45, 46).

Nuestro hombre no sólo había estado enfermo por tantos años, sino que como era habitual en aquellos días, la gente creía que la enfermedad era consecuencia de algún pecado oculto. La idea aparece en el libro de Job, y queda expuesta en Juan 9 en relación con el ciego de nacimiento de quien la gente pregunta: "¿Quién pecó?".

Lo que para mí es incomprensible es que el Señor Jesús atendiera a este hombre leproso, al que la gente evitaba mirar.

Pero volvamos a nuestro relato en Lucas 5:13b: "Al instante la lepra desapareció de él". Observemos que esta sanidad no fue un proceso prolongado, aunque viniera de mucho tiempo atrás. La enfermedad desapareció sin dejar secuela alguna en forma de manchas o cicatrices que hubieran perdurado el estigma de su condición anterior. La curación fue absoluta. Los bacilos de la lepra, o de Hansen, desaparecieron. Las lesiones producidas en los órganos internos también desaparecieron, así como las que afectaron las terminaciones nerviosas. Yo creo que la siguiente vez que el ex leproso se martilló un dedo gritó: "¡Aleluya!". Efectivamente, el dolor es nuestro aliado que nos avisa cuando algo en nuestro organismo no está bien, previniéndonos así de un peligro mayor.

El hombre ahora se miraba a sí mismo y no salía de su mezcla de asombro, gratitud y alegría: "¡Estoy limpio! ¡Jesús de Nazaret me ha curado! ¡Mi sueño que parecía imposible se ha realizado!".

Esta no es una sanidad como tantas de las actualmente publicitadas. Ésta es verdadera y total. No era un efecto psicológico de mejoría momentánea mientras la enfermedad proseguía su nefasta carrera.

Versículo 14: "Y Jesús le mandó que no se lo dijera a nadie; más bien, le dijo: 'Ve y muéstrate al sacerdote y da por tu purificación la ofrenda que mandó Moisés, para testimonio a ellos'".

El hombre va y golpea la puerta de la casa del sacerdote:

—¿Quién es?

—Soy... el leproso... bueno, ahora ya no pero antes sí...

—¿Queeeé...? —nunca el sacerdote había visto ni oído caso igual—.

Tras la insistencia finalmente accede a revisarlo. Tras el examen de rigor observando detenidamente cara, brazos, piernas, tórax y abdomen, finalmente el cuerpo entero, la piel de este hombre no muestra rastro alguno de la enfermedad, antes bien, luce tersa y limpia como la de un niño.

Notemos en Mateo 8:4 las palabras: "no le digas a nadie".

El Señor Jesucristo no tenía interés de obtener publicidad por ese milagro. No le interesaba hacerse el centro de atención del lugar. Él hizo el milagro por amor al enfermo y no por otro propósito.

Vivimos en días en que hay mucho teatro religioso. Jesús de Nazaret nunca buscó la publicidad o el aplauso de los seres humanos.

A los dos ciegos de Mateo 9:30 también Jesús "les encargó rigurosamente diciendo: 'Mirad que nadie lo sepa'". Sin embargo, "...ellos salieron y difundieron su fama por toda aquella tierra" (v. 31).

En Mateo 12:16 tenemos el mismo pensamiento con relación a sanidades de enfermedades que específicamente no se mencionan, y que el Señor Jesús encargaba que no lo descubrieran. El Señor Jesús no estaba para hacer teatro.

Temas para predicadores

- ➢ *La compasión de Jesucristo.*
- ➢ *El poder de Jesucristo.*
- ➢ *La condición del enfermo con lepra.*
- ➢ *El toque del Señor Jesús.*
- ➢ *La sorpresa del sacerdote.*

15. La mujer encorvada

Lucas 13:10-17

Este es otro de los milagros que se produjo durante un sábado.

El Evangelio de Lucas nos dice: "Jesús enseñaba en una de las sinagogas en el sábado" (v. 10). No se nos dice el lugar. En el versículo 11 se nos presenta el caso en pocas palabras: "Y he aquí una mujer que tenía espíritu de enfermedad desde hacía dieciocho años; andaba encorvada y de ninguna manera se podía enderezar".

Es interesante el término *asthenia* que se usa en el griego para enfermedad. Este término lo encontramos también en Mateo 8:17 en conexión con una profecía de Isaías. Allí leemos: "de modo que se cumpliese lo dicho por medio del profeta Isaías, quien dijo: *Él mismo tomó nuestras debilidades y cargó con nuestras enfermedades*" (comp. Mat. 5:15; Luc. 8:1, 2; Juan. 5:5; 11:4).

La mayoría de nosotros hemos visto esas personas cuya columna se va encorvando (cifosis). Este es el resultado muchas veces de aplastamientos de los cuerpos de las vértebras o deformaciones de los mismos. En este caso, creemos que en forma progresiva por dieciocho años la situación había empeorado, como sucede normalmente en estos casos. La enfermedad que esta mujer tenía hoy la llamaríamos cifoescoliosis. El doctor James Rogers, cirujano ortopédico en Texas, Estados Unidos de América, piensa en la posibilidad de que la enfermedad primaria hubiera sido tuberculosis de la columna, llamada "mal de Pott".

Actividades sencillas como mirar hacia adelante son difíciles porque el cuello tiene que compensar la curvatura de la columna vertebral. El resultado es que cuando esas personas caminan lo hacen mirando hacia abajo en vez de hacia delante, debido precisamente a esa dificultad para mirar hacia delante. El Evangelio nos dice: "...de ninguna manera se podía enderezar". No es que ella no hubiera tratado, sino que le era imposible. Las deformaciones óseas de la columna le impedían enderezarse. Indudablemente, al caminar ella no lo podía hacer con la gracia y elegancia que lo hacía antes de enfermarse. Sin duda, si tenía hermosos vestidos no podía lucirlos de la manera que una persona normal lo podía hacer. Notemos que no se hace ninguna referencia a que esta mujer solicitara su curación. El Mesías vio su condición, se compadeció de ella y la sanó.

Leamos el versículo 12: "Cuando Jesús la vio, la llamó y le dijo: 'Mujer, quedas libre de tu enfermedad'". Cuando Jesús de Nazaret le dijo: "mujer quedas libre de tu enfermedad", anunció un mensaje de liberación. Este es uno de los milagros que expresa el concepto de la libertad de las ataduras satánicas.

En esa sinagoga había muchas personas atadas. El principal de la sinagoga era uno de los que no lo sabían y probablemente estaba más atado que ningún otro. Es como si tuviera ataduras y cadenas por todos lados. Eran las cadenas de la religión vacía y del legalismo.

El Señor Jesús con su palabra le anunció a esta mujer la libertad. Con el toque de su mano le dio la sanidad.

La Biblia nos habla mucho sobre la libertad y ser libertados. Habla del ser humano antes de conocer a Cristo como Salvador como alguien que está esclavizado. Jesucristo nos dice que esta mujer estaba atada por Satanás. Las Escrituras nos dicen "y conoceréis la verdad, y la verdad os hará libres" (Juan 8:32). En el versículo 36 del mismo Juan 8 leemos: "Así que, si el Hijo os hace libres, seréis verdaderamente libres".

Notemos la secuencia, en primer lugar la vio, luego la llamó, de inmediato le anunció la libertad de su enfermedad, después puso sus manos sobre ella y luego ella se endereza y es curada de su enfermedad. Ella fue a la sinagoga, es decir, el lugar donde se suponía que podría escuchar la Palabra de Dios a pesar de las dificultades que sin duda tendría para caminar. Pero fue a la sinagoga y fue bendecida.

"Cuando Jesús la vio...". ¿Qué fue lo que vio el Señor Jesús? Él vio a una mujer agobiada con una enfermedad del sistema esquelético muscular. Quizás muchos que la habían visto tantas veces ni se dieron cuenta de que allí estaba ella pero había alguien que en forma especial la vio entre todas las mujeres en la sinagoga. Él la vio en su miseria y necesidad.

Notemos en segundo lugar que la llamó. ¿No es esto acaso lo mismo que espiritualmente sucede en nuestras vidas? Dios nos vio en nuestra necesidad. Mandó a su Hijo para salvarnos y nos llamó. En Romanos 8:30 leemos: "Y a los que predestinó, a éstos también llamó; y a los que llamó, a éstos también justificó; y a los que justificó, a éstos también glorificó".

La Escritura dice en Hebreos 3:7, 8: "Por eso, como dice el Espíritu Santo: *Si oís hoy su voz, no endurezcáis vuestros corazones como en la provocación, en el día de la prueba en el desierto*".

En tercer lugar, le habló y le dijo: "Mujer, quedas libre de tu enfermedad". El término "mujer" para nosotros sería equivalente a "señora", e implica respeto. Ahora le anuncia que es libre de su enfermedad. El Evangelio no nos da detalles. ¿Qué habrá pensado aquella mujer en su corazón cuando escuchó las palabras de Jesús de Nazaret? Hasta ese momento nada había pasado, pero aquellas palabras anunciaban libertad de su enfermedad.

Quizás esta mujer se preguntó a sí misma: "¿Y esto de qué me sirve?". Probablemente muchos en la concurrencia dijeron dentro de sí mismos: "¿Y esto de que le sirve?, son palabras lindas y nada más". Muchas veces las personas se preguntan: "¿De qué me sirven estas cosas de la 'religión'?". Esta no es una pregunta nueva. Las encontramos en Malaquías 3:13. Allí leemos: "Duras han sido vuestras palabras contra mí, ha dicho Jehovah. Pero decís: '¿Qué hemos hablado contra ti?'. Habéis dicho: 'Está demás servir a Dios' y '¿Qué provecho sacamos de guardar su ley y de andar tristes delante de Jehovah de los Ejércitos?'".

El versículo 13 de Lucas 13 dice: "Puso las manos sobre ella, y al instante se enderezó y glorificaba a Dios". El Señor Jesús puso las manos sobre ella. Qué espectáculo más lleno de ternura. Jesucristo puso sus manos sobre ella y el milagro se produjo.

El Mesías puso las manos sobre muchos enfermos, pero hubo sanidades que se produjeron por su palabra sin la mediación del toque personal del Señor Jesucristo.

Los que se dedican al arte de la pintura nos dicen que las manos son más difíciles de pintar que los rostros. ¿Y qué podemos decir sobre las manos de Jesús de Nazaret?

Esas manos tienen la delegación total de autoridad de su Padre. En Juan 13:3 leemos: "y sabiendo Jesús que el Padre había puesto todas las cosas en sus manos y que él había salido de Dios y a Dios iba" (cf. Juan 20:27; Luc. 24:50).

En el versículo 14 de Lucas 13 leemos: "Y respondiendo el principal de la sinagoga, enojado de que Jesús hubiese sanado en sábado, decía a la gente: 'Seis días hay en la semana en los cuales se debe trabajar. Venid, pues, en estos días y sed sanados, y no en el día de sábado'". Sin duda el principal de la sinagoga expresa los sentimientos de algunos en la sinagoga. Él se enoja por el hecho de que Jesús de Nazaret hace la sanidad el día sábado, pero en el fondo se hubiera enojado igualmente cualquier otro día de la semana. Ha encontrado un pretexto para decir que lo que Jesucristo ha hecho de alguna manera no es lo correcto. Qué peligroso es para el creyente caer en esa tentación de tratar de disminuir el acto de bondad de otro, o de alguna manera tratar de mostrar que hay un interés o propósito ulterior.

Leamos el versículo 15: "Entonces el Señor le respondió diciendo: '¡Hipócrita! ¿No desata cada uno de vosotros en sábado su buey o su asno del pesebre y lo lleva a beber?'". Observemos que Jesucristo trata con severidad a este hombre y lo llama hipócrita. El diccionario define este término como "alguien que actúa con hipocresía", o sea: "con fingimiento de cualidades o sentimientos contrarios a los que verdaderamente tiene o experimenta".

La hipocresía es condenada claramente en las Santas Escrituras. En algunos círculos de la sociedad, este pecado se ha llegado a admitir como una necesidad. Algunos políticos cuando son interrogados sobre cierto tema responden de acuerdo con la audiencia que los está escuchando. Si se les hace una pregunta sobre un tema polémico, van a responder de acuerdo con la manera que puedan tener más votos y más popularidad. El Señor Jesucristo habló terminantemente en contra de la hipocresía.

En el versículo 16 de Lucas 13, continúa: "Y a ésta, siendo hija de Abraham, a quien Satanás ha tenido atada por dieciocho años, ¿no debía ser librada de esta atadura en el día de sábado?". Notemos que el Mesías la llama hija de Abraham. La mayoría de la gente consideraba con lástima a esta mujer entristecida y encorvada por su larga enfermedad. Después de todo ella era una de los tantos enfermos que vivían agobiados por una enfermedad crónica que debilitaba e impedía que pudieran hacer muchas cosas. Pero Jesucristo se refiere a ella como "hija de Abraham". No había título más alto que un israelita pudiera tener que ser llamado un hijo de Abraham. Esto no tenía un sentido étnico, porque no era nada distintivo el ser un hijo de Abraham en Israel. Todos los israelitas se consideraban hijos de Abraham. Pero Jesús de Nazaret la llama "hija de Abraham" en el sentido de una mujer de fe, como Abraham también fue un hombre de fe. Tenemos un concepto similar en el Evangelio de Juan, en el capítulo 1.47, cuando Jesucristo vio a Natanael y dijo: "¡He aquí un verdadero israelita, en quien no hay engaño!". Por supuesto que la gran mayoría de las personas alrededor de las cuales se movía el Señor Jesucristo eran israelitas. Pero éste no lo era sólo de nacimiento por algo étnico sino que lo era de corazón.

Volvamos al versículo 13: "Puso las manos sobre ella, y al instante se enderezó y glorificaba a Dios". Suponemos que ese día sábado cuando fue a la sinagoga, su espíritu estaba acongojado por la realidad de su padecimiento de tantos años. ¡Cómo iba a pensar ella que ese era el día que había soñado como un sueño imposible! ¡Cómo se iba a imaginar que ese día iba a prorrumpir con alabanza a Dios por el milagro que sería hecho en ella! Cuán hermoso es ver la alabanza espontánea que surge de un corazón sinceramente agradecido con Dios. Pero mientras que esta mujer exclamaba sus alabanzas a Dios, mientras que la alegría surgía, a los hombres religiosos y especialmente "al principal de la sinagoga", no les gustó lo que habían visto.

El Señor Jesucristo se refiere a Satanás como un individuo real y lo hace en múltiples ocasiones. No lo trata como una influencia o como algo mitológico sino como un ser real. En Mateo 4:10, en conexión con la tentación del Señor Jesús en el desierto, leemos: "Entonces Jesús le dijo: 'Vete, Satanás, porque escrito está: *Al Señor tu Dios adorarás y a él solo servirás*'" (comp. Mat. 12:26; Luc. 10:18; 22:31, 32). En estos versículos vemos claramente que el Señor Jesús consideraba a Satanás como una persona real, con capacidad para tentar e insinuar ideas contrarias a la voluntad de Dios; con la habilidad de actuar en forma activa combatiendo el propósito de Dios como vemos en la parábola del sembrador, en Marcos 4:1-9. El final de Satanás lo tenemos explicado en Apocalipsis 20:10, donde leemos: "Y el diablo que los engañaba fue lanzado al lago de fuego y azufre, donde también están la bestia y el falso profeta, y serán atormentados día y noche por los siglos de los siglos". Con respecto a esta mujer, se nos dice que Satanás la había atado por dieciocho años.

Pero volvamos al relato de la mujer que había estado encorvada por tantos años a causa de una enfermedad.

La mujer estaba con su cabeza agachada, con su cuerpo encorvado por la enfermedad, con su rostro entristecido por su dolencia crónica, con su mirada hacia el suelo. ¡Qué espectáculo que una manera figurada muestra a la raza humana! ¡Pero qué distinto lo que Dios quiere para nosotros! La situación de esta mujer me hace recordar las palabras de Lamentaciones 4:2: "Los apreciados hijos de Sion, que eran estimados en oro fino, ¡cómo son tenidos ahora como vasijas de barro, obra de manos de alfarero!".

Pero notemos algo más al final del versículo 16 de Lucas 13: "Y a ésta, siendo hija de Abraham, a quien Satanás ha tenido atada por dieciocho años, ¿no debía ser librada de esta atadura en el día de sábado?". Y la respuesta es dada por el silencio de la concurrencia. Lo que el Señor Jesucristo está diciendo es que ese milagro había que hacerlo en ese día porque esa era la oportunidad; que dejarlo para hacerlo al siguiente día no era una opción. Había que hacerlo en ese momento. Y lo mismo en las cosas que tienen que ver con nuestra vida espiritual o la congregación local. ¿Cuántas veces en nuestra vida o en la iglesia local no hay una necesidad que tiene que ser solucionada de inmediato? Es muy fácil decir: "lo haremos mañana", y ese día nunca llega. Hay hermanos que usan la oración como un pretexto para no hacer lo que tienen que hacer. Cuando se les sugiere hacer algo, su respuesta es: "hermanos hay que orar". A esa mujer que hacía dieciocho años que estaba enferma había que sanarla en ese mismo día, y observen que Jesucristo no oró para determinar si había que hacerlo. Seguramente al orar con su Padre al empezar el día encomendó todas las situaciones que iba a encontrar para hacer la voluntad de su Padre.

Las Escrituras nos dicen en Proverbios 3:27, 28: "No niegues un bien a quien es debido, teniendo poder para hacerlo. No digas a tu prójimo: 'Anda y vuelve; mañana te lo daré', cuando tienes contigo qué darle".

Termina la historia en el versículo 17 diciendo: "Cuando él decía estas cosas, todos sus adversarios se avergonzaban. Y todo el pueblo se regocijaba por todas las cosas gloriosas que él hacía".

Miremos las dos reacciones de los seres humanos a la persona del Señor Jesucristo: unos lo rechazaron y se avergonzaron, otros se regocijaron.

Notemos que la Escritura nos habla de sus adversarios. ¿Cuál es tu posición ante la persona del Señor Jesús? Sus adversarios un día van a tener que reconocer que Jesús es el eterno Hijo de Dios. Por eso en Filipenses 2:10, 11 leemos: "para que en el nombre de Jesús se doble toda rodilla de los que están en los cielos, en la tierra y debajo de la tierra; y toda lengua confiese para gloria de Dios Padre que Jesucristo es Señor".

Sus adversarios fueron avergonzados. Quedaron en evidencia que eran falsos, que la hipocresía los dominaba y que no eran honestos.

Los religiosos de la sinagoga fueron avergonzados aquel día. En Romanos 9:33 leemos: "como está escrito: *He aquí pongo en Sion una piedra de tropiezo y una roca de escándalo; y aquel que cree en él no será avergonzado*".

En 1 Corintios 1:27 encontramos las mismas palabras. Allí la Escritura nos dice: "Dios ha elegido lo necio del mundo para avergonzar a los sabios, y lo débil del mundo Dios ha elegido para avergonzar a lo fuerte".

En esa sinagoga quedaron unos hombres enfurecidos porque aborrecían la verdad y la luz. Aquella mujer volvió a su casa caminando como hacía muchos años que no lo había podido hacer. Llevaba una gran sonrisa en su rostro porque ella sabía que Dios, por medio de su Hijo, había actuado en su vida y había derramado sobre ella su misericordia. Ahora podía caminar con la frente levantada y su mirada se dirigía al horizonte y al cielo.

Temas para predicadores

- *La libertad que tenemos en Cristo.*
- *Las manos de Cristo.*
- *La hipocresía.*
- *Las ataduras y obra de Satanás.*
- *El rechazo de la persona y la obra de Jesucristo.*

16. Malco

Mateo 26:47-56; Lucas 22:47-53; Juan 18:2-11

Hay personas que a veces tienen la fortuna de equivocarse y aunque les salga mal algo que quieren hacer, aun así terminan beneficiándose con ello. Es el caso de aquel que perdió el vuelo en el avión que después se estrelló sin que hubiera sobrevivientes. Y en esta porción de las Escrituras tenemos dos personas con mucha ventura; me refiero a Pedro y a Malco.

A Pedro, porque su propósito no era cortarle la oreja a Malco, sino que el golpe estaba destinado al medio de la cabeza, y quizás debido al esquive de Malco termina con una lesión que técnicamente la llamaríamos no muy seria ni de peligro de muerte.

La otra persona con buena suerte fue Malco. A nadie le gusta que alguien lo ataque y lo deje herido; pero si esto va a suceder ¡qué bendición tener cerca al Señor Jesús, ser objeto de su compasión y sentir su mano sanadora! Alguien ha dicho que el que más se merecía el golpe en la cabeza era Judas y no Malco. Pero ¿quiénes somos nosotros para determinar quién se merece qué?

Pedro podía haber sido acusado y condenado a sufrir la pena capital, si el golpe que en su intención carnal y descontrolada trató de dar hubiera determinado la muerte de la víctima, pero no fue acusado legalmente de herir a otro ciudadano porque no había evidencia o prueba de delito. Si bien muchos testigos podían decir que recibió un tajo, la observación minuciosa no hubiera demostrado huellas de trauma alguno. ¡Qué hermoso simbolismo podemos ver con la obra de la justificación perfecta que hizo el Señor Jesucristo! A los ojos de Dios no hay evidencia de nuestro delito de la misma manera que a los ojos de la justicia no había evidencia de que Malco hubiera sido herido.

En Mateo 26:47 leemos: "Mientras él aún hablaba, vino Judas, que era uno de los doce, y con él mucha gente con espadas y palos, de parte de los principales sacerdotes y de los ancianos del pueblo". Los versículos 49, 50 nos hablan respecto a Judas: "De inmediato se acercó a Jesús y dijo: '¡Te saludo, Rabí!'. Y le besó. Pero Jesús le dijo: 'Amigo, haz lo que viniste a hacer...'". Esta es la única vez que el Señor Jesucristo usa el término griego, traducido "amigo", en forma individual. Lo hace en términos generales en Juan 15:14, 15: "Vosotros sois mis amigos, si hacéis lo que yo os mando. Ya no os llamo más siervos, porque el siervo no sabe lo que hace su señor. Pero os he llamado amigos, porque os he dado a conocer todas las cosas que oí de mi Padre".

"...Entonces ellos se acercaron, echaron mano a Jesús y le prendieron" (v. 50). ¡Qué palabras tan sencillas y tan hondas!: echaron mano a Jesús y le prendieron.

¿Sería posible prender con nuestras manos los huracanes, tornados y tempestades del mundo? ¿Sería posible tapar con nuestras manos la explosión de un volcán evitando la erupción de fuego y lava? ¿Sería factible aquietar con nuestras manos la tierra estremecida por un gran terremoto? ¿Apagaríamos acaso a manotazos relámpagos y rayos de una gran tormenta eléctrica? ¿Cómo es posible entonces que las manos de impíos pecadores puedan tocar el cuerpo santo del Hijo de Dios? ¿Cómo es posible que seres humanos priven de libertad de acción a aquel que es el Creador de los cielos y de la tierra? ¿Cómo es posible quitarle la libertad a aquel que la vino a dar? ¿Cómo es posible que manos pecaminosas se atrevieran a ultrajar al santo Hijo de Dios? Vienen a mi corazón las palabras solemnes de Hebreos 12:18, 19, 21: "No os habéis acercado al monte que se podía tocar, al fuego encendido, a las tinieblas, a la profunda oscuridad, a la tempestad, al sonido de la trompeta y al estruendo de las palabras, que los que lo oyeron rogaron que no se les hablase más... Y tan terrible era aquel espectáculo que Moisés dijo: '*¡Estoy aterrado y tem-*

blando!'". Pero no, ninguno de estos hombres tenía el discernimiento para darse cuenta de lo que estaban haciendo.

Versículo 51: "Y he aquí uno de los que estaban con Jesús extendió su mano, sacó su espada, y golpeando a un siervo del sumo sacerdote le cortó la oreja". Las palabras "uno de los que estaban con Jesús" son dolorosas. Estaban con Jesús pero no habían comprendido y entendido con su corazón nada de lo que venía pasando. Observemos la expresión "le cortó la oreja", es decir, la oreja quedó desprendida del cuerpo. El Señor Jesús aprovecha esta oportunidad para sanar a Malco y dar la respuesta que consideramos.

Es interesante que Mateo y Marcos no relaten la curación sino sólo el incidente de la herida. En Lucas 22:51 leemos: "Entonces respondiendo Jesús dijo: '¡Basta de esto!'. Y tocando su oreja, le sanó". "Basta de esto" significa: no quiero una batalla campal. No quiero una resistencia con muertos y heridos de los dos bandos. "...Y tocando su oreja, le sanó". Es el último milagro de sanidad que Jesucristo va a hacer en la tierra. Le tocó y le sanó. Si hubo alguien que probablemente no tenía fe en la posibilidad del milagro aquí lo tenemos. Si la oreja estaba desprendida, que creemos que es lo que Mateo nos afirma, el Señor Jesús la vuelve a colocar en su lugar. Si estaba apenas colgando, la adhiere en su sitio y la deja sana. Creo que cuando Jesús de Nazaret pone su mano sobre Malco, la sanidad es tan completa que si él estaba sangrando deja de sangrar, y si miráramos con cuidado la oreja no veríamos señales de la lesión. No fue una sanidad psicológica sino física. ¿Qué pasó con Malco después de esto? Sin duda que nunca olvidó esa mano cariñosa que le sanó.

Pero observemos la respuesta de Jesucristo con relación a este hecho. En Mateo 26:52, 53 leemos: "Entonces Jesús le dijo: 'Vuelve tu espada a su lugar, porque todos los que toman espada, a espada perecerán. ¿O piensas que no puedo invocar a mi Padre y que él no me daría ahora mismo más de doce legiones de ángeles?'". Pedro, tú sólo me estás defendiendo con tu propia espada. Aunque esto que hizo Pedro no era la voluntad del Maestro, tenemos que reconocer su celo y que fue el único que estuvo dispuesto a morir allí mismo por su Señor. Las Escrituras nos dicen que había dos espadas. ¿Qué pasó con la otra? Es como si dijera: "Pedro, tú tienes una espada, pero yo puedo pedir a mi Padre más de doce legiones de ángeles". Cuando el ángel del Señor descendió sobre el ejército de Senaquerib, uno solo destruyó a ciento ochenta y cinco mil soldados enemigos (2 Rey. 19:35). Si un solo ángel puede hacer esto ¿que no podrían hacer doce legiones angelicales? Jesucristo nos está diciendo que la cruz pudo haber sido evitada si él así lo hubiera querido. Pero antes había dicho: "Padre mío, si no puede pasar de mí esta copa sin que yo la beba, hágase tu voluntad" (Mat. 26:42).

Versículo 55: "En ese momento Jesús dijo a la multitud: '¿Como contra un asaltante habéis salido con espadas y palos para prenderme? Cada día me sentaba enseñando en el templo, y no me prendisteis'". Yo no sé si podemos captar adecuadamente el dolor en el corazón del Señor al pronunciar estas palabras. Es como si él dijera: "Me están tratando como a un delincuente, siendo que diariamente ustedes mismos se sentaban conmigo mientras les enseñaba".

Juan 18:11 agrega: "Entonces Jesús dijo a Pedro: 'Mete tu espada en la vaina. ¿No he de beber la copa que el Padre me ha dado?'".

¡Qué prácticas son las palabras del apóstol Pablo con referencia a esta situación en Romanos 12:17-20!: "No paguéis a nadie mal por mal. Procurad lo bueno delante de todos los hombres. Si es posible, en cuanto dependa de vosotros, tened paz con todos los hombres. Amados, no os venguéis vosotros mismos, sino dejad lugar a la ira de Dios, porque está escrito: *Mía es la venganza; yo pagaré, dice el Señor. Más bien, si tu enemigo tiene hambre, dale de comer; y si tiene sed, dale de beber; pues haciendo esto, carbones encendidos amontonarás sobre su cabeza*".

Quiero terminar con una referencia de Herbert Lockyer: "No está bien desenvainar la espada por Cristo y por su verdad. La espada nunca debe ser usada para la extensión o regresión de ninguna opinión religiosa o para la propagación de lo que se cree que es la verdad. Jesús llama a los hombres a llevar su cruz, no a desenvainar espadas por él".

Temas para predicadores

- *Demostración de lo que significa amar a los enemigos.*
- *Obrando en la carne y actuando en el espíritu.*
- *El Dios que hace que llueva sobre justos e injustos.*
- *La justificación de Dios.*

Capítulo V
PODER EN LA PERSONA DE JESÚS

1. La transfiguración de Jesús

Marcos 9:2-13; Lucas 9:28-36; Mateo 17:1-13

La porción de la Escritura que encontramos en Mateo 17 se llama comúnmente la transfiguración. Yo creo que en un sentido el término podría confundirnos si pensáramos que en ese monte Jesucristo se transforma en algo espectacular, que no es lo normal para él, o que fuera ajeno a su persona. Por el contrario, en el monte de la transfiguración los discípulos ven al Señor Jesús con la gloria que él tiene en forma normal y habitual. Desde la eternidad sin fin él ha estado con su Padre, como se revela en Juan 17:5: "Ahora pues, Padre, glorifícame tú en tu misma presencia, con la gloria que yo tenía en tu presencia antes que existiera el mundo".

Es importante destacar que sólo tres discípulos vieron esta manifestación de la gloria del Señor Jesús. ¡Cuánto necesitamos todos nosotros tener una percepción espiritual del Señor Jesucristo glorificado! Todos hemos sido expuestos al niño Jesús en el pesebre, o al Salvador muriendo en la cruz; ¡pero cuán necesario es que lo veamos tal como él está hoy: glorificado!

Queremos remarcar que el propósito de subir al monte de la transfiguración no era hacer un acto espectacular, teatral, "hollywoodense" para impresionar a los discípulos. La razón por la cual consideramos este episodio en el estudio de los milagros, es porque hay por lo menos cinco fenómenos que podríamos llamar sobrenaturales o por lo menos, no habituales. En primer lugar, el rostro de Jesucristo resplandece como el sol.

En segundo lugar, los vestidos del Mesías se tornan blancos como la luz o tan blancos que ningún lavador los puede hacer tan blancos.

En tercer lugar, aparecen dos personajes importantísimos del Antiguo

Testamento: Moisés representando la ley, y Elías representando a los profetas. Ellos están ahora hablando con Jesús, a pesar de haber muerto cientos de años atrás.

En cuarto lugar, apareció una nube muy especial. Si ese día no había nubes, fue una gran sorpresa, y si las había, esta nube se movía de una manera diferente a las otras nubes. Esto de por sí es un fenómeno que sin ninguna duda nos daría mucho que pensar. A veces durante tormentas hemos visto nubes que se mueven en direcciones distintas debido a dos corrientes de aire. Pero esta nube se mueve como si tuviera un control remoto. Las nubes cuando hay luz producen sombra. Normalmente cuando hablamos de la sombra pensamos en la sombra de la luz y del calor del sol. Pienso que tendríamos que considerar aquí que la sombra se refiere a la que se produce por la gran luz que viene del Señor Jesucristo. Alguien me diría: "¿Y cómo sabe usted que la sombra no se refiere a la sombra del sol?". Bueno, en primer lugar creemos que es muy probable que esto haya sucedido durante la noche. El Señor Jesús acostumbraba subir al monte a orar de noche. Las actividades del día le hubieran impedido subir. El hecho de que los discípulos tenían mucho sueño y luchaban para no dormirse, nos sugiere otra vez que esto sería algo durante las horas en que normalmente ellos estarían descansando.

El quinto prodigio es que se oye una voz de la nube que dice: "Este es mi Hijo amado, en quien tengo complacencia. A él oíd" (Mat. 17:5).

El sexto elemento, quizás en un sentido no tan impresionante, pero sin embargo muy importante, es que hay una conversación entre los tres en la que se habla del tema de su salida, la cual había de cumplir en Jerusalén. Están hablando sobre su salida o éxodo, es decir, su muerte por crucifixión. Dos de los personajes más importantes del Antiguo Testamento están interesados en lo que le va a suceder en el futuro inmediato a Jesús de Nazaret.

Sigamos el relato del capítulo 9 de Lucas. En el versículo 28 leemos: "Aconteció, como ocho días después de estas palabras, que tomó consigo a Pedro, a Juan y a Jacobo, y subió al monte a orar". Nos preguntamos: ¿por qué esos nueve discípulos se quedaron abajo? Los que subieron tuvieron una clase sobre las glorias y excelencias del Señor Jesucristo. Los nueve que se quedaron van a tratar inútilmente de curar al joven lunático con la consecuencia de un fracaso completo. Aquellos tres son los mismos que son elegidos cuando él va a resucitar a la hija de Jairo y son los mismos que luego llevaría a estar con él en el huerto de Getsemaní.

Uno piensa que la razón por la que el Señor Jesús escoge a estos y no a los otros es que de alguna manera Pedro, Jacobo y Juan tienen un discernimiento espiritual mayor. Quizás tienen un deseo más intenso de estar con el Salvador. Podría ser posible que eligiera a estos tres porque tenían una sensibilidad espiritual más refinada. Sin duda Jesús, que sabe todo lo que hay en el corazón del hombre, no iba a permitir que Judas Iscariote lo viera en su gloria. Esto hubiera sido como echarle perlas a los puercos. Si tú o yo hubiéramos estado allí en aquel momento, ¿hubiéramos sido de aquellos que estaban dispuestos a subir al monte?

Quizás yo hubiera dicho: "Señor, estoy cansado porque el día fue largo y no tengo ganas de subir al monte". Pude haber argumentado que desde abajo se podía orar tan bien como de arriba en el monte. Yo me imagino que en muchas iglesias donde la palabra del Señor se predica con fidelidad, debe haber algunos que quieren subir al monte de la instrucción para ser enseñados por el Señor Jesús. Me imagino que hay hermanos y hermanas que quieren profundizar en las verdades de la oración del Señor Jesús con su Padre en Juan 17, y que hay creyentes que quieren ver algo más de la gloria que le pertenece a aquel que dijo: "Padre, quiero que donde yo esté, también estén conmigo aquellos que me has dado, para que vean mi gloria que me has dado, porque me has amado desde antes de la fundación del mundo" (Juan 17:24).

Lucas 9:29 nos dice: "Y mientras oraba, la apariencia de su rostro se hizo otra, y sus vestiduras se hicieron blancas y resplandecientes". Su rostro resplandeció como el sol.

¡Qué hermoso es el rostro de aquel a quien nunca hemos visto y amamos! Cuando tenemos alguien que nos quiere mucho amamos ese rostro, no porque sea especialmente bonito sino porque sabemos que en ese rostro hay sentimientos de amor hacia nosotros. Por eso tenemos ese dicho que expresa que para las madres todos los hijos son lindos (ver Isa. 52:14; Juan 1:14).

Volvamos a Lucas 9:29: "Y mientras oraba, la apariencia de su rostro se hizo otra, y sus vestiduras se hicieron blancas y resplandecientes". Mateo 17 nos da el detalle que su cara resplandeció como el sol. Es decir, la apariencia de su cara era tan luminosa que era similar a la del sol. Por supuesto que el sol es el astro que produce sobre la tierra la mayor cantidad de luz que podemos imaginar. Nosotros con una lámpara eléctrica a veces podemos iluminar 20, 50 o cien metros. Pero el sol ilumina miles y millones de kilómetros con una intensidad que nosotros no podemos igualar. Nos podríamos preguntar por qué el rostro del Señor Jesucristo está resplandeciendo como el sol, y la respuesta no es que Dios quiera que su Hijo muestre un aspecto de tipo teatral fantástico. ¡De ninguna manera! El rostro del Señor Jesús como el sol expresa algo de su gloria inescudriñable e impenetrable.

Su cara no brilla un poco menos que el sol sino como el sol cuando resplandece en su fuerza. Los discípulos tienen una visión de Jesucristo con la gloria que le pertenece como el eterno Hijo de Dios.

En Juan 17:24 vemos algo sobre la gloria del Señor Jesús y su deseo de compartirla con los creyentes. Allí leemos: "Padre, quiero que donde yo esté, también estén conmigo aquellos que me has dado, para que vean mi gloria que me has dado, porque me has amado desde antes de la fundación del mundo" (ver "gloria" en Rom. 8:16-18; Ef. 3:20-21; Col. 1:27; 2 Ped. 1:16-18; Apoc. 1:5-6; 5:11-13).

En Marcos 9:3 leemos: "Sus vestiduras se hicieron resplandecientes, muy blancas, tanto que ningún lavandero en la tierra las puede dejar tan blancas". Marcos tiene dificultad en poder expresar cómo son esas vestiduras. Primero, nos dice que son resplandecientes; luego nos hace una comparación inesperada al decir "muy blancas, tanto que ningún lavandero en la tierra las puede dejar tan blancas". Creo que nos quiere decir: "¡No he visto algo tan blanco en mi vida!".

Cuando vamos a comprar pintura para pintar una pared, nos sorprendemos al ver cuántos tipos y matices del color blanco hay. Pero aquí hay un blanco que es como la nieve, absolutamente blanco. Creo que esto nos habla de esa pureza y santidad absolutas del Señor Jesucristo. Es una pureza que no permite absolutamente nada que la contamine o que le saque algo de su virtud.

Y agrega el evangelio que se les apareció Elías con Moisés que hablaban con Jesús. Lucas añade: "quienes aparecieron en gloria" (9:31). Elías, representando a los profetas y Moisés representando la ley.

El tema que discutían era la partida (éxodo) que cumpliría en Jerusalén. Este era un tema de gran importancia, y que seguramente incluía la muerte redentora de Jesús más la resurrección y ascensión.

Pedro, como siempre, está entusiasmado por lo que acaba de ver. No sólo el aspecto de su maestro es extraordinario, sino también ve a dos personas muy importantes de la historia de Israel. Observemos que Moisés y Elías tienen algo en común que es interesante y es que no hay un sepulcro de ninguno de ellos. Moisés murió y el cuerpo lo escondió Dios y leemos que hubo una contienda sobre ese cuerpo. En Judas 9 leemos: "Pero ni aun el arcángel Miguel, cuando contendía disputando con el diablo sobre el cuerpo de Moisés, se atrevió a pronunciar un juicio de maldición contra él, sino que dijo: 'El Señor te reprenda'". El cuerpo de Elías tampoco fue sepultado porque la Biblia nos dice que subió al cielo en un carro de fuego. Creemos que Moisés es simbólico de los creyentes que van a morir y ser enterrados esperando la venida del Señor Jesús en las nubes como lo enseña 1 Tesalonicenses en el capítulo cuatro. Elías simboliza a los creyentes que van a ser arrebatados para recibir al Señor en el aire y que no van a pasar por las puertas de la muerte.

J. Sidlow Baxter en su devocional *Awake my Heart* ("Despierta mi corazón") nos dice: "1) La aparición de Moisés y Elías es una demostración con una prueba de que hay vida después de la muerte, pues allí aparecen y están vivos. 2) Moisés y Elías aparecen como individuos. No hay nada como un "nirvana" o la autoextinción en lo infinito. 3) Aparecen como personalidades en continuidad. Moisés es todavía Moisés y Elías es todavía Elías".

Marcos 9:5 nos dice: "Entonces intervino Pedro y dijo a Jesús: 'Rabí, es bueno que nosotros estemos aquí. Levantemos, pues, tres enramadas: una para ti, otra para Moisés y otra para Elías'". Pedro está pensando: "¡Cómo nos gusta este espectáculo! ¡Qué agradable y placentero estar aquí en el monte nada menos que con nuestro Maestro, Moisés y Elías!". En Marcos 8:31-33 leemos que Pedro no quería que Jesús padeciera. Ahora Pedro ve la posibilidad de evitar lo que parece ser una tragedia, según lo que el Señor Jesús le ha dicho. "Si nos quedamos arriba en el monte todo va a estar bien. ¿Quién se va a atrever a venir aquí a discutir con el profeta Elías, el que mandó que cayera fuego del cielo y mató a los impíos que venían a arrestarlo? ¿Y quién se iba a atrever a discutir con Moisés?".

Marcos 9:6 nos dice: "Pues él no sabía qué decir, porque tuvieron miedo". ¡Cuántas veces nosotros no hacemos lo mismo! Hablamos sin saber lo que decimos. O hablamos lo que tiene sentido del punto de vista humano pero no necesariamente del punto de vista de Dios.

Versículo 7: "Vino una nube haciéndoles sombra, y desde la nube una voz decía: 'Este es mi hijo amado; a él oíd'". Esta nube es muy especial. Viene y les hace sombra. En Lucas 9:34 leemos: "Mientras él [Pedro] estaba diciendo esto, vino una nube y les hizo sombra. Y ellos tuvieron temor cuando entraron en la nube". Algunos han identificado esta nube con la *Shekinah* o la nube de gloria a la que se hace referencia en el Antiguo Testamento.

Decíamos antes que nos inclinábamos a pensar que era de noche cuando la transfiguración sucedió. En el caso que el cielo no estuviera enteramente despejado y hubiera otras nubes, sería interesante ver a esta nube que parece que tiene un control remoto y que se mueve de forma distinta que las otras. Se mueve hasta ponerse en una posición de hacer sombra. Dios apareció en el Antiguo Testamento con relación a una nube en Éxodo 19:9: "Jehovah dijo a Moisés: 'He aquí, yo vendrá a ti en una densa nube, para que el pueblo oiga mientras yo hablo contigo y te crea para siempre...'" (ver también 1 Rey. 18:44).

En cuanto a Moisés y Elías, parecería que cuando desaparecen lo hacen de una manera súbita. Marcos 9:8 nos dice: "de inmediato, mirando alrededor, ya no vieron a nadie más con ellos, sino sólo a Jesús".

Observen que la nube les hizo sombra. ¿Sombra de qué, si era, como creemos, de noche? Matthew Henry piensa que les hizo sombra en el sentido que actuó como una especie de filtro para disminuir el resplandor formidable que les lastimaría los ojos, y agrega: "esta nube era para sus ojos como las parábolas para nuestro entendimiento; para proyectar cosas espirituales pero sensibles que ellos pudieran soportarlas". En Marcos 9:7 vimos que "Vino una nube haciéndoles sombra, y desde la nube una voz decía: 'Este es mi hijo amado; a él oíd'". Por supuesto era la voz de Dios. Cuando el Señor habla su voz puede llegarnos de distintas maneras. Moisés escuchó la voz de Dios y lo tenemos descrito en Éxodo 19:17-19. Aquí la comparación nos sugiere algo de gran intensidad que va creciendo en volumen. "Moisés hizo salir al pueblo del campamento al encuentro de Dios, y se detuvieron al pie del monte. Todo el monte Sinaí humeaba, porque Jehovah había descendido sobre él en medio de fuego. El humo subía como el humo de un horno, y todo el monte se estremeció en gran manera. Mientras el sonido de la corneta se intensificaba en extremo, Moisés hablaba, y Dios le respondía con truenos" (ver Job 38:1-4; 1 Rey. 19:9-13; Sal. 28:3-5; Juan 7:37-39).

¡Cuánto nos gustaría conocer los detalles de la conversación en el monte de la transfiguración! Las Escrituras nos dicen en Lucas 9:31 que Moisés y Elías aparecieron en gloria y hablaban de la partida del Señor, la cual había de cumplir en Jerusalén. Notamos que la palabra aquí en griego es *doxa*, que en general se traduce "gloria". Es decir, Moisés y Elías aparecieron no ya más como aquellos hombres que sufrieron grandes dificultades y también obtuvieron grandes triunfos; ahora aparecen en gloria. Hablan de su salida en Jerusalén. Esta palabra se utiliza sólo tres veces en el Nuevo Testamento y es la palabra *exodos* de donde sacamos el nombre del segundo libro de la Biblia. La vemos también en Hebreos 11:22 y 2 Pedro 1:15.

Miremos ahora los versículos que siguen: "Porque os hemos dado a conocer el poder y la venida de nuestro Señor Jesucristo, no siguiendo fábulas artificiosas, sino porque fuimos testigos oculares de su majestad. Porque al recibir de parte de Dios Padre honra y gloria, desde la grandiosa gloria le fue dirigida una voz: 'Este es mi Hijo amado, en quien tengo complacencia'. Y nosotros oímos esta voz dirigida desde el cielo cuando estábamos con él en el monte santo" (vv. 16-18).

¡Cómo necesitamos en el día de hoy los creyentes percibir en nuestros corazones algo más de la gloria y majestad del Señor Jesucristo!

Temas para predicadores

- *¿Sería yo uno de los elegidos para subir al monte?*
- *Viendo la gloria del Señor.*
- *"Este es mi Hijo amado, a él oíd".*
- *Hablando sin saber lo que se dice.*
- *El desafío de bajar del monte a la realidad.*

2. La ascensión de Jesús

Marcos 16:19, 20; Lucas 24:50-53; Hechos 1:9-11

Sin duda alguna, al hablar de los milagros del Señor Jesucristo los podemos ver a lo largo de toda su vida. Tenemos, por ejemplo, los milagros vinculados con su nacimiento; como la estrella que guió a los hombres sabios. O las huestes celestiales que Lucas nos dice que alababan a Dios. Podríamos hablar del milagro en relación con la tentación en el desierto donde estuvo sin comer ni beber por cuarenta días.

Y ¿qué podemos decir del milagro en relación con la transfiguración, cuando su rostro resplandece como el sol y sus vestidos se hacen resplandecientes y aparecen Moisés y el profeta Elías? Sin duda que se podría hablar del milagro en Getsemaní cuando vino un ángel que lo confortaba. O los hechos en relación con su crucifixión que desde el punto de vista humano no tienen explicación. Los incrédulos se refieren a las tinieblas sobre la cruz como un eclipse imposible con la luna en la fase contraria. Pero, ¿cómo explicar la coincidencia del terremoto? Por supuesto que su resurrección al tercer día constituye el evento milagroso mayor, y es doctrina fundamental de la fe cristiana. El apóstol Pablo lo expresa en l Corintios 15:17 diciendo: "y si Cristo no ha resucitado, vuestra fe es inútil...". La aparición a sus discípulos con las puertas cerradas por cierto que es también un hecho milagroso. La ascensión del Señor Jesús está descrita en Marcos 16:19, 20; Lucas 24:50-53 y los Hechos 1:9-11. ¿Qué es lo que tiene de peculiar la ascensión de Jesucristo a diferencia de la del profeta Elías o la de Enoc? En cuanto a Enoc, todo lo que sabemos es que Dios lo llevó y no hay noticia de muerte ni de sepultura.

En el caso de Elías, la Escritura nos dice que estando Eliseo con el profeta Elías "un carro de fuego con caballos de fuego los separó a los dos, y Elías subió al cielo en un torbellino" (2 Rey. 2:11).

En Marcos 16:14 leemos: "Luego, apareció a los once cuando estaban sentados a la mesa, y les reprendió por su incredulidad y dureza de corazón, porque no habían creído a los que le habían visto resucitado". Notemos que el Señor les reprochó su incredulidad y dureza de corazón. Es decir, no estaban impedidos de creer.

En los versículos 15, 16 les dice: "Id por todo el mundo y predicad el evangelio a toda criatura. El que cree y es bautizado será salvo; pero el que no cree será condenado".

Les sugiero por un momento que piensen en la extensión y dificultad de la misión que el Señor les pone por delante. Supongamos que alguien desarrolla un sistema religioso o filosófico y les dice a once hombres que lo diseminen por todo el mundo. Una probable respuesta sería:

"Para hacer esto necesitamos miles de predicadores. Son imprescindibles automóviles para transportar a los predicadores. Es indispensable tener avionetas para llegar a ciertos lugares. Es ineludible tener cadenas de radio y de televisión en más de cien países para poder lograr esto. Necesitamos billones de dólares para lograr este propósito".

Pero el Señor Jesús les dice a estos once hombres: "Id por todo el mundo y predicad el evangelio a toda criatura". Y ellos luego así lo hacen y hasta el día de hoy miles de creyentes fieles en todas partes del planeta continúan cumpliendo este mandato del Señor.

Versículos 19, 20: "Después que les habló, el Señor Jesús fue recibido arriba en el cielo y se sentó a la diestra de Dios. Y ellos salieron y predicaron en todas partes, actuando con ellos el Señor y confirmando la palabra con las señales que seguían". Es interesante que Marcos vincula el que ellos salieran predicando en todas partes y ayudándoles el Señor, con el hecho de que "fue recibido arriba en el cielo". Es decir, el Hijo del Hombre a diferencia de otros filósofos y pensadores no termina con su cuerpo sepultado en una tumba, como en todos los otros casos de los grandes hombres de la historia. Por el contrario, él va hacia arriba. En Hechos 7:55, 56 leemos: "Pero Esteban, lleno del Espíritu Santo y puestos los ojos en el cielo, vio la gloria de Dios, y a Jesús que estaba de pie a la diestra de Dios. Y dijo: '¡He aquí, veo los cielos abiertos y al Hijo del Hombre de pie a la diestra de Dios!'".

Él va al cielo porque ese es su lugar habitual, "su hogar", que le pertenece como el eterno Hijo de Dios. Su estadía en la tierra por treinta y tres años es un porcentaje infinitamente pequeñísimo de su existencia por la eternidad sin fin. Al volver a la presencia de Dios hay gran alegría en los cielos.

No fue algo hecho a efecto de librarlo de una situación de emergencia. De ser así, el mejor momento hubiera sido cuando llegaron los hombres para crucificarlo. La ascensión del Señor Jesús tiene varias enseñanzas importantes para nosotros.

En primer lugar, podríamos decir que él ascendió al cielo porque es Dios manifestado en carne. En Juan 3:13 leemos: "Nadie ha subido al cielo, sino el que descendió del cielo, el Hijo del Hombre".

En segundo lugar, y como ya dijimos, él ascendió al cielo porque ese ha sido su lugar de habitación por la eternidad. En Hebreos 1:2 leemos: "en estos últimos días nos ha hablado por el Hijo, a quien constituyó heredero de todo, y por medio de quien, asimismo, hizo el universo". Siendo el Creador de este universo gigantesco e infinito no podemos menos que pensar que un lugar ilimitado es el que normalmente le corresponde.

En tercer lugar, él ascendió al cielo para presentarse como un sumo sacerdote a nuestro favor. Hebreos 4:14: "Por tanto, teniendo un gran sumo sacerdote que ha traspasado los cielos, Jesús el Hijo de Dios, retengamos nuestra confesión". Traspasó los cielos para llegar al trono de Dios.

La ascensión de Jesucristo está bien descrita en Hechos 1:9-11: "Después de decir esto, y mientras ellos lo veían, él fue elevado; y una nube le recibió ocultándole de sus ojos. Y como ellos estaban fijando la vista en el cielo mientras él se iba, he aquí dos hombres vestidos de blanco se presentaron junto a ellos, y les dijeron: 'Hombres galileos, ¿por qué os quedáis de pie mirando al cielo? Este Jesús, quien fue tomado de vosotros arriba al cielo, vendrá de la misma manera como le habéis visto ir al cielo'".

En cuarto lugar, es que él subió para "cumplir todas las cosas". Efesios 4:8-10 comienza con la cita del Salmo 68:18: "Por esto dice: Subiendo a lo alto, llevó cautiva la cautividad y dio dones a los hombres. Pero esto de que subió, ¿qué quiere decir, a menos que hubiera descendido también a las partes más bajas de la tierra? El que descendió es el mismo que también ascendió por encima de todos los cielos, para llenarlo todo [o cumplir todas las cosas] (énfasis añadido)". Aquí las palabras cumplir o completar todas las cosas tienen un alcance que excede a nuestro conocimiento y pensamiento.

En quinto lugar, es que él ascendió y está en un lugar de poder y autoridad que comprende también las huestes angélicas: Hechos 2:34, 35: "Porque David no subió a los cielos, pero él mismo dice: El Señor dijo a mi Señor: 'Siéntate a mi diestra, hasta que ponga a tus enemigos por estrado de tus pies'". En 1 Pedro 3:22 hablando del Señor Jesucristo: "Ahora él, habiendo ascendido al cielo, está a la diestra de Dios; y los ángeles, las autoridades y los poderes están sujetos a él".

En sexto lugar, vemos que Dios lo exaltó. Filipenses 2:9, 11 dice: "Por lo cual también Dios lo exaltó hasta lo sumo y le otorgó el nombre que es sobre todo nombre; ...y toda lengua confiese para gloria de Dios Padre que Jesucristo es Señor".

En séptimo lugar, tenemos que él ascendió al cielo para ejercer su función de sumo sacerdote en intercesión por su pueblo, en las palabras de Hebreos 7:25: "Por esto también puede salvar por completo a los que por medio de él se acercan a Dios, puesto que vive para siempre para interceder por ellos".

En octavo lugar, él ascendió al cielo para hacer en forma real lo que el sumo sacerdote hacía en forma simbólica una vez al año al presentar la sangre en el día del perdón. Hebreos 9:24-26: "Porque Cristo no entró en un lugar santísimo hecho de manos, figura del verdadero, sino en el cielo mismo, para presentarse ahora delante de Dios a nuestro favor. Tampoco entró para ofrecerse muchas veces a sí mismo, como entra cada año el sumo sacerdote en el lugar santísimo con sangre ajena. De otra manera, le habría sido necesario padecer muchas veces desde la fundación del mundo. Pero ahora, él se ha presentado una vez para siempre en la consumación de los siglos, para quitar el pecado mediante el sacrificio de sí mismo".

Por supuesto que es un milagro que el cuerpo de un ser humano se levante en contra de la fuerza de la gravedad. El cuerpo del Señor Jesucristo luego de su resurrección era un cuerpo que tenía propiedades especiales como la habilidad de poder penetrar en una habitación con las puertas cerradas.

Notemos que el momento de la ascensión no es como en el caso de Elías, algo previsto pero que de alguna manera pasa casi sin poder terminar la conversación. En el caso del Señor el momento de la ascensión se produce luego que ha pronunciado sus últimas palabras: "Pero recibiréis poder cuando el Espíritu Santo haya venido sobre vosotros y me seréis testigos en Jerusalén, en toda Judea, en Samaria y hasta lo último de la tierra" (Hech. 1:8).

En noveno lugar, y siguiendo en la misma línea que la ascensión no fue algo imprevisto, tenemos el hecho de que fue alzado y una nube lo ocultó de los ojos de sus discípulos. Muchos piensan que esta era la gloria *Shekiná*. No se trataba de que fuera un día nublado sino que específicamente una nube lo recibe y lo oculta de los ojos de ellos.

La ascensión del Señor Jesucristo está implícita en el Antiguo Testamento: Salmo 110:1 dice: "Jehovah dijo a mi señor: 'Siéntate a mi diestra, hasta que ponga a tus enemigos como estrado de tus pies'". El hecho que el Señor le dice "siéntate a mi diestra", en el lugar que le corresponde, indica que no ha estado en ese lugar a lo menos por un tiempo. La realidad de que ha estado en gloria por la eternidad se ve en Juan 17: "Ahora pues, Padre, glorifícame tú en tu misma presencia, con la gloria que yo tenía en tu presencia antes que existiera el mundo" (v. 5).

Es importante destacar que la ascensión del Señor Jesucristo está conectada con su venida otra vez a buscar a los suyos, en lo que se llama la segunda venida. Por supuesto, para poder volver en las nubes tiene que haber subido al cielo. En Hechos 1:10, 11 leemos: "Y como ellos estaban fijando la vista en el cielo mientras él se iba, he aquí dos varones vestidos de blanco se presentaron junto a ellos, y les dijeron: 'Hombres galileos, ¿por qué os quedáis de pie mirando al cielo? Este Jesús, quien fue tomado de vosotros arriba al cielo, vendrá de la misma manera como le habéis visto ir al cielo'".

Temas para predicadores

- *El ministerio actual del Señor Jesús.*
- *La segunda venida de Cristo.*

BIBLIOGRAFÍA

Barnes, Albert. *Notes on the New Testament.* Grand Rapids, Michigan: Baker Books, 2001.

Bruce, F. F. *The Hard Sayings of Jesus.* Illinois: InterVarsity Press, 1983.

Campbell, Morgan G. *The Westminster Pulpit.* Grand Rapids, Michigan: Baker Book House.

Eddersheim, Alfred. *La vida y los tiempos de Jesús el Mesías*, Tomos I y II. Terrasa, Barcelona: Libros CLIE, 1989.

Gaebelein, Frank E. *The Expositor's Bible Commentary.* Grand Rapids, Michigan: Zondervan Publishing House, 1988.

Gill, John. *An Exposition of the New Testament.* Streamwood, Illinois: Primitive Baptist Library, 1979.

Guthrie, Motyer, Stibbs, *Nuevo Comentario Bíblico.* El Paso, Texas: Casa Bautista de Publicaciones, 1977.

Henry, Matthew. *Commentary on the Whole Bible.* Hendrickson Publishers.

Ironside, H. A. *The Gospel of John.* Neptune, New Jersey: Loizeaux Brothers, Inc., 1984.

Jamieson, Fausset y Brown. *Comentario Exegético y Explicativo de la Biblia,* Tomo I y Tomo II. El Paso, Texas: Casa Bautista de Publicaciones, 2002.

Lockyer, Herbert. *All the Miracles of the Bible.* Grand Rapids, Michigan: Zondervan Publishing House, 1965.

MacDonald, William *Believers Bible Commentary.* Nashville, Tennessee: Thomas Nelson Publishers, 1989.

Pentecost, Dwight J. *The Words and Works of Jesus Christ.* Zondervan. Gran Rapids, Michigan, 1984.

Pfeifer, Charles y Everett Harrison. *Comentario Bíblico Moody,* Antiguo y Nuevo Testamentos. El Paso, Texas: Casa Bautista de Publicaciones, 1993.

Pink, Arthur W. *The Gospel of John.* Grand Rapids, Michigan: Zondervan, 1975.

Smith, Jerome H. *The New Treasure of Scripture.* Nashville, Tennessee: Thomas Nelson, 1992.

Spurgeon, Charles H. *Spurgeon's Sermons.* Grand Rapids, Michigan: Baker Book House, 1989.

Tenney, Merril C. y Steven Barabas. *Pictorial Encyclopedia of the Bible.* Grand Rapids, Michigan: Zondervan, 1976.

Trench, Richard Chenevix. *Archbishop Kegan Paul Trench.* Londres, Inglaterra: Trubner & Co., 1911.

Vincent, Marvin R. *Word Studies in the New Testament.* Massachusetts: Hendrickson Publishers Peabody.

Walvoord, John F. and Roy B. Zuck. *The Bible Knowledge Commentary.* Wheaton, Illinois: Victor Books, 1984.

Winter, Ralph. *The Word Study New Testament.* Wheaton, Illinois: Tyndale House Publishers, Inc., 1978.

West, Kenneth S. *Word Studies in the Greek New Testament.* Volume 1. Grand Rapids, Michigan: Eerdmans Publishing House, 1988.